庆祝党的二十大胜利召开

祝贺西吉县建县八十周年　西吉县脱贫摘帽两周年

《西吉县革命老区发展史》编委会

主　　任　薛鼎玺
副 主 任　苏占成　张　杰　马国荣
委　　员（按姓氏笔画排序）
　　　　　马　杰　马正忠　王自元　冯永福　刘文强
　　　　　杨青鸿　周玉平　单　军　单　辉　姚国雄
　　　　　陶志明　梁亚明　谢志东　穆　夙

主　　编　何进洲
执 行 主 编　苏正喜
执行副主编　刘宗剑　兰茂景
编　　委（按姓氏笔画排序）
　　　　　马文偲　马金霞　王娅琪　王淑红　杨　晓
　　　　　杨　辉　李　健　李树雄　张俊武　张彦平
　　　　　陈义邡　唐忠仁　海　斌　蒙忠升

西吉县
革命老区发展史

《西吉县革命老区发展史》编委会 编

黄河出版传媒集团
宁夏人民出版社

图书在版编目（CIP）数据

西吉县革命老区发展史 /《西吉县革命老区发展史》编委会编 . —— 银川：宁夏人民出版社，2022.11
ISBN 978-7-227-07793-0

Ⅰ . ①西… Ⅱ . ①西… Ⅲ . ①西吉县 – 地方史 Ⅳ . ① K294.34

中国国家版本馆 CIP 数据核字（2023）第 035836 号

西吉县革命老区发展史

《西吉县革命老区发展史》编委会　编

责任编辑　陈　浪
责任校对　白　雪
封面设计　冯彦青
责任印制　宋　华

 出版发行

出 版 人	薛文斌
地　　址	宁夏银川市北京东路 139 号出版大厦（750001）
网　　址	http://www.yrpubm.com
网上书店	http://www.hh-book.com
电子信箱	nxrmcbs@126.com
邮购电话	0951-5052104　5052106
经　　销	全国新华书店
印刷装订	宁夏凤鸣彩印广告有限公司
印刷委托书号	（宁）0025673

开本	710 mm×1000 mm　1/16
印张	24.75
字数	303 千字
版次	2023 年 3 月第 1 版
印次	2023 年 3 月第 1 次印刷
书号	ISBN 978-7-227-07793-0
定价	78.00 元

版权所有　侵权必究

将台堡红军长征胜利会师纪念碑题词

（1996年，中国工农红军长征将台堡会师纪念碑部分题词，由宁夏党史研究室原副主任、中共党史研究专家邢万莹提供，现珍藏于西吉博物馆。以西吉县博物馆档案管理序号为序）

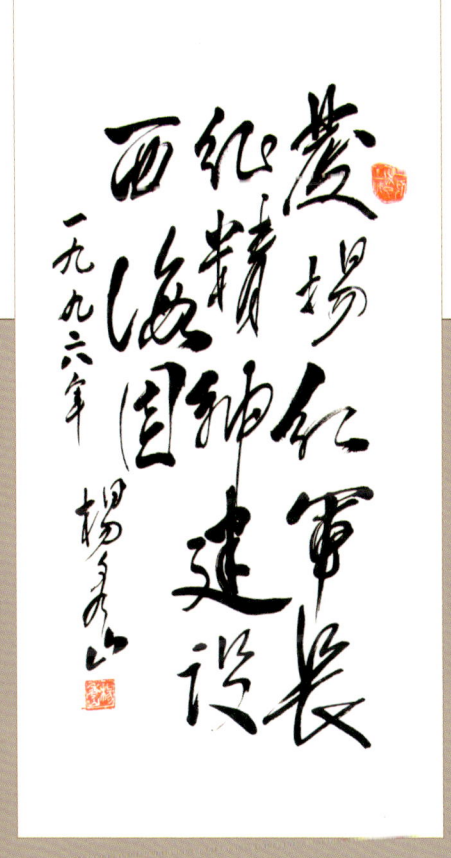

★ 一

发扬红军长征精神，建设西海固。

条幅高78.5厘米，宽36.5厘米。1996年，杨秀山题赠。

★ 二

发扬红军长征精神,再造中华民族辉煌。

条幅高 65.5 厘米,宽 34 厘米。1996 年 10 月,邵华题赠。

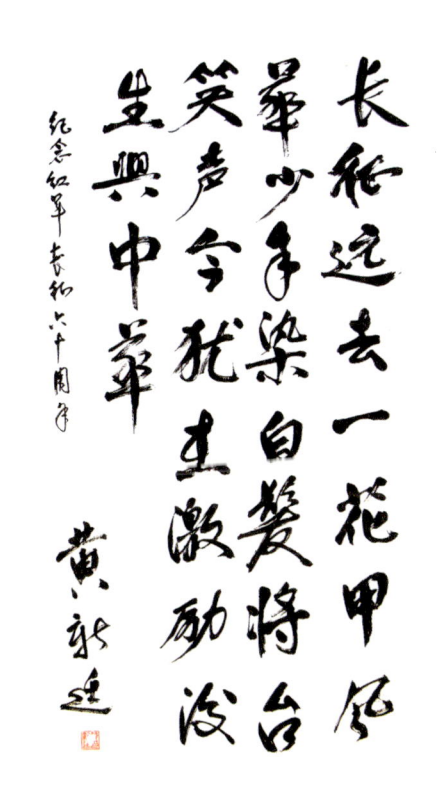

★ 三

长征远去一花甲,风华少年染白发。将台笑声今犹在,激励后生兴中华。

条幅高117厘米,宽61.5厘米。1996年,黄新廷题赠。

★ 四

战地重游六十秋，长征精神代代传。

条幅高 101 厘米，宽 66.5 厘米。1996 年秋，夏云飞题赠。

★ 五

红军精神永放光芒。

条幅高 67 厘米，宽 32 厘米。1996 年夏，王平题赠。

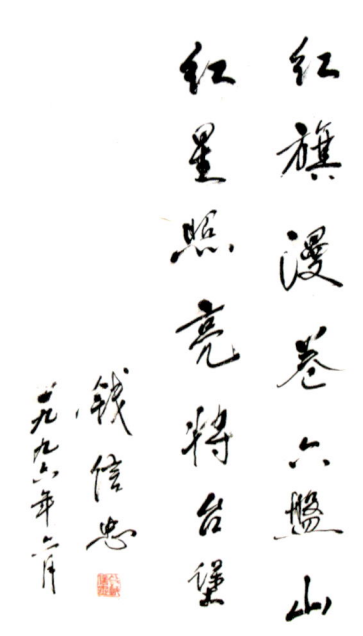

★ 六

红旗漫卷六盘山,红星照亮将台堡。

条幅高 89 厘米,宽 53.5 厘米。1996 年 6 月,钱信忠题赠。

> 将台堡会师谱写了红军长征的新篇章！
>
> 傅崇碧 一九九六年五月

★ 七

将台堡会师谱写了红军长征的新篇章！

条幅高 122.5 厘米，宽 55 厘米。1996 年 5 月，傅崇碧题赠。

★ 八
将台会师庆落脚，重新出发转乾坤。

条幅高 123.5 厘米，宽 58 厘米。1996 年，李锐题赠。

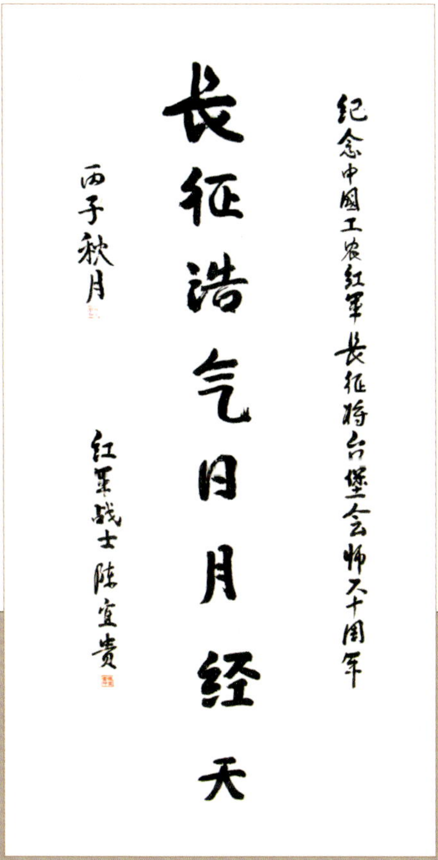

> 长征浩气日月经天
>
> 纪念中国工农红军长征将台堡会师六十周年
>
> 丙子秋月
>
> 红军战士 陈宜贵

★ 九

长征浩气，日月经天。

条幅高 132.7 厘米，宽 64 厘米。1996 年秋，陈宜贵题赠。

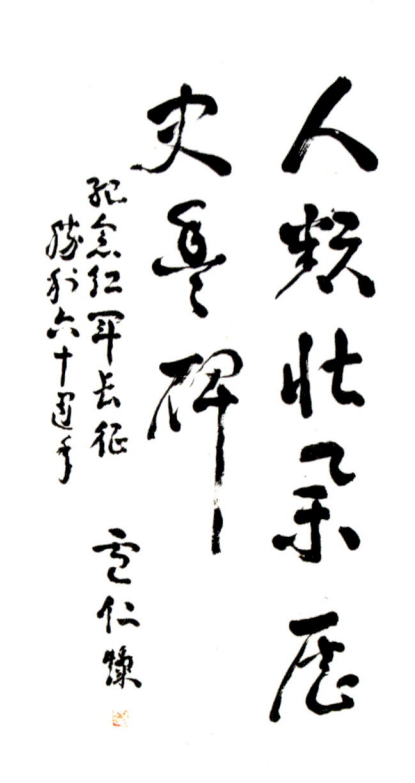

★ 十

人类壮举，历史丰碑。

条幅高130厘米，66厘米。1996年，卢仁灿题赠。

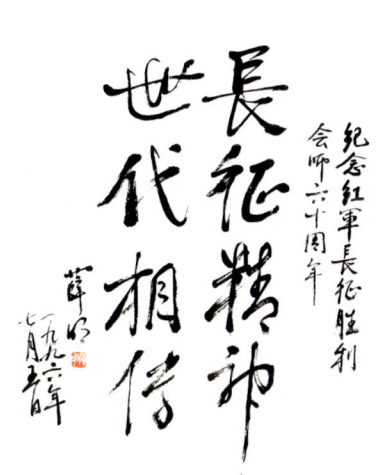

★ 十一

长征精神,世代相传。

条幅高 60.5 厘米,宽 43.5 厘米。1996 年 7 月,薛明题赠。

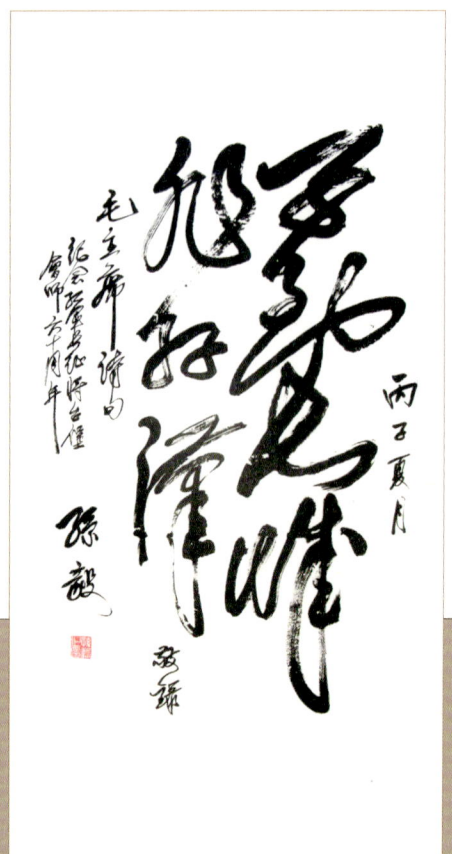

★ 十二

不到长城非好汉。

条幅高 130 厘米，宽 65 厘米。1996 年夏，孙毅题赠。

★ 十三

高举长征旗帜，胜利跨入廿一世纪。

条幅高 131 厘米，宽 66 厘米。1996 年夏，杨桓题赠。

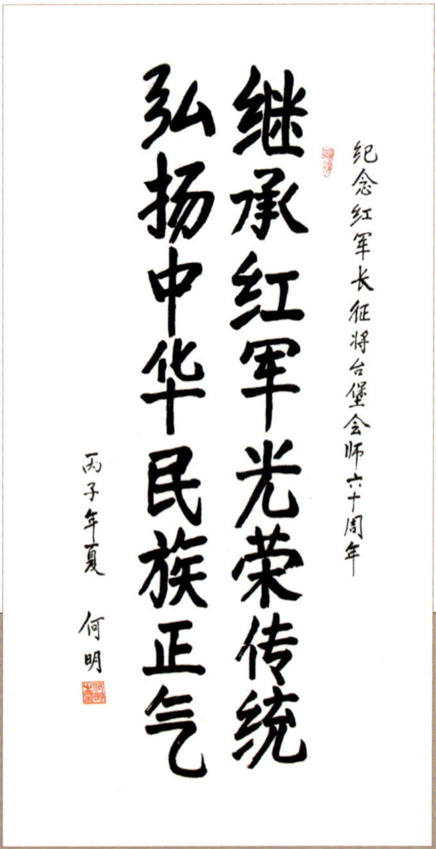

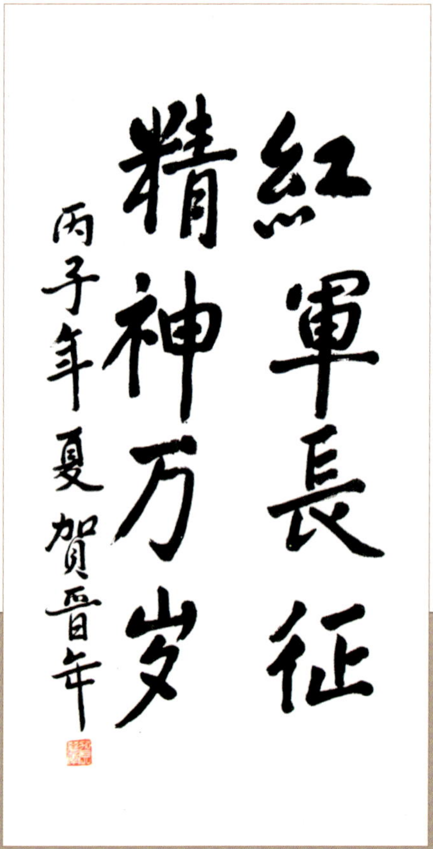

★ 十四

继承红军光荣传统，弘扬中华民族正气。

条幅高 132.3 厘米，宽 66 厘米。1996 年夏，何明题赠。

★ 十五

红军长征精神万岁。

条幅高 82.5 厘米，宽 50 厘米。1996 年夏，贺晋年题赠。

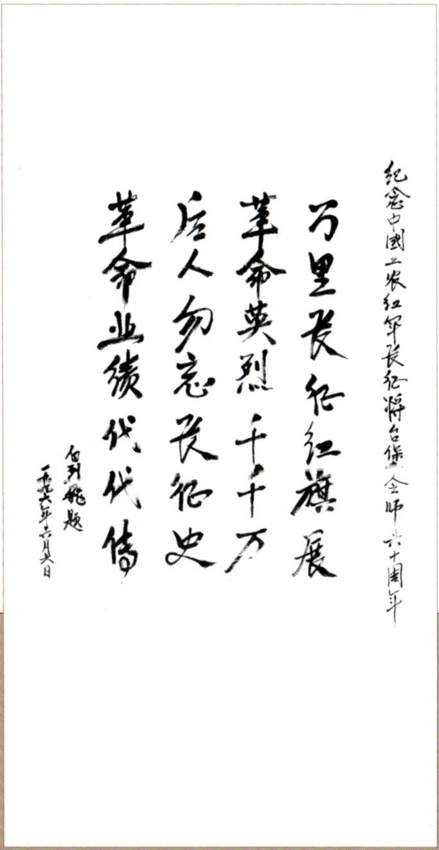

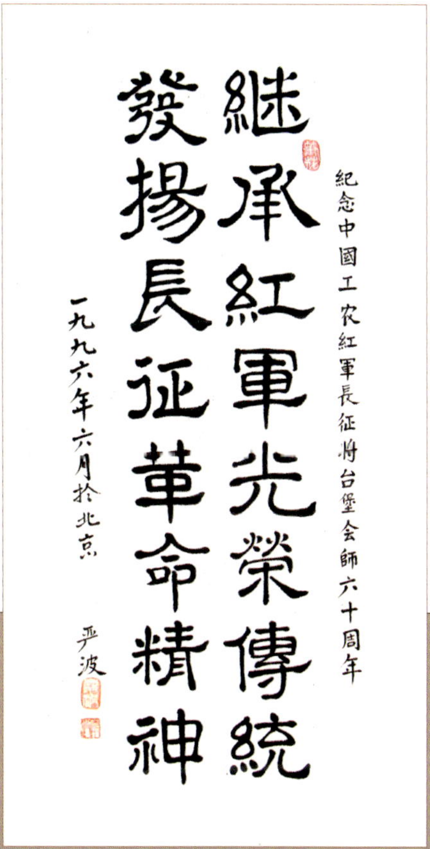

★ 十六

万里长征红旗展，革命英烈千千万。后人勿忘长征史，革命业绩代代传。

条幅高 85.8 厘米，宽 65.3 厘米。1996 年 6 月，白烈飞题赠。

★ 十七

继承红军光荣传统，发扬长征革命精神。

条幅高 97 厘米，宽 51 厘米。1996 年 6 月，严波题赠。

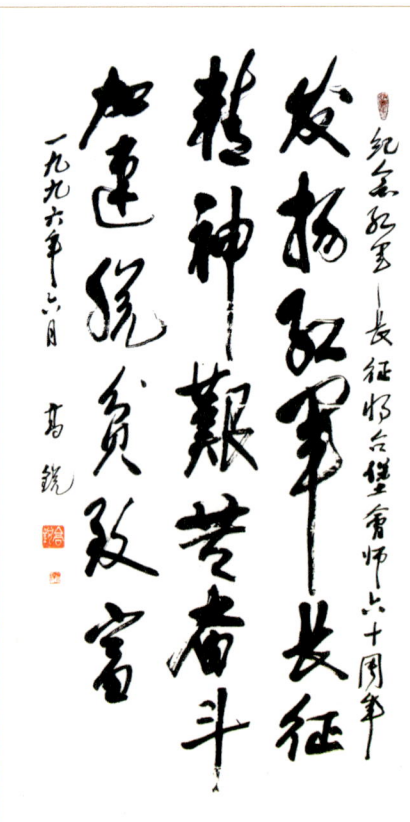

★ 十八

发扬红军长征精神,艰苦奋斗,加速脱贫致富。

条幅高 131 厘米,宽 66 厘米。1996 年 6 月,高锐题赠。

★ 十九

红军精神,星火燎原。

条幅高 68 厘米,宽 53 厘米。1996 年 8 月,王保志题赠。

1935年10月5日，毛泽东与马德海在单家集夜话的旧址（1996年摄）

1976年，单民村老党员给学生讲革命故事

2020年夏，固原市文联在将台堡长征胜利会师纪念碑前，举行中小学生革命诗词朗诵大会

红一方面军迎接红二方面军旧址——硝河城

平峰镇红军长征纪念亭

公易镇红军长征纪念碑

20 世纪 60 年代的西吉村落

21世纪西吉乡村新貌

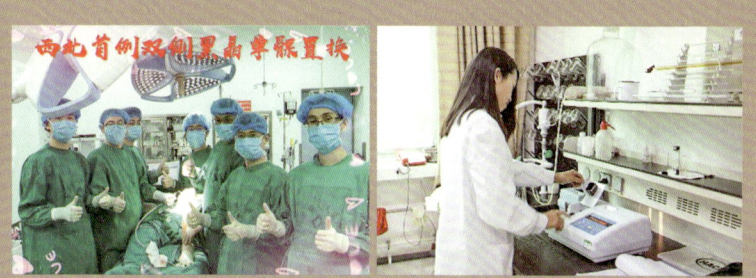

现代化农村医疗　　安全用水检测

西吉中学现代化校园

什字乡移民新村

现代化的西吉城乡道路

西吉将台堡马铃薯交易市场

现代化覆膜种植

西吉县闽宁工业园区

现代化养牛

2020年,脱贫后的吉强镇万涯村全村老少欢度春节

西吉县生态移民工程兴平乡团结安置区鸟瞰图

2013年的生态移民安置区

西吉县行政村分布图

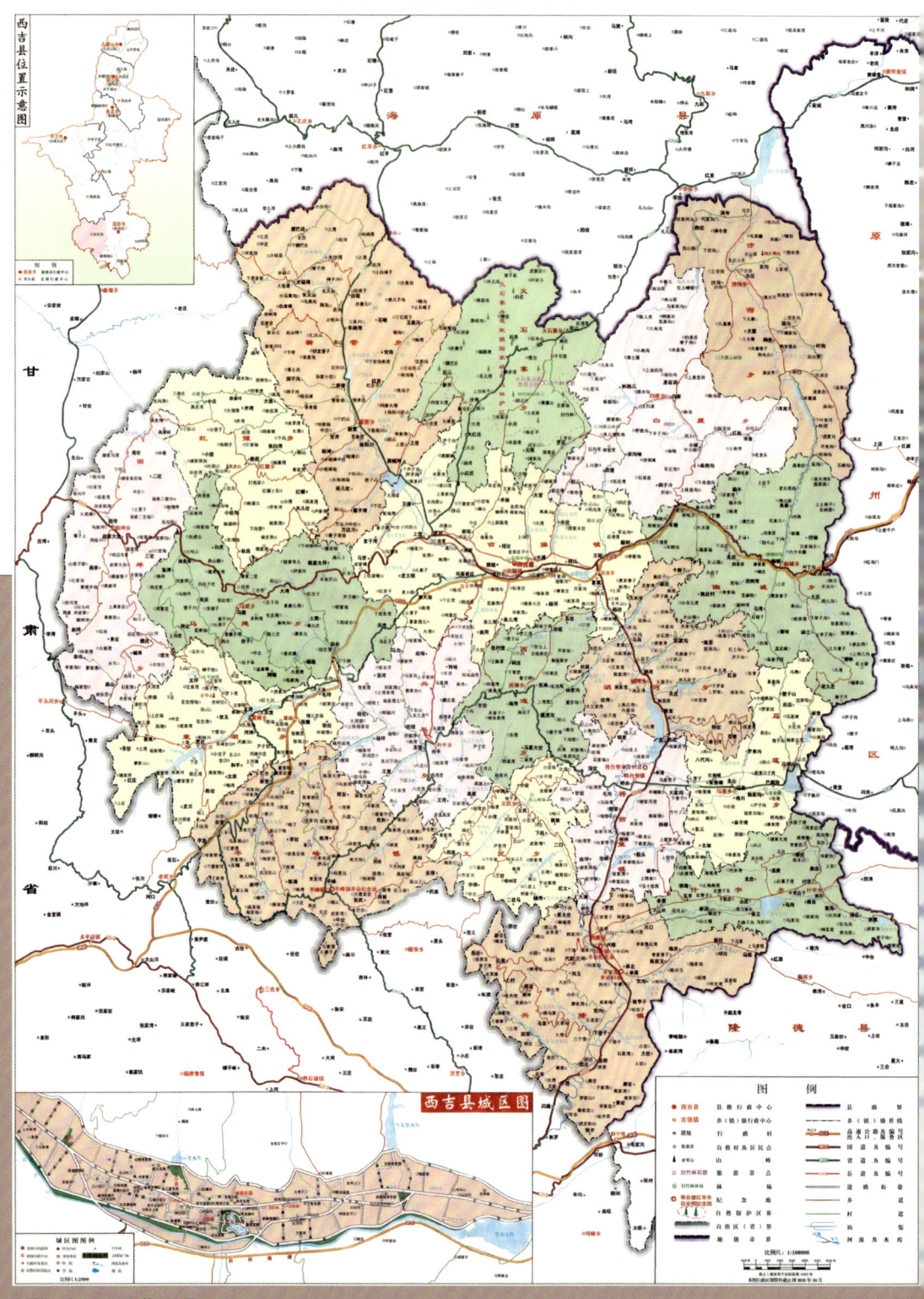

编写说明

2017年6月,中国老区建设促进会组织全国各地老促会启动编纂"全国革命老区县发展史"丛书,按照"建立中国共产党、成立中华人民共和国、推进改革开放和中国特色社会主义事业"三大里程碑的历史脉络,系统书写革命老区百年历史,深入挖掘革命老区红色文化资源,这对于充实丰富中国革命史籍宝库、在新时代传承红色基因、弘扬革命精神、强固根本,对于激励人们在新的历史条件下夺取中国特色社会主义伟大胜利,实现中华民族伟大复兴的"中国梦"具有重要意义。

丛书编纂以习近平新时代中国特色社会主义思想为指导,以《中国共产党历史》《中国共产党的九十年》等重要文献为基本依据,以党的领导为核心,以老区人民为主体,以老区发展为主线,体现历史进程特征,突出时代发展特色,坚持辩证唯物主义和历史唯物主义相统一、历史真实性与内容可读性相统一的原则,书写革命老区从站起来、富起来到强起来的光辉革命史、不懈奋斗史、辉煌成就史,把老区人民的伟大贡献、伟大创造、伟大成就、伟大精神充分展示出来,形成一部具有厚重历史特征和鲜明时代特色的精品力作。这是一部培根铸魂、守正创新，既为历史立言，又为时代服务，字里行间流淌着红色血脉、催生着革命激情的传世之作。丛书的编纂出版将成为讴歌党讴歌人民讴歌时代、传播红色文化、为革命老区和老区人民树碑立传的重要载体。

丛书按照编年体与纪事本末体相结合、以编年体为主的编写体例确定框架结构，运用时经事纬、点面结合的方式记述史实，坚持用人事结合、以事带人的原则处理人与事的关系，采取夹叙夹议、叙论结合、以叙为主的方法展开内容，做到了史料与史论、历史与现实、政治与学术统一，文献性、学术性、知识性相兼容。

为编纂好"全国革命老区县发展史"丛书，打造红色文化品牌，中国老区建设促进会认真组织积极协调，提出政治立场鲜明、史料真实准确、思想论述深刻、历史维度厚重、时代特色突出、编写体例规范、篇目布局合理、审读把关严格、出版制作精良的编纂出版总要求，力求达到革命史籍精品的精神高度、思想深度、知识广度、语言力度，增加丛书的权威性和社会影响力。各省(区、市)、市(州、盟)、县(市、区、旗)老促会的同志，以强烈的使命感、责任感和紧迫感，勇于担当，积极作为，认真实施，组织了由老促会成员、专家学者等参加的十余万人编纂队伍。编纂工作主体责任在县，省、市组织协调、有力指导、审读把关。各方面人员以高度负责的精神和科学严谨的态度，满腔热情地投入工作,为丛书编纂出版做出了重要贡献。丛书编纂工作还得到了党和国家有关部委、地方各级党委政府及有关部门的大力支持和积极参与,社会各界也给予了热情帮助。中共中央政治局原委员、中央军委原副主席、原国务委员兼国防部长迟浩田上将,对老区人民怀有深厚感情,对革命老区建设发展十分关注,欣然为"全国革命老区县发展史"丛书作总序。

丛书由总册和1599部分册(每个革命老区县编纂1部分册)组成,共1600册。鉴于丛书所记述的史实内容多、时间跨度长和编纂时间紧,不妥之处,敬请批评指正。

中国老区建设促进会

本书编纂说明

一、本书以章节体与编年体相结合的体例确定框架结构。采取点面结合的方式记述史实,坚持人事结合、以事带人的方式处理史料,运用叙议结合、以叙述为主的方式撰写。

二、本书上起1921年,下止2020年,侧重于中华人民共和国成立以来西吉革命老区建设发展的重要历史阶段,由于资料所限,重点选取1949年、1979年和2019年的相关内容,作为历史维度的视角节点。

三、本书编撰过程中,重点参阅了《民国固原县志》《西吉县志》《平凉府志》《红军长征将台堡会师》和《萧锋日记》等文献史料;参阅了《解放军画报》《民族画报》《宁夏画报》和《甘肃画报》等刊物;在周边市县档案馆调阅了相关重要文件,查阅了老旧报刊;在周边地区采集了部分老旧历史照片。2006年以后,参考数据主要来源于《西吉年鉴》《西吉县经济要情手册》。

四、本书采取四色印刷,以图文并茂的方式展现新中国成立以来西吉县革命老区70年的发展历史。

五、本书录入的29幅翰墨,是为纪念红一、二方面军长征胜利会师将台堡60周年时,革命前辈所题。

六、本书在撰写过程中,对历史资料记录有缺陷的,经过考察论证,予以补充更正。

编 者

2020年12月

目 录

第一编 西吉县情一概览

第一章 人与自然和谐发展 ……………………………… / 003
第一节 地形气候 ………………………………………… / 003
第二节 人口土地 ………………………………………… / 003
第三节 地名嬗变看发展 ………………………………… / 012
第二章 历史古迹与旅游资源 …………………………… / 023
第一节 自然景观 ………………………………………… / 023
第二节 名胜古迹 ………………………………………… / 025
第三节 红色旅游 ………………………………………… / 043

第二编 将台堡前旌旗展

第三章 西海固星火燎原 ………………………………… / 049
第一节 苏维埃政权诞生（1921—1949年）…………… / 049
第二节 六盘山下红色兵变（1930—1934年）………… / 052
第三节 革命火种西吉点燃 ……………………………… / 061
第四章 旌旗映红月亮山 ………………………………… / 063
第一节 葫芦河畔凯歌传 ………………………………… / 063

目录

第二节　红色足迹遍山川 …………………………… / 069

第五章　红色故事代代传 …………………………… / 080

第一节　忆当年岁月峥嵘 …………………………… / 080

第二节　昭后人时光荏苒 …………………………… / 087

第六章　我为亲人送安康 …………………………… / 102

第一节　穷人连心同蔓瓜 …………………………… / 102

第二节　回汉兄弟如一家 …………………………… / 103

第七章　西征红军保家乡 …………………………… / 106

第一节　西征红军扎营盘 …………………………… / 106

第二节　红色印迹驻心间 …………………………… / 110

第八章　胜利会师将台堡 …………………………… / 113

第一节　将台会师史考辨 …………………………… / 113

第二节　三军过后尽开颜 …………………………… / 117

第三编　党中央情系老区

第九章　饮水思源感恩党 …………………………… / 123

第一节　灾情连年　救助不断 ……………………… / 123

第二节　关心民瘼　纾困忧国 ……………………… / 126

第三节　雨露滋润禾苗壮 …………………………… / 127

第十章　扶贫工程暖山乡 …………………………… / 135

第一节　"三西"农业建设（1983—1993年）……… / 136

第二节　"双百"扶贫攻坚（1994—2000年）……… / 137

第三节　千村扶贫整村推进（2001—2010年）…… / 141

第四节　"2605"造林种草工程 …………………… / 146

目 录

第十一章　桃源新居山花香 …………………………… / 149

第一节　资金救助惠民生 ……………………………… / 149

第二节　多措并举暖人心 ……………………………… / 150

第三节　灾情频繁　扶贫不减 ………………………… / 151

第四节　一方有难　八方支援 ………………………… / 153

第五节　农业移民　新居舒心 ………………………… / 154

第六节　老区困苦　八方赈济 ………………………… / 156

第十二章　精准扶贫奔小康 …………………………… / 161

第一节　党的恩情永难忘 ……………………………… / 161

第二节　山海结缘水流长 ……………………………… / 180

第四编　沧桑巨变七十年

第十三章　物换星移山川变 …………………………… / 191

第一节　生态 …………………………………………… / 191

第二节　水利 …………………………………………… / 193

第三节　交通 …………………………………………… / 196

第四节　教育 …………………………………………… / 199

第五节　医疗 …………………………………………… / 202

第六节　住房 …………………………………………… / 205

第十四章　城乡映绿春盎然 …………………………… / 208

第一节　文化繁荣　教育优先 ………………………… / 208

第二节　医疗保障　全民健康 ………………………… / 228

第三节　乔迁新居　老有所养 ………………………… / 240

第四节　依法治县　兴邦民安 ………………………… / 248

第五节　劳务输出　就业增收 ………………………… / 251

目 录

第十五章　七十年间三顾盼 ························· / 259

第一节　农业丰产　畜牧盛蕃 ······················· / 259

第二节　工业兴旺　企业发展 ······················· / 269

第三节　金融扶贫　商业兴隆 ······················· / 274

第四节　人尽其才　百业兴旺 ······················· / 280

第十六章　绿水青山西吉县 ························· / 282

第一节　生态建设　新型能源 ······················· / 282

第二节　科技进步　项目兴农 ······················· / 288

第三节　城镇发展　乡村巨变 ······················· / 290

第四节　通信畅达　电力多源 ······················· / 300

第五节　城乡互通　内外互联 ······················· / 311

第六节　林业蔚然　旅游兴县 ······················· / 319

第五编　聚沙成塔谱新篇

第十七章　输血扶贫谋发展 ························· / 327

第一节　社会聚力　百业兴旺 ······················· / 328

第二节　党的阳光普照山乡 ························· / 339

第十八章　造血脱贫山乡变 ························· / 346

第一节　金融惠临　造血脱贫 ······················· / 346

第二节　项目相助　产业致富 ······················· / 347

第三节　典型事例 ································· / 349

附录一 ································ 刑万莹 / 362

附录二 ··· / 364

后记 ··· / 383

第一编
西吉县情—概览

  西吉县地处宁夏南部、六盘山西麓。东西67公里、南北74公里,总面积3130平方公里。县政府驻地在吉强镇,东距固原市63公里,北距首府银川市391公里。全县辖19个乡镇,截至2019年,辖区总人口49.6万人。境内有回、汉、满、藏、壮等8个民族。

20世纪70年代西吉第一中学学生整治校园

实施均衡教育后的西吉第一中学

第一章　人与自然和谐发展

第一节　地形气候

西吉地形南低，北、东、西渐次增高，海拔1688~2633米。境内月亮山因形似弧月而得名，为西吉县与海原县的界山，东南连接六盘山主脉。地貌分川道河谷、土石山地和黄土丘陵三类。境内主要有葫芦河、清水河和祖厉河三条水系。

西吉气候特点可以概括为："春秋温凉、夏短冬长，南暖北寒、西温东凉。"[1]

第二节　人口土地

一、人口

1942年，西吉立县，总人口为45285人。1949年，总人口89142人。1964年，总人口173482人。1979年，总人口283014人。1982年，总人口310517人。1990年，总人口377333人。2019年，总人口49.6万人。

---

[1] 西吉县志编纂委员会《西吉县志》，宁夏人民出版社1995年版，第26页。

二、土地

(一)土地管理

民国时期,土地归私人所有,对垦荒采取领业方式(自上而下的沟通方式)管理。1949年后,土地由民政部门、农业部门、人民公社分别管理。1954年土地改革结束后,西吉县建立了土地管理新秩序,颁发了土地证,禁止土地买卖、典当、出租或转让。1956年合作化完成后,土地所有权一律归集体所有。宅基地、自留地、零星园林基地,所有人只有使用权。人民公社化后,城市建设用地、交通道路用地、水利设施用地、文化教育设施用地等,一次性占地面积多少,由各级人民政府进行调拨或做征收处理。私人住宅占用土地,由人民公社审批。20世纪80年代初,土地管理部门建立土地管理制度,强化了管理。1983年9月,农业局设土地管理办公室,负责办理土地方业务。1985年12月,成立土地管理科。1987年,成立县土地资源调查领导小组,经过试点、行业调绘、面积量算、测绘制图等程序,对土地质量予以评级并施行权属管理。1990年8月,更名为土地管理局,有职工6人,各乡(镇)配1名土地管理人员。1999年,全县土地资源利用现状调查工作完成。同年,大力开展土地法规宣传教育工作,举办普法学习、散发宣传材料、放映录像等方式,号召全社会重视土地管理,制止各种乱占滥用、侵占耕地的不良现象。1999年,县土地管理部门配合司法机关,在全县举办64期土地法规学习班。印发《土地管理法》《中国土地》《中国土地报》及文件资料共1.72万册(份)。放映土地管理录像255场,观众达2976万人次。

土地管理局成立后,对国家、集体、个人三方面建设用地进行了清理、整顿、调查登记,并处理了一批违纪人员。对三方面新建用地,从申请用途、选址定位、划拨面积、拟定征地费用诸方面从严掌握、控制征用,并制定了一些征占土地标准和各种费用征收标准。按行政区域进行两级（县、乡镇）统一管理。1986—1990年间，根据用户申报，批准征用土地申请80件，计征地341.14亩。其中，县级51件（包括固原行署4件），计221.1亩，乡镇级29件，计120.04亩。

（二）土地权属

1. 土地私有

1949年之前，西吉境域土地等农业生产资源为私有制。1942年，西吉立县以后，民国政府废止"占业"，改为"领业"。想要垦荒的农民，须就土地数量等先向政府提出申请，报政府获得批准，可在指定地段开垦种植。1949年，全县97户大地主占有耕地5976.5亩，人均占有土地63亩；2184户雇农占有耕地5133.75亩，人均5亩。[1]土地不均，广大农民过着饥寒交迫的生活。

表1-1 民国市场粮食价格（一）（民国十八年）[2]

粮食品种	亩产量	每斗粮价格	粮食品种	亩产量	每斗粮价格
小麦	2斗	3.00元	扁豆	1.5斗	2.50元
荞麦	2.5斗	1.20元	燕麦	3.5斗	0.60元
莜麦	1.5斗	2.00元	冬麦	2斗	3.00元
糜子	3斗	1.20元	玉米	4斗	1.20元
芸豆	2斗	1.20元	青稞	3斗	2.00元
豌豆	1.5斗	3.00元			

---

[1]西吉县志编纂委员会《西吉县志》，宁夏人民出版社1995年版，第88页。
[2]韩荣华《将台志》，西吉县将台乡人民政府1989年12月编印，第359页。

第一编　西吉县情—概览

表1-2　民国市场粮食价格(二)(民国二十四年)

粮食品种	每斗量	1885年斗价	1905年斗价	1925年斗价	1930年斗价	1932年斗价	1935年斗价
小麦	24筒	240文	280文	2串500文	4串	6串	20串
扁豆	24筒	200文	240文	2串	3串500文	5串	18串
豌豆	24筒	200文	240文	2串400文	3串800文	5串	20串
莜麦	24筒	150文	160文	1串800文	4串	5串	10串
燕麦	24筒	80文	90文	800文	2串	2串500文	5串
糜子	24筒	140文	180文	900文	2串800文	2串400文	6串200文
谷子	24筒	100文	120文	800文	2串	2串500文	5串500文
洋芋	24筒	200文	240文	2串	3串	4串500文	12串
胡麻	24筒	200文	240文	3串	3串	4串500文	12串
荞麦	24筒	150文	160文	3串	2串500文	3串	7串

2. 土地改革

1951年3月27日,西吉县委、政府制订《土地改革工作实施计划》,决定土地改革分3期进行。

1951年秋,在农村开展土地改革运动(以下简称"土改")。土改的方针和政策:依靠贫农、雇农,团结中农、中立富农,有步骤、有分别地消灭封建剥削制度,发展农业生产。西吉是少数民族地区,土改前基层农会组织不健全,民兵圈子小,群众没有充分发动起来,土改运动中采取全面布置,分期进行,重点试办,逐步推广,稳步前进,未经反霸和减租减息斗争。土改时省、地、县、区、乡各级抽调干部311人,组成土改工作团,计划分3期完成。

1951年9月29日,城关区马营(七乡)、土窝子(九乡),新营区红耀(五乡），蒙宣区马建（五乡）为试点。10月28日，又在城关区、新营区、蒙宣区3个区指定6个乡，为试点第一期，1952年1月29日结束。

1951年11月28日，又在城关、蒙宣、新营3个区14个乡开展土改。后把静宁县划归境内的单民、河东、河西3个乡，隆德县划归境内的公易、高城2个乡，共计19个乡为第二期土改，于1952年3月19日结束。

第三期土改，有平峰、白崖、将台3个区的26个乡，还有城关区西滩、大岔2个乡，共28个乡。于1952年2月下旬陆续开展，经过40余天，拟定张榜公布，遇故土改中断。

这期土改，延至1954年2月12日重新开展，并有隆德、固原两县划归境内的兴隆、什字两区的11个乡，共39个乡，经1个多月，于3月18日，全县土改工作全部结束。

根据中央人民政府颁布的《划分农村阶级成分的决定》，经过发动群众、民主评议、报县审批，三榜公布的办法，划分农村阶级成分。

1954年完成土地改革。土地改革完成后，无土地或少地的农户共有4721户。他们共分得土地17.9万亩，房屋4243间，耕牛1311头，驴1265头，骡、马102匹，粮食3225万公斤。土改解放了生产力，农民的生产积极性空前提高。

3. 互助合作

1951年，全县农村组织劳动变工小组1434个。1952年，各乡组织劳动互助小组3578个。1953年，全县组建临时工小组1434个。1952年春，各乡组织劳动互助组，开展以互助合作为中心的农业互助组1260个，常年互助组158个。1954年，开展生产运动。1954年2月下旬，全县召开劳动模范及互助组长代表会议，中心议题是开展互助合作问题。当年，全县组织生产互助组1211个，参加农户5250户，占农户总数的22.2%。其中，常年定期互助组77个，参加农户741户。依据中共中央发布的《关于发展农业生产合作社的决议》精神。西吉县以城关区袁河乡刘满仓互助组为基础,建立了全县第一个半社会主义性质的"红星"农业生产合作社(以下简称初级社),有17户94人自愿入社。土地入股,按比例分红(土地40%,劳力60%),实行评工记分、按分计酬。同年12月,相继又以蒙宣的巩治福,新营的冯怀珍、胡国西,平峰的李占川、张具福、田如学、王玉福、张玉海的互助组为基础,试办建立起曙光、红庄、新峰、晨光4个初级社。到1955年春,全县初级社发展到30个,入社农户614户,占农户总数的2.6%。3月和10月,举办2次互助合作训练班,培训办社骨干931人。至12月,建立初级社341个,入社农户13933户,占农户总数的57.9%。

1956年,通过2次整社,普遍改进经营管理,提高了社干部思想觉悟和办社能力,初级社发展到468个,入社农户22673户,占农户总数的90.7%。

夏收后,全县普遍开展升级并社的农业合作化运动,468个初级社并成256个高级农业生产合作社(以下简称高级社),入社农户24108户,占农户总数的96.4%,基本实现对农业的社会主义改造。高级社土地归集体所有,牲畜、农具等主要生产资料折价入社,收益按劳分配,实行评定底分、死分活评、定额计酬、小段包工、包工到组(到劳、到户)、定额管理、实行"三包一奖"(包工、包产、包成本、超产奖励10%~15%)等措施,制定奖罚制度。

4. 人民公社

1958年10月1日,全县成立第一个人民公社——先锋人民公社(今为将台堡镇)。10月11日,县委召开县、区、乡、社四级干部会议,部署全县人民公社化。会议期间研究决定,以原沭营镇、小川、袁河、高同、夏寨5个直属乡(镇)所属的15个高级社为基础,合并组建东风人民公社(今吉强镇)。10月16日,县委组织300多人的建社工作组,经5天,在全县建起五星

(今兴隆镇)、红旗(今硝河镇)、红光(今王民乡)、卫星(今火石寨乡)、红星(今白崖乡)、星光(今什字乡)、团结(今偏城乡)、上游(今田坪乡)、前进(蒙宣乡今归震湖乡)、前锋(今震湖乡)、胜利(今西滩乡)、跃进(今新营乡)、和平(今平峰镇)、友爱(今马建乡)14个人民公社。至此,共建立16个人民公社,全县实现了人民公社化。人民公社以"一大二公,政社合一"的组织取代区、乡政权。人民公社与民兵组织统一结合,办起公共食堂1020个,实行"组织军事化,劳动战斗化,生活集体化,管理民主化",工、农、商、学、兵五位一体,农、林、牧、副、渔综合经营。原高级社的土地、牲畜、农具等一律无偿转入人民公社集体所有制,社员自留地、自留畜及林木全部入社。公社内部实行统一计划、统一收支、统一分配的经营管理制度,干部、劳力、土地、粮食、物资互相调用,农业社过着"吃饭不要钱,劳动大兵团"的"大跃进"集体生活。

  1959年春,西吉县开始纠正错误,对无偿调运的生产资料算账退赔。公社体制上实行权力下放,三级管理,以队(大队)为基础。为了便于管理,公社下设管理区(或称协作区,相当于乡)。1961年,生产队实行包产、包工、包成本和超产奖励制,社员个人所有的生活、生产资料及小农具等归社员所有,恢复社员自留地,允许社员发展家庭副业,开放了农村集市贸易。

  1983年冬,恢复乡镇制,取消了人民公社。

  5. 土地承包

  1949—1979年,中国农村、农业在30年计划经济的指导下,经过集体所有制原始积累和逐渐发展,从初级社、高级社到人民公社,在物资和燃料极为短缺的情况下,在党的领导下,西吉老区人民艰苦奋斗,不达目标誓不休,集体修水库50多座,农田大会战修梯田13万多亩。西吉老区农业生产得到发展,生活水平有了初步提升。

1979年3月,西吉县委根据《全国农村人民公社会议纪要》之精神,依据其第五条规定:

> 普遍实行生产责任制和定额计酬制,稳定三级所有、队为基础的体制之规定:
>
> 小段包工,要搞好定额计酬,抓紧小段评比,保证农活质量。
>
> 包产到组,必须搞好作业组的划分。要提倡按生产需要建立各种专业组,最好不搞农副业综合经营"小而全";能够由队统一耕种的,最好只建立田间管理作业组。

并结合当地实际情况,县委决定,在人民公社三级所有制前提下,充分尊重生产队的自主权,允许生产队划分作业组。实行"定面积,定作物,定产量,超产归组"的作业组,即土地承包责任制。

1980年1月11日至2月2日,国家农委在北京召开全国农村人民公社经营管理会议。会议对包产到户问题展开了认真讨论。与会人员一致认为:就全局来说,应当按照中共中央"关于加快农业发展若干问题的决议","除某些副业生产的特殊需要和边远山区交通不便单家独户外,不要包产到户"。至于极少数集体经济长期办得很不好,群众生活很困难,自发包产到户应当热情帮助搞好生产,积极引导他们努力保持,并且逐渐增加统一经营的因素,不要硬性扭转,与群众对立,搞得既没有社会主义积极性,也没有个体积极性,生产反而下降,更不可批判斗争。

1980年1月26日至3月3日,县委在全县"三干"会议上宣布:不许搞包产到户,不许单干,不许搞口粮田,不许在大田粮食生产中搞责任田。但允许搞"四固定"的作业组,实行定额管理、评工计分、小包工、专业户、专业人的责任制。

1980年10月,按中共中央《关于进一步加强和完善农业生产责任制的几个问题的通知》精神,西吉县对农业生产责任制形式提出具体意见:一是完善现行的责任制(作业组)。二是实行专业承包,联产计酬。三是实行包产到户和包干到户。四是实行口粮田加责任田,各种行之有效的群众欢迎的责任制都可以试行,不搞一刀切。年末,全县实行包干到户责任制生产队1390个,占总数的73%;实行口粮田加责任田的生产队338个,占总数的17.8%;未定型的有171个生产队,占总数的9.2%。

1981年春,全县农村全部实行了包产到户大包干责任制。做法是:土地归集体所有,按人划分到户,由农民耕种长期不变,上缴承包费;牲畜、农具等主要生产资料,合理搭配,按质折价,归农民所有;经营自主,收入归己,生产队不搞核算和分配。

6. 土地流转

当前,中国农村土地出现土地流转。原因主要有以下四点:

(1)土地承包经营成本高,收益低。农业税免征之前,农民由于承包经营土地的负担重,收益相对较低,承包经营土地的积极性不高。许多外出务工、经商的农民纷纷将承包经营权流转给亲友或其他农户,也有的以自己享有的土地承包经营权或参股权。这是过去几年土地承包经营权流转的一个最重要的原因。

(2)农村二、三产业发展和劳动力转移。土地二轮承包实行"增人不增地,减人不减地"的原则,使农村存在人多地少的矛盾更加突出,导致大量劳动力纷纷向本地农村二、三产业或向外地转移,转移的劳动力中有一部带动全家转移,并将土地承包经营权流转给他人。

(3)村、镇非农建设项目。因招商引资、工业园区等非农建设项目用地需要,村、镇将土地承包经营权租赁方式从农户手中流转。

(4)村产业结构调整。村为培植专业大户、承包大户,一方面鼓励将土地承包经营权流转给被培植对象,另一方面将土地从农民手中以租赁或其他方式流转,再转包给被配置对象,即"反租倒包"。

同时,发达地区农村土地开始科学化种田。农村、农田大量机械化使用,并且出现了无人机监测农田,计算机分析、处理田间虫害等技术。田间无人化耕作与合作化管理,已成为中国农村的发展趋势。土地流转有偿补贴,已成为管理中国农村土地权属的时代特征。

第三节　地名嬗变看发展

地名是一个地域文化的载体,也是一种特定文化的象征,更是一种牵动乡土情怀的称谓。历史上,西吉境内地名多次变更,每次变更都承载着西吉文化的进步,历史的发展和社会的变迁。

民国三十一年(1942年)西吉始立县建制。当时属甘肃省陇东专区,驻沐家营。

一、鬼方义渠少安定,犬戎猃狁多贬名

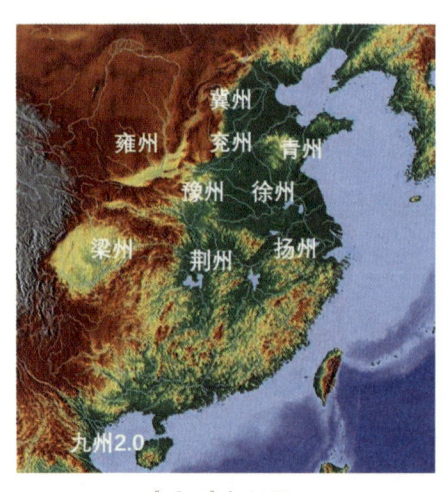

《禹贡》九州图

夏朝初年,大禹分天下为九州。西吉境域皆属"雍州"(《尚书·禹贡》)。

商时西吉境域为"雍州之城"。

殷高宗武丁三十二年(前1219年),商朝大军征鬼方,到达荆地。鏖战三年,武丁三十四年(前1217年),商大军攻克鬼方(中原称西北塞外之地为鬼方,现西吉战国秦长城以北大

部分地区当属鬼方),获胜而归。

商王祖甲十二年,出兵征伐西戎。至冬天,商王才从西戎返回。

商王武乙三年(前1145年),赐给先周古公亶父岐邑。武乙三十年(前1118年),周出师征伐义渠戎,俘获戎王。

周朝西吉境域属原州。周穆王姬满十二年(前965年),毛公班、井公利、蓬公固三位大臣率本部人马跟从穆王征犬戎。

周宣王姬静在位第五年夏六月,太师尹吉甫率军攻伐猃狁,到达六盘山区。宣王四十年(前788年)开始在六盘山北麓一带征税。

2017年,固原市彭阳县新集乡姚河村北,发现西周早期大型诸侯都城遗址。姚河塬西周遗址出土文物颇丰,尤以2017PYIM13甲骨文卜辞"入戎于获侯"显得珍贵,证实该城址为周人抗击西周边陲以西戎族的军事前哨。现在的西海固地区当属鬼戎、西犬戎、猃狁、义渠戎等八戎盘桓之地,与周人争战频仍。

秦时西吉境域属北地郡。秦昭王时起兵伐义渠戎残部。从而,秦国得到了陇西、北地、上郡,并构筑长城拒阻胡人。《史记·匈奴列传》载:"秦昭王时……起兵伐残义渠。于是秦有陇西、北地、上郡,筑长城以拒胡。"①

西汉时西吉地域属安定郡辖。汉武帝曾六巡安定郡,为伐匈奴广置养马场。

战国秦长城遗址(西吉县将台至马莲段)

---

①司马迁《史记·匈奴列传》,中华书局1982年版,第2885页。

《史记·平准书》载:"天子为伐胡,盛养马,马之来食长安者数万匹,卒牵掌者关中不足,乃调旁近郡。"①汉代六盘山区林密草长,具有豪迈旷达怡情的天地人合一之佳境。《汉书·地理志》载:"天水、陇西,山多林木,民以板为室屋。及安定、北地、上郡、西河,皆迫近戎狄,修习战备,高上气力以射猎为先。"②

东汉时期,县境属安定郡高平第一城(固原)管辖。三国时期,县境南属曹魏雍州安定郡,西北部被羌胡占领。两晋时期,县境属安定郡。南北朝时,县境属安定郡。东汉至南北朝时期,西吉境域的火石寨受佛、道文化

秦汉时期将台堡古城遗址

长期浸润,成就了如今西吉县旅游业的蓬勃发展。

二、羊牧隆城九州牵,地名嬗变五县管

羊牧隆城隋时先属原州,后属平凉郡。唐属原州辖。公元646年,农历八月二十四日,唐太宗到泾州(现宁夏泾源县)巡察;八月三十日,太宗銮驾翻越陇山到达西瓦亭(现今将台堡),检阅军马。

宋时属秦凤路,天禧元年(1017年)置羊牧隆城(今西吉将台乡火家集);康定二年(1041年),西夏李元昊大军在西吉境域兴隆镇好水川与葫芦河交汇处伏击了宋军,史称"好水川之战"。庆历三年(1043年)羊牧隆

---

① 司马迁《史记·平准书》,中华书局1982年版,第1425页。
② 班固《汉书·地理志》,中华书局1982年版,第1644页。

城改称隆德寨。

金皇统二年（1142年）升隆德寨为隆德县。西吉境域东、南、西南属金国德顺州辖制。西吉境域西、西北、北，则归属西夏国西安州辖制。

元至元年间（1280—1294年），隆德县址由羊

宋夏好水川古战场指挥台遗址

牧隆城迁今隆德县城。西吉境域西南归其辖，隶属于陕西行中书省静宁州，县境东北属开城府。1226年十二月，蒙古大军合围西夏国都中兴府（今宁夏银川）。1227年一月，成吉思汗率部分军队入金国境内，连破数州。五月，率军直趋六盘山下德顺州（今宁夏隆德），成吉思汗銮驾驻跸隆德寨①（今西吉县将台镇火家集）。闰五月，避暑六盘山。②

明朝时期，县境归陕西布政使司关西道平凉府固原州隆德县管辖。县境沐家营一带为朱元璋十四子朱瑛和养子黔宁王沐英牧马之地，故称"沐家营"。

清初西吉境域属陕西，后归甘肃，分属固原、海原、隆德三县辖地。同治十三年（1874年）硝河城置州判，县境属固原直隶州。

民国初年，西吉境域隶属甘肃省泾源道，后改属陇东行政公署。

1920年12月16日晚，"海原寰球大震"爆发，西吉境域苏堡乡处极震

---

①隆德寨即宋天禧元年（1017年）设置的羊牧隆城。
②《二十五史·元史本纪·太祖纪》（全12册）："（太祖二十二年）夏四月，帝次龙（隆）德，拔德顺等州，德顺节度使爱申，进士马肩龙死焉。五月……闰月，避暑六盘山。"上海古籍出版社1986年版，第10页。

明代新营乡二府营遗址

清代固原直隶州置硝河城分州州判（明代土达满四招贤王府）遗址

区。震后山川巨变、河流壅塞。苏堡乡形成一汪亚洲第一大、世界第二大的堰塞湖。

1942年前，西吉境域分属周边固原、海原、隆德、静宁和会宁五县管辖。

三、红旗招展西吉县，地名归正文化绚

1941年秋，甘肃省第二行政督察专员行署迁驻穆家营，筹建西吉县事宜。

1942年10月10日，设置西吉县。全县辖三镇六乡63个保（城关镇辖十保，新营镇辖七保，三合镇辖六保，白崖乡辖七保，硝河乡辖八保，将台乡

辖七保,兴平乡辖七保,平峰乡辖六保,蒙宣乡辖五保)。

1949年8月9日,中国人民解放军第一野战军、第十九兵团六十三军一八八师某团解放了西吉。

新中国成立后,西吉县属甘肃省定西专区管辖。1950年5月,改属平凉专区管辖。1953年9月,甘肃省西海固回族自治区成立,西吉属其制。1955年11月,西海固回族自治区改置为固原回族自治州。1958年10月,宁夏回族自治区成立,西吉县归宁夏回族自治区固原专区辖制。1970年7月,固原专区改为固原地区。2002年7月,固原市成立,西吉县归固原市制。

1949年后,废除保甲制,实行区乡村制,全县分为6个区52个乡。第一区驻穆家营,辖夏寨、大滩、穆营、万崖、水泉、袁河、马营、小川、大坪、高同、大岔、西滩等12个乡;第二区驻新营,辖新营、新克、白城、二府营、红耀、碱滩等6个乡;第三区驻党家岔,辖全合、业集、赵坪、田坪、马建、苏堡、羊路、三合等8个乡;第四区驻平峰,辖平峰、金塘、民和、高洼、陈滩、兴平、关川、王民等8个乡;第五区驻将台,辖将台、东坡、牟谢、张堡、马

清代平峰梁堡子遗址(1936年10月21日,红军在堡内休整)

莲、贯泰、新堡、硝河、隆堡等9个乡;第六区驻白崖,辖白崖、沙沟、小坡、旧堡、窑庄、大庄、偏城、鹳川、陶堡等9个乡。

1952年7月,划出平峰区(第四区)兴平、王民、关川3个乡,城关区(第一区)大坪、西滩、大岔3个乡,组建为兴平区,排序为第五区,驻兴平;划出将台区(第五区)隆堡、新堡、硝河3个乡,白崖区(原第六区)大庄、窑庄2个乡,城关区(第一区)夏寨乡,组建为硝河区,驻硝河,排序为第七区;原第五区改为第六区;原第六区改为第八区。

1953年12月,划隆德县兴隆区归西吉县,置为第九区(辖兴隆、新店、公易、高城、杨河、玉河、四合、北台、张程、杨茂等10个乡),区政府驻兴隆;划静宁县单民区所辖单民、河东、河西三个乡归西吉县辖,设置为第十区,区政府驻单民。同年,划兴隆区张程、杨茂、高城3个乡为第十区,归单民辖制。

1954年5月,划固原县张易区所辖什字、官堡2个乡归西吉县。分官堡乡为官堡、玉湾2个乡。划兴隆区所辖北台、四合2个乡驻什字,置为第十一区。

1955年6月,撤销城关区穆营乡,改制为穆营镇。

1956年,撤销平峰、硝河、单民3个区。撤销原平峰区所辖金塘、民和、高洼、陈滩4个乡,并入平峰乡,划归兴平区;原硝河区所辖夏寨乡划归城关区制,硝河、大庄、隆堡、窑庄、新堡5个乡划归将台区;撤销原单民区辖制杨茂乡,并入单民乡;撤销河东、河西、高城3个乡,改制团结乡,与张程乡划归兴隆区管辖。撤销城关区大泉乡并入小川乡;撤销万崖、马营2个乡,并入袁河乡;撤销大滩乡并入夏寨乡。撤销新营区碱滩乡并入新营乡。撤销蒙宣区张堡乡并入马莲乡;撤销东坡、牟谢2个乡,其所属川区村,归属将台乡,其所属山区村与马莲乡南坡、北坡、朱家湾村合制为海原乡。撤销白崖区小坡乡,并入白崖乡。撤销什字区四合、玉湾两个乡,分别并入什字乡、官堡乡。

1958年3月,撤销什字区所辖3个乡划归兴隆区,撤销城关区所属一镇四乡划归县直管。10月,人民公社化,区、乡建制撤销。原兴隆区所辖杨河、张程、官堡3个乡划归隆德县辖。全县42个乡组建政社合一的16个人民公社。8月,公社名称按驻地改名。同年,一批支宁知识分子来到西吉。

1961年、1962年,调整公社规模,先后增置7个人民公社。最初组建的16个公社分别为:城关(原名东风)公社驻县城,辖15个大队;火石寨(原名卫星)公社驻火石寨,辖9个大队;新营(原名跃进)公社驻新营街,辖12个大队;田坪(原名上游)公社驻田坪,辖8个大队;蒙宣(原名前进)公社驻蒙宣街,辖10个大队;大坪(原名友爱)公社驻马建街,辖10个大队;平峰(原名和平)公社驻平峰街,辖11个大队;兴平(原名前锋)公社驻兴平街,辖8个大队;王民(原名红光)公社驻王民,辖10个大队;兴隆(原名五星)公社驻兴隆街,辖11个大队;什字(原名星光)公社驻什字街,辖13个大队;将台(原名先锋)公社驻将台街,辖15个大队;硝河(原名红旗)公社驻硝河街,辖11个大队;偏城(原名团结)公社驻偏城街,辖11个大队;白崖(原名红星)公社驻白崖街,辖13个大队;西滩(原名胜利)公社驻西滩,辖5个大队。1961年,新组建马莲(驻马莲街,辖12个大队)、三合(驻三合镇辖7个公社)、公易(驻公易镇辖9个大队)、沙沟(驻沙沟辖8个大队)4个公社。1962年,成立玉桥(驻玉桥,辖7个大队)、红耀(驻南坪辖6个大队)、夏寨(驻夏寨街辖8个大队)3个公社。

1963年3月,设置兴隆区,辖兴隆、玉桥、公易、什字、将台、马莲、王民7个公社;设置苏堡区,辖蒙宣、田坪、大坪、平峰、红耀、三合6个公社。1964年5月,成立白崖区,辖白崖、偏城、沙沟、火石寨4个公社。未划归区管理的城关、夏寨、硝河、西滩、兴平、新营6个公社由县直管。

1966年5月,"文革"时期,23个乡改称公社,不久又恢复原名。同时又撤销了3个区的建制机构。

1981年6月,原新营公社北部组建白城公社,驻下城子;原夏寨、偏城、白崖、硝河4个公社部分大队成立下堡公社,驻下堡。

1982年1月,原城关公社设置城关镇。1983年6月,城关公社更名为城郊公社;大坪公社更名为马建公社;蒙宣公社更名为苏堡公社。12月,公社体制改革,所有公社改称为乡。

1986年,兴隆乡改置为兴隆镇。至此,全县共辖城关、兴隆两镇和城郊、玉桥、公易、王民、将台(2016年改为镇)、什字、马莲、硝河、西滩、夏寨、下堡、偏城、沙沟、白崖、火石寨、白城、新营、红耀、田坪、马建、苏堡、三合、平峰、兴平等24个乡。

为大力发展"乡村旅游,振兴经济",2003年10月,固原市将西吉县苏堡乡更名为震湖乡。如今的震湖,芦苇飘荡,野鸭翱翔,彩鲫欢腾,水天共长。每年的4—9月份,这里成为人们避暑消夏的休闲旅游胜地。

初夏涵江村

今日西吉县,山清水秀,鹅鸭凫游,人文环境淳厚。1958年来西吉支宁知识分子如袁伯诚、国玉经等,曾用辛勤汗水滋润了西吉黄土地上的百卉千葩。老知识分子们当年的艰苦奋斗为如今的有志青年开创了前行之路。近些年,西吉日新月异地跨越发展,人才雨后春笋般喷薄涌现。林岚叠翠的群山、蜿蜒清澈的河流,古道热肠的性格、痛快淋漓的气质,厚道淳朴的民风、豪爽待客的民俗,旷达乐观的心态、幽默雅致的情趣,直抒胸臆的倾诉、沉郁顿挫的心志,兼容并包的胸怀、自强不息的精神,孕育、塑造出西吉县400多位享誉国内的乡土诗人与作家群。2011年,中国作家协会赴西吉县调研,郑重地将中国第一个"文学之乡"的牌匾,授予昔日"苦瘠甲天下"的西吉县,完美诠释了文学圣地的中国意义和文学精神的时代韵味。

2017年,在习近平总书记"闽宁协作"大政方针指引下,福建省莆田市涵江区对口帮扶、精准扶贫宁夏固原市西吉县偏城乡烂泥滩村,仅一年时间,烂泥滩村就实现了"两不愁三保障"。为铭记"闽宁协作"结对帮扶的山海情,2018年初,西吉县将烂泥滩村更名为"涵江村"。如今,走近绿水青山的涵江村,宛然置身于"绿树村边合,青山郭外斜"的唯美画卷之中。

中华文明上下五千年。就西吉县以及生活在这里的人民群众而言,地名在时光穿梭中的蝶变,折射出不同时代的别样寓意。

回望人类走过来的千年,西吉境域内地名的嬗变:武延川改称葫芦河,七里宝山更名为月亮山。

20世纪60年代,西吉县五星、红旗、先锋、红星、红光等,诸多激情四射、富有励志的地名频出,仿佛讲述着西吉革命老区厚重的红色历史文化。

21世纪20年代的今天,宁夏的红寺堡、闽宁镇、润丰村以及西吉县的

红耀村和涵江村,这些饱含友爱、蕴含富裕的新地名,铭刻着闽宁协作结对帮扶的山海之情,记载着西吉人民奔小康的移民文化。以闽宁协作为契机,西吉县红耀乡狠抓特色产业、就地移民和扶贫车间,解决当地劳务输出,群众实现全脱贫。回首西吉县70年的地名嬗变,在党的阳光沐浴下,"红花"结出了"火龙果"。2021年2月25日,中共西吉县委员会和中共西吉县红耀乡委员会,荣膺"全国脱贫攻坚先进集体"称号。

第二章　历史古迹与旅游资源

第一节　自然景观

一、火石寨

火石寨山岩通体暗红,犹如团团火焰,故称火石寨,属典型的丹霞地貌。丹霞地貌即以陆相为主的红层发育的具有陡崖坡的地貌。1928年,我国著名地质学家冯景兰将广东丹霞山的红色地层命名为"丹霞层"。火石寨景区有云台山、石寺山和大石城三大板块。奇山、异石、岩洞、石窟、茂树,并称景区五绝。此地山石雄奇、

火石寨

造型瑰丽，素有"七彩丹霞"之美誉。

火石寨是宁夏唯一同时拥有国家地质公园、国家森林公园的"双公园"，属于国家4A级旅游景点。云台山亦称扫竹岭，兼江南山色秀美和北国山势粗犷。山间松林苍莽、鸟语花香，奇峰耸峙、层峦叠嶂，宛若仙境画廊。大石城，山势崔嵬、景观壮美，林木葱葱、流水淙淙。古人据此曾建成石城堡，有"一夫当关，万夫莫开"之险。南北朝时凿石窟群，造像神奇、端庄大方。

二、党家岔

1920年，党家岔因海原"寰球大地震"山体滑坡形成堰塞湖，即震湖。夏日的震湖，碧水波漾，芦花摇荡，鱼跃燕舞，鹅鸭戏塘，一派江南水乡的美景。享有"北闻沙湖美，南见震湖秀"的美称。水产"西吉彩鲫"乃世界珍贵稀有之鱼种。

三、水系

葫芦河、清水河、滥泥河、马莲河（捻龙川）四条水系均属季节性河流，贯穿于县境。捻龙川源于固原的香炉山，经张易镇盐泥村自东向西流，经马莲在将台汇入葫芦河。几条水系是当地群众生活的重要水源。十八大以来，党和政府十分重视西吉人民的生活，投入大量资金，对葫芦河、清水河、滥泥河、马莲河进行整治，四条水系整治后，河谷两岸，松柏成荫，鸟语花香，河流谷地，鱼跃鸟翔，成为人们度假休闲、旅游观光之胜地。

捻龙川

第二节　名胜古迹

一、古遗址

(一)战国秦长城遗址

长城是世界建筑史上的奇迹,中华民族的瑰宝,也是中国辉煌历史、灿烂文化的象征。宁夏素有"古长城博物馆"之美誉,宁夏北部黄河沿线有汉长城和明代边墙,南部六盘山北麓有战国秦长城。

战国秦长城始建于秦昭襄王时期（前306—前251年）,由甘肃静宁县原安乡境进入宁夏固原西吉境内。长城沿葫芦河东岸北上,经兴隆镇（黄岔、玉桥、兴隆）至将台堡镇（东坡、保林明荣明台）,折向东进

战国秦长城马莲段遗址

入马莲乡境内;沿马莲川河北岸东进,经牟荣、火家沟、张堡塬、陈家堡子（巴都沟）村,进入原州区张易镇境内,全长35公里。

2001年6月25日,西吉段战国秦长城被中华人民共和国国务院公布为第五批全国重点文物保护单位。

(二)云台山石窟(又名扫竹岭石窟)

云台山石窟位于宁夏回族自治区固原市西吉县火石寨乡小川村,始建于北魏,兴盛于隋唐。

云台山石窟遗址

云台山有石窟20处,分布在东西长约350米的石壁上,窟石分长方形平顶式和穹隆顶两种,石窟内造像残存石雕、壁画60余处。现存18号窟,是北魏太武帝拓跋焘时(424—452年)所造。

(三)硝河古城(得胜寨)

硝河古城位于硝河乡硝河村,南距西吉县18公里。古城西北有一条河流,河水含有大量硝盐。据当地群众回忆,隆冬时节、河水结冰,河两岸硝盐便会凝结析出,"硝河"由此得名。硝河发源于西吉县黑虎沟,注入葫芦河。

硝河古城遗址

历史上,葫芦河两岸曾多次发生战争,唯独硝河古城从未失守。故宋代在重修硝河古城时取名为"得胜寨"。

得胜寨统领开边堡,是宋夏边境一所重要堡寨,与羊牧隆城、静边寨共扼镇戎军。于宋天圣六年(1028年)建置,初属渭州。庆历三年(1043年)后,隶属德顺军。与笼竿城、羊牧隆城、静边寨均位于陇山西。《元丰九域志》载:"天禧元年置羊牧隆城,二年置静边。天圣六年置得胜。庆历三年改羊牧隆城为隆德寨,八年置通边。"

《西吉县军事志》载:"明成化四年(1468年),满俊起事所建,自称'招贤王',满俊置王府于硝河城。清同治十年(1871年),设固原直隶州硝河州判。"[①]

得胜寨具有重要军事地位,是宋夏必争之地。好水川之战后,宋夏60多年未有战事。

---

① 西吉县军事志编纂委员会《西吉县军事志》,宁夏人民出版社2008年版,第97页。

《西吉文史》载:"1936年10月22日,红一、二方面军红军长征将台堡胜利会师,电文中多次提到硝河城,可见硝河城在会师前后的重要性。后经考证,硝河城在会师前后,给红军后勤给予很大的补给。……硝河城在将台堡会师前后,红军驻扎40多天,是二方面军指挥部的所在地……"硝河城依山傍水,自然环境、人文环境优越,文化发达,群众基础好。硝河苏维埃政府(乡级)于1936年秋在此成立。[①]

(四)羊牧隆城

《元丰九域志》载,北宋天禧元年(1017年),德顺军(今甘肃平凉)驻军将领曹玮奉命在葫芦河与滥泥河交汇的三角洲处修筑城寨,主管农牧诸事宜,抵御北方游牧民族的侵扰,名曰羊牧隆城。

宋庆历三年(1043年),羊牧隆城改为隆德寨,属泾源路第十将兵城。南宋时,金兵南下,攻占隆德寨,以城为据点,抗击宋兵。金皇统二年(1142年),金人在此设县名曰隆德县。1227年初春,成吉思汗率蒙古大军攻西夏,接连破金积、灵州、临洮和西宁,4月攻占隆德县城。一代天骄在此安寝十二昼夜。元至元十五年(1278年),忽必烈以"今隆德有城郭可居,事甚便宜",六盘山附近无据点为由,颁令迁县至陇干城(今隆德县城)。迁县后,原址因有传统边贸集市且火姓人居多,故名火家集。

火家集占城遗址地处西吉县城南将台堡镇30公里,为边塞要冲。

羊牧隆城遗址

[①]苏正喜、摆小龙《西吉宋夏堡寨调查与研究》,宁夏人民出版社2015年版,第1页。

第一编　西吉县情—概览

（五）偏城古城（怀远寨）

偏城古城位于西吉偏城乡偏城村北,始建于宋明道元年(1032年),名曰怀远寨。元明时称"山城堡",清以后称"偏城"至今。古城平面大致为三角形,依山而筑。主城北侧为三角形连衣城,周围有护城河。

偏城古城遗址

（六）好水川古战场遗址

好水川之战发生于庆历元年(1041年)二月,为宋夏之间一场最大的战争,是中国古代史上一次著名战争。

好水川地处六盘山西麓,源头位于隆德县北,与县城隔山相距8里,横贯隆德县好水乡至西吉县兴隆镇,川水自东而西,经由隆德的好水、杨河两乡,流经西吉兴隆镇姚杜、陈田玉、王沟三村,注入葫芦河,全长约60余里。

据李焘《续资治通鉴长编》载,康定二年(1041)二月,好水川(今宁夏西吉兴隆镇一带)之战,次年闰九月的定川寨(今固原西北)之战,宋军都战败,各有数千将士战死。

据吴广成《西夏书事》载,任福中了元昊的诱敌深入之计,再举距羊牧隆城五里之好水川(今宁夏隆德县西北),陷入元昊的十万伏兵包围中。

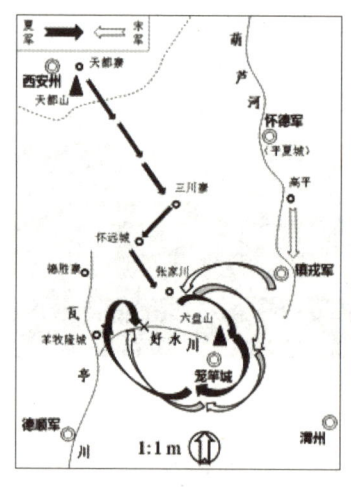

好水川之战形势图

20世纪60年代,在西吉县兴隆镇陈田玉村东500米处,农民整地,挖渠开沟,翻出成堆白骨。据单家集一带群众叙述，70年代中期，生产队在东山后湾组织社员开挖水渠，发现大量人骨、马骨，一坑一坑的，最厚叠压骨层2米左右。1984年，从白骨中发现了成捆的铁簇箭头和铁质兵器。

1999年7月底，宁夏著名西夏学专家李范文等考古学者，沿丝绸之路考察西夏故地途经西吉，在葫芦河与好水川交汇的兴隆镇王沟村、陈田玉村，对现场遗存物进行考察研究，断定此处为一古战场遗迹。通过与部分古代堡寨遗址、地理位置比照，最终确定西吉县兴隆镇王沟村、陈田玉村、单家集一带，就是好水川之战主战场。

时任宁夏社科院历史研究所所长罗矛昆在考察活动中，对宋夏好水川之战论定：公元1041年，元昊在天都山（今海原南华山）点集兵马，宋朝泾原路军事长官韩琦闻讯，在镇戎军（今固原）集合数万军队，由大将任福统领出击。任福贪功冒进，带领近万轻骑兵直趋前线，与元昊前锋遭遇，西夏兵尽弃马羊、骆驼，伪装逃遁，将宋军诱至好水川（即流经隆德、西吉的好水河），西夏调主力部队扎断谷口。宋军困于川底三天三夜，人困马乏，全军覆没，共殁将士万余人。罗矛昆在接受记者采访时说："好水川之战是历史上著名的古代战役，而它的留存痕迹如此明显，这在全国也是很少见的，具有较高的学术和考古价值。"

宋夏好水川之战主战场在"红岗遗址"5公里范围内。宋夏好水川之战主战场遗址的发现，不仅充实了宋夏战役研究资料，且对这一著名战役的形成、发展、结果得到进一步证实。

宋夏好水川之战是以少胜多的战例，更是信息化运用（西夏军在道旁箱中隐藏多只信鸽被宋军不知情而打开放飞）在军事上最早的战例。

（七）大石城

1. 石城的形胜

西吉石城堡又称大石城，位于西吉县城北30公里处的火石寨乡禅窟

村,海拔高程2197米。石城堡堪称天险奇观,虽说是城堡,但却与其他城堡不一样,它并无城墙,又无城门,是一座浑然天成的石头城池。石城并非人工凿筑,而是由天然岩石构成,大体呈圆形,城面积有4000余平方米,石城拔地而起的巨大石块,具有典型的火石寨丹霞地貌特征。周围悬崖绝壁,东、西各一道隘口出入,异常险要,易守难攻。石城中央屹立着一座高大石堡,直高约50余米,顶面积1万余平方米。石城东侧中部上有一石灶房,两侧各有窗孔,深4.5米,宽4.8米,高2米。天然形成,红砂岩质,形似卧牛,垂直高50米。四周绝壁,唯东南角有人凿石级可登。顶部中段从东到西人工凿造长方形石水窖6眼,深6米,长2.5米,宽2米。城外围四面石峰剑齿林立,或高耸入云,或纵横蜿蜒,或峻峭嶙峋,或方圆规矩,千姿百态。旧《西吉县志》①将其列为"西吉八景"之一——"石城天险",赋诗道:

冈峦峻巍入云标,朝日苍茫夜寂寥。
飒飒风声沉万壑,森森剑气透重霄。
石级有路凭谁凿,荒城无烟待人烧。
残叠徒资斜阳照,牧马悲嘶已非遥。

石城一带是闻名遐迩的火石寨丹霞地貌区,为西北黄土高原上非常奇特的一道自然景观,基本形成于内陆半干旱半湿润的气候条件下,集中显示了北方山势雄浑的自然风光,更是集道教、佛教等宗教文化于一身的文化圣地,既有巨大的游赏价值,更具深厚的研究考古价值。石城堡北与海原县李俊乡、杨明乡为邻,东、西、南三面分别与西吉县的白崖乡、

---

①马国舆《西吉县志》(手抄本),中华民国三十六年(1947年)本。

大石城遗址

新营乡和城郊乡接壤。在历史上,这一带曾水草丰茂,汉代时便是匈奴等少数民族的繁衍之地,唐代又是吐蕃人的生息之所,两宋时期为西夏辖地,素来民风淳朴剽悍。

2. 石城的演绎

大石城以天然的险要地势及独特景观诠释了很多美丽的传说和历史故事,显示出了其神奇的魅力。但石城究竟形成于何时,已难寻史籍记载。《嘉靖固原州志》称:"石城堡,在州西北一百五十里。古有是堡,莫知所创。"

关于火石寨及石城的来历,西吉民间有着各种版本,说法不一。这当然是民间对火石寨神奇的自然景观难以理解而充满幻想的赞誉。石城在唐代时就作为一个地名沿袭了,"安史之乱"后,吐蕃占据今固原一带,称这里为石城堡,并驻扎了军队。唐代宗广德二年(764年)、宪宗元和中(802年左右),先后陷于吐蕃,名汝遮。明初时赐沐蕃为牧地,直到后来其名称才慢慢演化为石城堡。明代典籍称其为"石城"。谈迁的《国榷》也认为石城即"唐石堡城"。从史料看石城堡形成时间非常早,至少可断定唐代以前就已形成,那时候此地就非常险要。

西吉石城堡在历史上记载多数都与战事有关,在唐朝和明朝以后,与石城有关的战争频繁。尤其是明成化年间震动朝野、影响至远的"石城

之战",500年后阅读史料,依然让人感到当时双方鏖兵的残酷。

3. 石城之战

大石城又称石城堡,旧《西吉县志》将其列为"西吉八景"之一,称"石城天险"。

(1)石城之战背景。明廷立国以后,一直对蒙古残余势力实行压制,蒙古势力(即北元)退居到了漠北一带休养生息,但他们时刻都在寻找机会反扑,大明整个北方边疆几乎一直处于战事状态。正统年间,蒙古瓦剌、鞑靼部落的势力渐渐变得强盛,屡屡南下侵扰中原人民的正常生产和生活。1449年"土木之变"后,明廷几乎将所有归附的蒙古人都安置到了两广地区,目的是隔断他们与蒙古本土的联系。然而,原来已经居住在北疆的土达人,没法强行迁徙,明廷一直将其视为心腹大患。

明成化年间,一场震动朝野、血雨腥风的石城之战已成历史云烟。《明史》和《宁夏通史》均载,成化四年(1468年)六月蒙古丹巴后裔满俊起事据守石城,至十一月失败,历时半年。与明军前后大小三百余战,杀一伯、三指挥,官军死者数千人,"石城之战"成为重创大明王朝明军的大事件。成化五年(1469年)二月,满俊及同党357人,分别被明王朝处以凌迟及斩刑。陕西总兵官任寿、巡抚陈价,因违令丧师也被处死,参将刘清因兵败收监等候发落。

(2)诏书檄驰。《明实录·宪宗》载,明成化四年(1468年),明廷对四川山督掌人的战事刚结束,成化皇帝朱见深正忙于办理钱太后丧事,却传来了石城起事的消息——平凉万户街元代后裔满俊与杨虎起兵对抗明廷,率兵占领硝河城,自称招贤王并修筑王府。满俊起兵之后,朱见深自幼熟读历史、地理著作,深知唐大将王忠嗣所言,石堡险固……非杀数万人不能克(《资治通鉴·唐纪三十一·天宝六载》)。因此非常惧怕蒙古族与其他游牧民族联合起来对抗官府,遂急下诏书,命镇守陕西太监刘祥同陕西总兵宁远伯任寿、巡抚陈价等根据情势,定剿抚之策,要尽快捕获满俊等人。谁知这道诏书刚下就接到官军围剿满俊失利的战讯。

(3)三省发兵。当其时,任寿、陈价发回报告说,满俊六月十一日作乱。半个月后,他们便调集宁夏、陕西、延绥兵3万人征讨。由于宁夏总兵官吴琮、参将刘清统领的宁夏兵距石城较近,故而先到。满俊请降,吴琮认为是诈降,挥兵攻城。吴琮部下有个叫冯清的士兵懂得一些军事常识,面见吴琮,说我军初至石城,饥渴交加,疲惫至极,不可攻城,当虚应满俊,以待陕西、延绥之兵。吴琮大骂冯清延误军机,命令连夜抢攻。满俊以逸待劳、迎战官军。刚一接战,都指挥邢端便率领本部兵先走,官兵本来就无斗志也跟着后撤,满俊乘胜追击,官军大败,卫指挥王震等200人阵亡。满俊此战得胜,士气大振,当地土达及其他土著少数民族也纷纷投奔,人数有2万余人。叛乱眼看就有燎原之势,任、陈二人报请朝廷速发援兵。

成化皇帝命兵部移文陕西巡按御史,速将邢端逮问,任寿、陈价等人均停俸,戴罪立功;又命都督刘玉为平虏副将军充总兵官,镇守陕西太监刘祥监督军务,都指挥刘清为右参将,巡抚陕西右副都御史项忠总督军务。调京营及延绥、宁夏、甘凉等处边军13000人征剿满俊。

(4)战事频仍。石城是唐玄宗开元二十九年十二月被吐蕃攻陷的石城堡",位于山顶,在众山中,四面峭壁数千仞,无径,非引绳不可登。西山顶平,可容数千人。城中有数百池可汲,池外设栈道,而栈道外则众小城护之。前面有小山高数仞,如拱璧状。山后悉筑墙,高二丈五六尺,各备小门,仅容单骑。城外皆乱山。

明军攻打石城非常艰难。任寿、陈价、刘清等人得知朝廷命项忠总督军务,调延绥军征讨满俊的消息,怕失去立功赎罪的机会,与吴琮合兵再次出兵三万进攻石城,结果遭致更大的惨败,都指挥蒋泰、申澄战殁,遗失火器战马不计其数。

第一编 西吉县情—概览

明军屡战屡败,情急之下,朝廷逮任寿、陈价、吴琮、刘清、冯杰等下锦衣狱。同时给项忠增加陕西三万兵力,使其兵力达五万之众;朝廷命镇守陕西太监刘祥为监督,都指挥刘清为右参将;起用当时在家服孝的大理寺少卿马文升为都御史,巡抚陕西协剿。冬十月朔,项忠、马文升先后至固原。"益以京营神枪官军五千复,调甘(肃)、(平)凉、宁夏、陕西军共五万往讨",共同剿杀满俊。当时石城天险有"一夫当关,万夫莫开"的地理优势。满俊扬言,此乃"天设金汤,虽强敌数十万,无敢近"。马文升在《西征石城记》记录了石城的险要:"石城者,东西俱山,左山峭壁高数十仞,无径路,上者俱拽绳而登……两旁空处并后面悉筑墙,高二丈五、六尺,各留一小门,仅容单人马过之,不知何代人造此以避乱者。城外皆乱山,形甚恶,至此毛发耸然。满四等常围猎至此,熟知其险可据。"足见当时其险要的程度。

当其时,项忠在离石城二十里扎营,各置烽火号炮、相互接应。制定了"断其水源,烧其粮草,扼其要路,招其协从"的方针,分六路进军,攻打石城。伏羌伯毛忠英勇善战,率精兵四千勇夺山北三峰,山西四峰,叛党百余窝铺被烧,被杀及坠岩者甚众。同时官军也付出了惨重的代价,数百人伤亡,毛忠中流矢死,总兵官刘玉被流矢击伤。项忠斩一退缩千户,亲自督战,众殊死战,最后缩小了对石城的包围圈,与满俊对峙。

其间,明军连战数十次,都未能攻克城池,满俊自危,请求投降,邀项忠等人城下相见。在石城门外,项忠、刘玉与满俊谈判,满俊诉说被刘参将、冯指挥怂恿谋反的事,乞求宽大处理,并请求投降。项忠道:"刘、冯二人,朝廷已押解京城,关到监狱了。你速速投降,朝廷还免你一死。"又对满寿说:"你是被劫持入城的,不是反叛者。"满寿请求饶他一命,项忠就接受了满寿的投降,同他一道回到营地。满四狐疑,又走上山。第二天,复设木栅请战,不愿投降。

十一月，满俊部将杨虎狸下山汲水被擒，为活命答应回去做明军内应，项忠赐其金带钩放回满营。后在杨虎狸的引诱下，满四骑白马到东山口出战，诸军竞前扑之，伏兵四起，满四仓皇突阵坠马被擒。项忠乘胜扑城，城中另立头目火敬为主仍然拒守。忠令各军围住东西北三面，独留南面不围，鼓噪一昼夜。火敬等料不能支，竟于夜半遁去。官军从后追蹑复将火敬擒住。唯满四从子满能逃入青山洞，被项忠侦悉，用火熏洞。满能仓皇出走亦被擒获。明军入石城，斩首7600人，俘虏2600人，生擒招贤王满俊家眷200余口。生擒杨虎狸，斩其部800人于军中，其余头领解往北京全部杀害。

这次石城大战使沟涧血流数日不止。满俊反明实为不得已。明初满俊的曾祖（史料一说是祖父）率众700多人归附明廷，被授予正千户，安置在了开城固原一带居住。当时满俊因身上游牧少数民族凶悍的性格以及长期游牧狩猎的生活习性所致，常在六盘山一带过着猎牧生活，也曾多次掠牛马等充食。谁料驻守在这里的明朝官兵腐败至极，刚开始的时候参将刘清、冯杰看到满俊行劫商贾的情形，想法盘剥敲诈，从中收取满俊等游牧部落的贿赂。一旦满俊作案，刘清、冯杰等人必然派遣人拘捕，等满俊的贿赂一到便可以解脱。久而久之，满俊便萌生了对抗官府的报复之心。诚如谈迁《国榷·卷三十五》所记，刘清、冯杰等戍边将士不仅是对满俊等游牧部落敲诈盘剥，而且还对辖区内的所有土达进行敲诈和剥削，马货雁翎，靡所不取，致使"土达咸思乱"。

(5)石城之战结局。持续半年之久的石城之战最终以明军的胜利而告结束，但明军也付出了沉痛代价。交战双方死伤惨重，血流成河，尸骨遍野，是西吉境内历史上一次重大战事。这场战争的性质绝非只言片语可概括。战争起因于明朝官吏的苛政及明廷对蒙古少数民族的歧视政策，战争前后过程暴露出明军的腐败与荒淫。满俊等人为此付出了满门

抄斩的高昂代价。战争结束，明廷"恐后有叛者必据此为巢穴，遂令万人悉平之"。经明军焚烧毁坏，石城失去雄姿，一些非常有研究价值的古建筑惨遭破坏，遂成千古之憾。

石城之战，蒋泰（1422—1468年）在平叛中冲锋陷阵、英勇牺牲，为朝廷功臣，政府昭德以彰。其长子蒋琛世袭西安前卫，后授昭毅将军。满寿没有被追究责任，继续担任明朝官员，后调西安前卫，其子满富授明威将军节镇。自此蒋满两家族在西安同住一村，历经明清两朝、民国一代，五百多年间，繁衍生息，勤事农耕，风雨沧桑，友好融洽，世代和睦相处。①

（6）三合墓志铭的考证。1978年，西安雁塔区蒋家寨村东满家祖坟出土《大明明威将军满侯墓志铭》，志文云："侯名富，字天爵，平凉府开城县人。曾祖巴丹，官胜国右丞。太祖皇帝扫清华夏，巴丹率众顿首，贡马三百，遂赐玺书。官群牧监丞，俾司圉牧寻以俘叛功，改授武阶职，平凉卫副千户。益树战绩。……孙（满）寿，益绍祖略，骁健勇径结发立战功。每当虏阵，横冲逆击，长呼直捣，士卒增气。虏惊愕邻避，克捷最多，元帅论赏，累获猛字银牌，褒其功。或突入虏阵，挟虏归俘。树绩多奇。升指挥佥事，仍平凉卫后调西安前卫。侯寿之子，以斗阀荫……授节镇……专理屯政者五年……年五十有四……嘉靖甲申正月二十日卒，以是年十二月二十五日葬西安安定门西八里屯。……"

1993年，陕西建工十一公司在营建庆安冷机公司时，从西安雁塔区甘家寨东南方（原蒋氏坟地）取土时发现一块方形墓志，因无人识别墓志内容，遂置于道旁。1995年，村民蒋维俊等识读出这一合墓志，此乃《皇明故昭勇将军陕西都司都指挥佥事蒋公墓志铭》。

1995年，西安雁塔区甘家寨东南方（原蒋氏坟地）沙井村村民取土

---

① 苏正喜、兰茂景《固原历史文化》（第四集），阳光出版社2016年版，第118页。

时，出土《明故月池蒋候墓志铭》一合，被村民孙友良拉回家。志盖做了大门口的渗井盖，志文放在家门口。墓志为正方形，边为66.5厘米。1988年2月，志文被临潼县斜口镇付家村的本族人蒋均平（在陕西师范大学物理系工作）发现。两墓志现存于沣峪蒋家墓园。

（7）史料对满俊起事的评价。满俊起事的时间，在《明史·项忠传》[①]《明实录·宪宗》[②]中均记载为明成化五年（1469年）二月庚子日。据《国榷》[③]《西征石城记·鸿猷录》[④]《成化皇帝大传》[⑤]记载，满氏家族的祖先是蒙古人巴丹，元代巴丹是平凉的万户，明初洪武年间，他率部众7000人归附，明太祖朱元璋封授平凉卫千户，其部落分散安置在卅城固原一带居住。

满俊是蒙古人巴丹的孙子，排行第四，故又称"满四"，家住固原里三岔沟（今固原市杨郎乡铁家沟村），是土达中财势最雄厚的大牧主；时任平凉卫指挥的满寿是满俊的侄子，而满寿及其儿子满富则是蒋家寨满氏家族的先祖。《明会要》[⑥]记载，副千户官阶为从五品，卫指挥佥事为正四品，朝廷所封明威将军官阶亦为正四品，也就是说，满氏祖先巴丹在明代的官阶为从五品，满寿和满富的官阶均为正四品。

在明代，官方文书侮辱性地称蒙古人为"达虏"，而将那些归附明朝居住在疆域之内的蒙古人称为"土达"。从洪武到宣德乃至正统，凡有归附的蒙古人，壮丁多编入御马监提督的勇士营及京军三千营，称"达军"，而家

[①]《明史·项忠传》（精装本）卷一百七十八，中华书局1974年版，第4728页。
[②]《明实录·宪宗》中央研究院历史语言研究所校印本（明实录正文系据国立北平图书馆红格抄本微卷影印，微卷系美国国会图书馆摄赠），宪宗实录卷五十七第123页，总第1285页。
[③][明]谈迁《国榷》卷三十五，中华书局1958年版，第2253–2262页。
[④][明]马文升《西征石城记》卷三十一，乙亥（1875年）版，第35页。
[⑤]方志远《成化皇帝大传》，辽宁教育出版社1994年版，第164页。
[⑥]《明会要》，中华书局1956年版，第243页。

属则安置在边境地区与汉人杂居,时间一长,便成了"土达"。明军将领中,达将为数不少。达军对明朝军队的征讨活动进行助战,达将也和汉将互相协作,共同维持边境秩序,在统一的多民族封建国家巩固和发展史上写下了重要的一页。

①满四叛乱。满俊起事的导火索是明朝官员对"盗劫牛羊案"的错误认定。成化四年(1468年)春,西北大饥。六月,在动荡的形势下,出了一件非常偶然又十分自然的事情。卸任都督张泰与土达为邻,成化二年(1466年)蒙古人毛里孩入侵固原,他的牧场被劫走上千头牛羊,却诬告土达张把腰以毛里孩抢劫名义讹诈了他的牛羊。告到巡抚陕西右副都御史陈价处。陈价让陕西按察佥事苏燮按治。作为南方人的陈价和苏燮虽是进士出身,但二人对蒙古人的个性缺乏了解,他们拘捕张把腰,严刑拷打。重刑之下,张把腰招供,把满俊牵扯进来,说是与满俊同劫。陈、苏不问青红皂白,命满俊的侄子平凉卫指挥满寿带着二十余骑,由张把腰领路抓人。满俊得知消息,劫持满寿,杀死随从,与张把腰等聚集1000多人,抢劫了开城、广宁等苑官马,据石城(今西吉火石寨乡蝉窑村)起事。满俊自称招贤王,在硝河城建王府,满四族人李俊为顺理王,又以"火四、火能为心腹,马翼、南斗为股肱,咬歌、保歌为爪牙,满能、满玉为羽翼"①,建立军事组织,据守石城拥众迎击官军围剿。在攻固原千户所时,千户所头领李俊战死。半月之间,官兵多有败绩,叛军人数增加至4000多人,远近震骇。

《明史》②《明实录·宪宗》③均记录了都指挥蒋泰在平息满四叛乱中战

---

① 中国古人用天文四象二十八宿(即东方青龙七宿、西方白虎七宿、南方朱雀七宿和北方玄武七宿,四个灵兽)借以描绘天空黄道上的恒星系列。心为青龙第五宿,翼为朱雀第六宿。
② [清]张廷玉等《明史·本纪第十三·宪宗一》,中华书局1974年版,第165页。
③ 《明实录·宪宗》中央研究院历史语言研究所校印本(明实录正文系据国立北平图书馆红格抄本微卷影印,微卷系美国国会图书馆摄赠),宪宗实录卷五十七第4页,总第1166页。

死的事实。《明通鉴》[1]记载了明代三万官兵进讨满四,都指挥蒋泰被杀的事。《明史纪事本末》[2]《明史·项忠传》[3]《国榷》[4]《西征石城记》及《成化皇帝大传·北疆边患》[5],分别记载了满四之乱的始末及官方结论,实录了蒋氏家族的将军蒋泰、卫指挥王震参战并牺牲的过程。

②满俊反明之战。《固原县志》[6]对成化年间固原战争的性质进行了全新认定,表述为"满俊反明之战"。而《宁夏通史》[7]和《西海固史》[8]两书,均认为成化年间满四石城起义,特别是《宁夏通史》[9]《宁夏通志·军事卷》[10]认为成化年间满四造反为起义,是明代各族人民反抗斗争中规模较大的一次,前后歼灭官军近万人,声援了各地人民的抗明斗争,沉重打击了明王朝在固原、宁夏及陇东地区的统治。

二、名胜

(一)丹霞地貌

宁夏火石寨丹霞地貌自然保护区建于2002年,位于宁夏南部山区西吉县城北部15公里的西吉乡境内,南北长17公里,东西宽10公里,总面积9795公顷,其中核心区面积2638公顷,缓冲区面积2086.9公顷,实验区面积5070.1公顷。保护区以典型的丹霞地貌著称,是我国迄今发现海拔最

---

[1] [清]夏燮《明通鉴》,中华书局1980年版,第320页、858页。
[2] [清]谷应泰《明史纪事本末·第四十一卷》,中华书局2015年版,第599–606页。
[3] [清]张廷玉等《明史·项忠传》卷一百七十八,中华书局1974年版,第4728页。
[4] [明]谈迁《国榷·第三十五卷》,中华书局1958年版,第2253–2262页。
[5] 方志远《成化皇帝大传》,辽宁教育出版社1994年版,第164页。
[6] 《固原县志》,宁夏人民出版社1993年版,第303页。
[7] 陈育宁《宁夏通史》,宁夏人民出版社1993年版,第263页。
[8] 徐兴亚《西海固史》,甘肃人民出版社2002年版,第316–321页。
[9] 陈育宁《宁夏通史》,宁夏人民出版社2008年版,第219页。
[10] 宁夏通志编纂委员会《宁夏通志·军事卷》,方志出版社2004年版,第96页。

高的丹霞地貌群、北方规模最大的丹霞地貌群、古丝绸之路上规模最大的丹霞地貌群,也是黄土高原丹霞地貌环境下形成的独特的山地生态系统的典型代表。其丹霞地貌地质遗迹在我国西北乃至全国可说独一无二,具有典型性、稀有性和垄断性,具备国内一流地质遗迹资源的水准。保护区属自然遗迹类自然保护区,主要保护对象为黄土高原独特的丹霞地貌及自然人文景观。

西吉丹霞地貌地质遗迹,从总体上看,具有"大、多、长、密、厚"的特征,从单体景观上看,具有雄、奇、秀、险、幽、奥等特点。雄山、异石、茂树、奇洞堪称西吉丹霞地貌和自然景观的"四绝"。山峦,红如朝霞,千姿百态;石岩,橙中泛白,峥嵘峻峭;树木,近坡漫云,郁郁葱葱;洞穴,或凿于悬崖峭壁,或隐于沟底。保护区内具有观赏和保护价值的地质遗迹景观多达32个,其中属一级保护的地质遗迹景观有11个,属二级保护的地质遗迹景观有6个,属三级保护的地质遗迹景观有15个。是科考研究和科普教育难得的胜地,更是夏秋季节旅游的胜地。

(二)震湖

十里峦嶂,碧波荡漾,鸭鹅戏水,鱼跃燕翔。好一幅江南的美景,这就

震 湖

是亚洲第一、世界第二大堰塞湖党家岔震湖,尽现黄土高原上独特的地震景观,成为地球裂变的样板秘境。享有"北有沙湖美,南见震湖奇"的美誉。成为宁夏南部山区最吸引游人的一大景观。

1920年12月16日,海原8.5级大地震,地处黄土丘陵区的西吉县苏堡乡党家岔村,因地震动导使山体滑坡,堵塞沟谷,形成堰塞湖,始为震湖。后苏堡乡改名为"震湖乡"。

党家岔堰塞湖水域面积约80平方公里。东西宽600米,南北长3110米,平均水深约12米,总容积约1600立方米。夏日炎炎,震湖犹酣;芦苇丛生,荷花娇艳。家燕飞翻,彩鲫腾欢;鹅鸭戏水,湖光波澜。四围青山,云拂林岚。湖面碧波荡漾,一幅山水交融的画卷。

现在,震湖成为人们休闲、垂钓、泛舟娱乐的好去处,也是夏季游人纳凉避暑的理想之地。

(三)月亮山

月亮山是西吉县境内最高的山脉,位于县城西北部西吉、海原两县交界处,白城乡东北。属屈吴山余脉,因其形状近似弧月而得名。主峰海拔2633米,上下山路程约3.5公里,西麓有宝河沟,故又名七里宝山。这里海拔高、气温低、草场大,是典型的高山草甸区。

月亮山阳光明媚、空气清新、草场泛绿,已成为人们外出休闲、自驾游的原生态自然风景区。月亮山植被多为草本科,有黄花、野苜蓿等世界稀有或濒临绝种的优质牧草,为西吉、海原主要的牧场。南麓胡家垴为葫芦河发源地。

月亮山西南藏有三滴水新石器时代文化遗址遗址,暴露范围东西宽50米南北长200米,分布在北庄东西面山坡及三滴水小学操场内文化层1~2米,黑、黄、红三种土层交替覆盖。大量陶片散布于地表。陶片为纹饰为绳纹印纹。1984年7月,出土了石斧、灰陶罐各1件。此地已被列为县级

月亮山

文物保护单位。

月亮山南麓中静公路东侧有一座规模较大的古城遗址——白城子。据考证,该遗址系北宋崇宁五年(1106年)修筑的"宁安寨"。宋时属西安州管辖,金代属隆德县管辖,后改名白城子。该城遗址长宽各800米,面积为64万平方米。

月亮山是西吉唯一的水源供给基地。2013年以来,在充分调研、科学论证的基础上,西吉县人民政府启动建设月亮山水源涵养生态修复工程。

该工程涵盖"一山三河九乡",造林总规模74万亩,核心区20万亩。工程分3年实施,总投资6.93亿元。月亮山水源涵养区蓄水量约787万立方米,森林保土能力约70万吨,解决了52万人口的饮水困难问题。工程由国内外17家中标企业分18个标段承建。目前,已完成核心区生态修复5万亩,其中人工造林4万亩,飞播造林1万亩。

第三节 红色旅游

一、将台堡革命旧址

将台堡位于宁夏回族自治区西吉县城南26公里处。1936年10月21日,红二方面军长征进入今宁夏西吉县境内,贺龙、任弼时、左权、聂荣臻、邓小平等在平峰镇会面;22日,红二方面军总指挥贺龙、政委任弼时、副政委关向应、红军总参谋长刘伯承等同志率领总指挥部及二军团(贺龙兼军团长、任弼时兼政委)官兵与红一方面军一军团(时属西方野战军建制)代理军长左权、政委聂荣臻、政治部副主任邓小平及所部二师(师长杨得志、政委萧华)官兵,在将台堡东侧广场胜利会师。二万五千里长征最终在这里结束。[1]

将台堡,历史上称西瓦亭。《资治通鉴·唐纪十四》[2]载:"(贞观二十年)……八月……庚辰,至泾州;丙戌,逾陇山,至西瓦亭,观马牧。"(据《宣统硝河城志》载,硝河城南门上方长方形石条镶有'西瓦亭'三字;另据硝河城当地老人回忆,1966年拆除硝河古城南门时,门洞上方石槛嵌有"西瓦亭"三字)。

2006年5月25日,将台堡革命旧址被国务院列为第六批国家级文物保护单位,全国红色旅游景区。

---

[1] 将台堡是红军长征最后结束地。经中共中央同意,将10月22日(将台堡会师纪念日)定为"红一、二方面军胜利会师之日"(见中办发〔1996〕13号文件)。1936年10月23日,红二方面军六军团(军团长陈伯钧、政委王震)到达将台堡以南兴隆镇,与红一方面军一军团一师(师长陈赓、政委杨勇)胜利会师(见萧锋《长征日记》,知识产权出版社2012年版,第214页)。至此,红军三大主力全部胜利会师。
[2] 司马光等《资治通鉴·唐纪十四》,岳麓书社1990年版,第593页。

为纪念红军三大主力会师暨长征胜利结束60周年,1996年经宁夏回族自治区党委和政府报请中共中央宣传部批准,在将台堡修建中国工农红军将台堡会师纪念碑,并隆重举行系列纪念活动。同年,将台堡被中宣部命名为"国家级红色教育基地"。2005年9月,被自治区政府确定为"重点文物保护单位""自治区级红色教育基地"。2006年5月,被国务院公布为"全国重点文物保护单位"。

2016年7月18日,习近平总书记向中国工农红军长征将台堡会师纪念碑敬献花篮,并向全国人民发出"缅怀先烈、不忘初心,走好新的长征路"的伟大号召。2017年,中国工农红军将台堡会师纪念碑被中宣部命名为"全国爱国主义教育示范基地"。

二、单家集革命旧址

单家集又名单民村,位于西吉县兴隆镇南部。据《平凉府志》和《西吉县志》记载,山东单姓商客于明初经商迁居此地,至清代已逐渐形成较为繁华的商贸集市,单家集由此而得名。

红军长征三过单家集。1935年8月15日,红二十五军长征途经此地;1935年10月5日,红一方面军来到单家集,毛泽东夜宿单家集,播下了革命火种,谱写了民族团结的颂歌,表达了单家集人民缅怀伟人丰功伟绩、弘扬伟大长征精神,激励子孙后代团结奋进的高尚情怀。1935年10月中旬,红二方面军一部途经此地。

单家集是革命火种的撒播地,是红色基因的传承地。在这里,留下了红军生活战斗过的感人故事、薪火相传的长征精神、"军民亲如一家"的深情厚谊。2005年9月,单家集被自治区政府确定为"重点文物保护单位""自治区级红色教育基地"。

三、平峰镇革命旧址

平峰镇革命旧址位于平峰镇政府与平峰中学相交处的山台上。

1936年,红二方面军领导人贺龙、任弼时、关向应和刘伯承与红一方面军团首长左权、聂荣臻、邓小平在此会面。1996年10月,为纪念红军长征胜利会师60周年,特在此地修建一座纪念亭。纪念亭由亭楼和碑体组成。亭楼高3米,东西南北各边长8米,占地面积64平方米,亭楼以木质为主,屋顶四角呈卷莲状、雕刻图案纹饰。纪念碑为青色大理石,长宽均60厘米,上刻:"红军长征一、二方面军领导人会面地纪念碑"。

2006年7月5日,该纪念亭被西吉县政府确定为"重点文物保护单位""爱国主义教育基地"。

四、公易镇革命旧址

1935年10月,周恩来、彭雪枫、李富春、叶剑英、林伯渠等率领的陕甘支队二、三纵队从驻地出发,经静宁县七里乡来到公易镇一带,当晚宿营于公易镇、上村、新合庄、撒家湾、阎家、西冶等村庄。当地群众盛情款待了红军官兵。10月6日,部队经兴隆镇分两路行军。二纵队途经北堡子、红城子、什字路前往固原县张易堡;三纵队经将台堡到达马莲川宿营。当天,经张易堡翻越六盘山前往固原县彭阳。

公易镇曾留下了革命足迹。1996年10月,为纪念红军长征胜利会师60周年,特在此地修建一座纪念碑。2006年7月5日,该纪念碑被西吉县政府确定为"重点文物保护单位""爱国主义教育基地"。

红色旅游成为西吉旅游的亮丽名片,红色旅游带动西吉生态等旅游产业的全面发展。截至2019年,全县共接待游客132.4万人次,营业收入3420.08万元(其中,红色旅游共接待72.75万人次;火石寨景区接待游客

12.51万人次,营业收入1101.46万元;星级农家乐接待26.04万人次,收入848.8万元)。

火石寨丹霞地貌好像一颗璀璨的红宝石镶嵌在广袤的黄土高原。

碧草连天的月亮山,仿佛一块绿色的地毯覆盖在苍山云海之巅。

美丽乡村龙王坝,宛若一簇娇艳的牡丹花盛开在绿水青山之间。

第二编

将台堡前旌旗展

将台堡又称西瓦亭,位于宁夏回族自治区固原市西吉县,是古丝绸之路上的一处军事要塞。1936年5月,红一方面军东征胜利回师陕北后,中共中央审时度势,做出了三大主力红军会合的战略决策。10月9日,红一、四方面军在甘肃会宁会师。而此时的红二方面军,已在9月中旬连克甘肃省东南部的成县、康县、徽县、两当,并于10月迅速向北转移。10月21日,红二方面军进入今西吉县境内。22日,红二方面军总指挥部和二军团抵达将台堡,同红一方面军胜利会师。23日,红二方面军六军团同红一军团一师在兴隆镇会师。

将台堡革命旧址

第三章　西海固星火燎原

1942年,西吉立县。置县前境域归属原州、海原、隆德、静宁和会宁五县(区)辖治。

第一节　苏维埃政权诞生(1921—1949年)

习近平指出:"即使在当今西方社会,马克思主义仍然具有重要影响力。""在本世纪来临的时候,马克思被西方思想界评为'千年第一思想家'。美国学者海尔布隆纳在他的著作《马克思主义:赞成与反对》中表示,要探索人类社会发展前景,必须向马克思求教,人类社会至今仍然生活在马克思所阐明的发展规律之中。实践也证明,无论时代如何变迁、科学如何进步,马克思主义依然显示出科学思想的伟力,依然占据着真理和道义的制高点。"[1]

西吉是西海固文化发祥地之一,也是中国共产党在宁夏境内建立党组织较早的萌生地之一,光荣而伟大的革命历史在这里世代相传。

1919年五四运动爆发,揭开新民民主义革命的序幕。求学北

---

[1] 2016年5月18日,习近平《在哲学社会科学工作座谈会上的讲话》。

平、天津的固原籍青年学生,在积极宣传马克思主义思想影响下,沉寂的青年学生,萌发了以救国救民为己任的革命新思潮,西海固掀起风浪。

一、丝路古道风云起

最早在西海固传播马克思主义思想的进步青年赫光（原名万锡绂,宁夏固原杨郎万家堡子人）,1918年考入甘肃平凉陇东公立中学堂,民国十一年(1922年),张兆钾为了给振武军培养一批有文化的青年军官,向平凉中学招收在校学生参军受训。赫光是全校的拔尖学生,不仅应试合格,还被选送到北洋军阀吴佩孚所办的洛阳讲武堂深造。这期间,他开始接触共产党员和进步人士,学习了《共产党宣言》《社会主义从空想到科学的发展》等马列主义经典著作和其他进步书籍以及《新青年》等革命刊物,受到了马列主义和无产阶级革命的启蒙教育,眼界大开,觉悟提高,思想解放。当时,他曾对同学们说:"我辈要勤奋学习,平世界之穷富,以天下为己任。"

1922年,赫光在洛阳讲武堂学习军事期间,讲武堂已有共产党人,在进步青年的影响和帮助下,赫光接触了马列主义思想,阅读了马列书籍和革命刊物。1924年,从讲武堂毕业,赫光被吴佩孚任命为直属机枪连连长,后又提升为迫击炮营营长。9月,第二次直奉战争爆发,吴部在秦皇岛被奉军包围,赫光从战场上脱险。年底,由天津返回家乡,开始传播马克思主义。1931年7月,赫光与谷雄一等在山西平定地区,组织领导了"平定起义",组建了中国工农红军第二十四军,赫光任军长,带领部队向敌人力量比较薄弱的河北省阜平县发展,攻下阜平县城后,释放了全部政治犯和其他犯人,开仓放粮,发动群众。7月下旬,建立了中华苏维埃阜平县政府,第一个红色政权在华北地区诞生。这年8月,军阀石友三采取欺骗手段杀害了赫光。

二、高平重镇惊雷响

1926年秋,在莫斯科中山大学学习的邓希贤(即邓小平)、王涤亚、朱逸尘等共产党员受党组织委派,到冯玉祥部队做政治工作。从苏联到中国西北内陆,茫茫千里,长途跋涉。邓希贤一行历经艰辛,经乌兰巴托过内蒙古。1927年2月,抵达宁夏银川。因路途遥远、战事变化,邓希贤到银川时,冯玉祥已率部离开银川去了西安。冯玉祥临行前,在银川钟鼓楼设留守处(留守处也是中国共产党的后方接待处)。时任留守处处长、中共党员王一飞负责安排邓希贤一行的食宿及安全保卫工作,秘密开展革命活动,积极传播马列主义。邓希贤十分关注并指导宁夏中共地下组织的建设,深入银川的旧满城、中山街、柳树巷、南关、双城门等地了解情况。

1927年2月底,在王一飞安排下,邓希贤、王涤亚、朱逸尘三人与《中山日报》编辑兼记者刘贯一,西北军事政治学院的孔光耀、彭桂林一同离开银川赴西安。3月初抵固原,得到冯玉祥设在固原兵站的共产党负责人的接待,邓希贤了解兵站情况,召集固原社会名流交谈,深入浅出地宣传了马列主义宗旨。刘贯一、孔广耀等人在固原街道两旁墙壁上书写"打倒列强,铲除军阀","拥护国民革命","支援国民联军"等标语。看到群众围观标语,他们积极宣传马列主义,讲述苏维埃革命在俄国成功实行社会主义制度的好处,没有剥削,没有压迫,老百姓都过上了好日子。这是中国共产党人在固原又一次公开宣传马列主义。邓希贤一行在固原休整三天后出发,固原兵站又给配备了三匹马前往平凉。3月底,他们到达西安,邓希贤受陕西党组织派遣,与中共党员史克轩等共同主办了中山军事政治学校,史可轩任校长,邓希贤任政治处处长兼政治教官,其余人员均安排了工作。

三、大原西坪鲜血染

1929年，为了开展兵运工作，中共陕北特委派刘志丹、谢子长和张东皎等几十名党员到驻防平罗的国民军联军骑兵第四师苏雨生部建立了中共特别支部，传播革命思想，培养革命分子，开展革命活动。当时，谢子长被任命为石秀英旅副旅长，刘志丹被任为第十五团副团长。1930年5月，苏雨生部奉冯玉祥命令率部移防平凉，当部队行进到大原西坪梁，突然遭到地方军阀黄得贵部的阻击，苏雨生部国民军损失惨重，仅十五团四连就有3名共产党员牺牲，共产党人的鲜血染红了这片土地。

第二节　六盘山下红色兵变（1930—1934年）

一、靖远兵变

1930年夏，冯玉祥部宁夏骑兵第四师第八旅第十五团进驻靖远，随军的张东皎、高岚、吕振华、李树林、黄玉华、薛应昌、苏醒民等共产党员在部队和地方中开展革命活动，建立了党的特别支部。支部书记张东皎，副书记高岚、苏醒民，委员李树林、黄育华、薛应昌。

1931年，靖远敷文小学教员张国威、王儒林参加部队，秘密加入中国共产党。该部队特别支部改为特别委员会，受中共陕西省领导。

1932年春，第十五团被改编为杨虎城部甘肃省宣慰使署警备第三旅，张东皎、靖任秋、孙作宾、李慕愚、李罕言、张秀山、王儒林等共产党员在该部组件成立了团党委，下设3个党支部，秘密发展党员，从事兵运工作。团党委书记张东皎、副书记牛化东；校官支部书记李罕言，委员孙作兵；士兵支部书记石子键，教导队支部书记苏醒民。该部有共产党员近

100人，尉官以上的青年军官大多数是共产党员。他们利用每天军训的机会，向士兵讲述马列主义和抗日救国道理宣传谢子长、刘志丹领导的陕北红军为穷人谋利益的事迹。这些活动的开展，为发动"靖远兵变"和组建游击队奠定了基础。

1932年4月28日，中共陕西省常委指派谢子长、焦维炽来到靖远，策划发动甘肃宣慰使署警备第三旅起义。王儒林安排谢子长、焦维炽住在党的秘密交通员李发荣家中，向该旅党的组织传达关于发动"靖远兵变"的暗示，讨论决定的详细行动和步骤，并由各党支部负责人在士兵中秘密开展宣传鼓动工作。谢子长因与王子元之间的特殊关系，不便公开活动，隐蔽起来研究一些具体问题，外面的活动由焦维炽完成。5月3日，党组织秘密发动全旅各营连选派代表以请愿的方式，要求旅长王子元限期补发士兵的军饷和军装。鉴于以往因压制士兵而引起哗变的教训，王子元立即答应了请愿要求。与此同时，党组织秘密拟订了起义的行动计划，等待实际行动。但由于起义消息走漏，王子元突然扣押了张东蛟和王儒林，收缴了执法处的枪支。由于形势发生变化，起义被迫提前。5月5日晚，吕振华、张绣山、曹斌奎率领全营和教导队一部率先起义，共有官兵200余人参加"靖远兵变"，取道东湾进入打拉池汇合，成立了陕甘工农红军游击队第四支队。因谢子长、焦维炽未能跟上部队，由吕振华代理指挥，率领游击队向宁夏海原进发。游击队行军不久，在朗山被第三旅周维邦、王治邦带领的两个骑兵营追上，双方交战后游击队撤退，分两路进入屈吴山（今六盘山一带）深处。5月8日，骑兵营包围了沿山沟行进的一路游击队，将所围队员押回县城。另一路游击队在吕振华的带领下，继续开展游击活动，但因队员失散后，被民团缴械。这一事件史称"靖远兵变"，由于仓促行动，受到国民党军队的追击而失败。

"靖远兵变"发生后，谢子长、焦伟炽等离开靖远来到兰州，与中共秘

第二编　将台堡前旌旗展

密工作者杜润滋取得了联系。时隔不久,被扣押的张东蛟、王儒林也在党组织营救下获得自由,部分起义人员陆续到达兰州。在杜润滋等人的帮助下,谢子长、焦伟炽、张东蛟、王儒林决定,筹划举行靖远起义的第二次行动。谢子长通过其与邓宝珊、杜斌丞的私人关系,筹集到部分经费和枪支弹药,并动员在兰州领取枪弹和军装的王子元部连长杜鸿范(杜斌丞之子)投身革命,将其所领到的枪弹和军装全部用于起义行动。5月25日,参加"靖远兵变"的70多人从兰州启程,先乘皮筏走水路,后改走旱路,取道刘川等地,将起义行动所需物资运抵水泉堡。5月30日,杜润滋、王儒林等在靖远水泉堡(今属平川区)宣布起义,成立中国工农红军陕甘游击队,将一杆游击队队旗插上堡子山顶。游击队分为3个支队,共有队员200多人,有长枪百支和若干支短枪。

表3-1　中国工农红军山陕甘游击队组织序列

姓　名	职　务	姓　名	职　务	姓　名	职　务
谢子长	总指挥	焦维炽	政委	杜润滋	参谋长
邬逸民	秘书长	姜　耀	大队长	杜鸿范	一支队司令
				张东蛟	二支队司令
				王儒林	三支队司令

1932年6月2日,国民党甘肃省宣传慰使署警备第三旅旅长王子元派周维邦、梁占胜率部开赴水泉堡,绕道经石门裴家堡、永新雪山寺等地,到达白茨林进行休整。抵达海原县园子河后,计划发动驻扎海原的沈毅民步兵营和靖远城内汪新民的步兵营起义。

因计划落空,游击队取道会宁宋家河畔,经靖远西塬、平川堡及刘川等地,再次返回水泉堡。6月底,靖远驻军换防,孙蔚如所属特务营营长王云山率部开进靖远,因与游击队谈判收编未果,即攻打游击队。第二次水泉堡战斗更为惨烈,游击队终于因子弹用尽,加之孤军无援,撤离水泉堡后取道石门川北渡黄河,开展游击活动。在扎巴子岗(今属白银区)与宁夏驻军马鸿宾所属冶成章部遭遇而被围困,游击队大队长郭映珠、参谋王贵仁牺牲,人员伤亡过多,游击队为保存力量化整为零,分散隐蔽,水泉堡起义失败。

1932年12月,中国共产党甘宁青特委在兰州成立,决定组建一支革命武装。王儒林以邓宝珊部甘肃绥靖公署"招募专员"的身份,招募在靖远、会宁、榆中、古浪、海原等地隐蔽的原工农红军游击队员,依次为基础扩大力量,建立一支抗日革命队伍,在靖远建立革命根据地和工农政权。

1933年1月,王儒林、李慕愚、吕振华、史梧亭等在靖远北湾设立招募办事处,联络游击队员。3月,西北抗日义勇军在靖远西园子岔(今属榆中县)成立义勇军编为1个大队,下辖3个中队、1个侦查分队,成立初期有队员100人,后来增加到300余人,主要在靖远西塬与榆中交界一带、北湾及皋兰北山等地活动,开展抗日救亡宣传,发动群众,扩大义勇军的影响。

西北抗日义勇军成立后,人数不断增加。义勇军改编为骑兵和步兵2个大队,下辖的分队也相继增加,开拔至皋兰县境内的后长川一带。1933年4月,兰州水北门起义爆发,起义人员20余人与义勇军在后长川会合,义勇军发展成为一支近400人的队伍,转移至红砂岘(今属白银),发动群众打土豪、分粮食,开展反蒋抗日宣传等活动。抗日义勇军的革命行动很快引起国民党的警觉,蒋介石命令兰州国民党驻军和西北的马鸿宾、马

表3-2　西北抗日义勇军组织序列

姓名	职务	姓名	职务	姓名	职务
王儒林	总指挥	李慕愚	政委	李慕愚	副总指挥
张子明	参谋长	杨得胜(藏族)	大队长	吕振华	一支队队长
				孙绍堂	二支队队长
				王丕荣	三支队队长

步芳等组织成甘宁青三省联军,围剿义勇军。4月下旬,国民党的东路交通司令马锡武部袁福昌骑兵团,宁夏马鸿宾部第三十五师一〇五旅冶成章的骑兵,青海马步青部驻永登马二虎的黑马队,绥靖公署张绍武的骑兵连,驻靖远新十旅李冠清部乔伟骑兵营,组织十倍于义勇军的兵力,将义勇军包围在红砂岘予以围剿。突围战斗异常惨烈,终因寡不敌众,义勇军被迫解散,党的活动转入地下。义勇军战士300多人牺牲,35人被俘,被俘的王儒林、武继先在义勇军指战员的掩护下,于押送途中顺利逃脱。孙作宾、李慕愚有中共甘宁青特委通过多方营救获释,史梧亭、吕振华、郝新亚、崔抑亭、李培青等惨遭杀害。

"靖远兵变"及后续斗争在中国共产党的领导下,组建了陕甘工农红军靖远游击队和西北抗日义勇军,开展武装斗争,同敌人进行了兴勇搏斗,在中国革命斗争历史上写下了光辉的一页。

二、蒿店兵变

"靖远兵变"是陕西省委积极贯彻《中央关于陕甘边游击队的工作及创造陕甘边新苏区的决议》精神,组织士兵进行革命的创造性工作。为了扩大革命兵变的范围和影响,建立陕甘边新苏区,推动北方革命的蓬勃发展,中共陕西省委又在海固地区组织发动了"蒿店兵变"。

1932年春,经共产党员、国民党陕西省政府秘书长南汉宸介绍,刚从监狱里被营救出来的中共陕西省委军委委员陈云焦在国民党陕西省政府担任了政治视察员,这为我党在敌人上层开展地下工作创造了便利条件。4月,陕西省委为积极扩大军事力量,决定由陈云焦去西安绥靖公署驻甘肃行署邓宝珊部搞兵运工作。于是,南汉宸又借国民党陕西省主席兼西安绥靖公署主任杨虎城名义,如期介绍陈云焦到邓宝珊部。陈云焦来甘肃后不久,被邓宝珊派往其行署干部补习队工作。行署干部补习队下设2个队：一个是军官队，学员大多数为邓宝珊旧部，还有冯玉祥部下和阎锡山介绍来的，其人员成分极为复杂；另一个是士兵队，主要为培养班、排长一级军事人员，学员多为招考进来的，比较单纯。军官队下设3个区队，陈云焦是区队长之一。

为尽快开展党的工作，陈云焦及时和中共甘肃特委军事工作负责人孙作宾进行了组织联系。党组织认真分析了行署干部补习队的情况，鉴于军官队情况错综复杂，人员思想普遍较为反动顽固，策反不易，便决定把开展党的活动放在士兵队。士兵队队长李华峰和下属两位区队长是共产党员，9个班长全部为共产党员；加之，在兰州师范学校任教的共产党员马济川又向陈云焦介绍了原红二十四军共产党员田有莘加入士兵队，因而党组织的领导力量很强。士兵队130多名学员，基本上为党组织所掌握。利用这些有利条件，陈云焦和李华峰等经常研究形势，教育党员，争取党员，发展壮大组织，是士兵队党的工作开展得特别活跃。

1932年9月，蒋介石为笼络西安绥靖公署驻甘肃行署主任邓宝珊，特批了一批武器装备，其中有德国造步枪800支、驳壳枪200支，以及弹药一批，准备从西（安）兰（州）公路运往兰州。为确保安全，邓宝珊派干部习大队队长楚则先带领下属260多名学员到平凉接运。陕西省委接到南汉宸报告，立即派省委常委兼陕甘游击队政治委员李艮和周志学二人到平凉陇东特委书记刘杰三以及陈云焦、李华峰等地下党负责人联系，研究对策，落实省委要求全部"接收"这一批枪支弹药的意见。当时的情况是，前来平凉接运枪支弹药的敌军，党组织能控制一半多人员，特别是士兵队的130多人思想牢靠，只是一个比较有利的人员条件。经过认真策划部署，党组织任命李华峰为指挥官，决定避敌重兵，在途经六盘山以东距离陕北较近的蒿店举事，以士兵队9个班战士建制，分班负责，相互策应，形成骨干力量。发动兵变后，由陈云焦率一部控制分化军官队，争取愿意革

命者同行；士兵队大部负责控制部队，应急敌变。"接收"枪械武器后，立即撤离战场，进入固原东山（今彭阳县境内），安全转移人员，特别是坚决把士兵队全部学员带回陕北。

蒿店镇为西兰公路上的交通要冲，西边近在咫尺的是"一夫当关，万夫莫开"的三关口，南北两侧均为高山峻岭，山大沟深，地势险要，行军作战便于隐蔽，易守难攻，沿山河可以直通陕北，位置、地形对兵变十分有利。李华峰、李艮、周志学、程云焦等同志在蒿店发起兵变意见统一，决定要抓住战机。

10月28日，干部补习队带上接收来的武器，干部补习队带上接收来的武器，沿西兰公路行进，行至平凉西北35公里处的蒿店镇安营扎寨。士兵队住在街西头，军官队住在街东头，队长楚则先和教育主任姚亮等队部人员住在军官队一侧。根据当晚的宿营情况，李艮等决定在晚间11时部队全部休息后开始行动。研究布置好兵变的准备工作，明确了各自的任务后，陈云焦叮咛晚间值班站岗的学员关好院门，在院中听候信号。为便于战斗，他又在班里要了一挺冲锋枪带在身上。但预定时间过去了，还听不见枪响，他迅速攀上屋顶观察，仍无动静。于是借外出查哨为名，来到士兵队驻地，才知道士兵队学员已经全部走光了。由于情况不明，他又返回军官队坚守。正沉思间，他突然被通知去楚则先住地商量要事。看着楚则先副官惊慌失措的样子，他心里顿起警觉，预感到情势有变，于是从容地在腰间别好手枪，十分镇静地和其他区队长一起到了部队。楚则先见到几位区队长后，面色苍白地说："士兵队的人全部跑了，军官队要加强警戒……"

从部队回到驻地，陈云焦马上派人打探李华峰等同志的消息。原来，李华峰在士兵布置好任务后，学员全部压好子弹，和衣而卧，急切地等待着行动命令。兵变时间快到时，敌人有所察觉，增加了岗哨，楚则先转移了住处，少数思想不坚定的学员开始退缩，有3名意志薄弱的共产党员也携枪逃跑了。加之蒿店街上的一群狗咬仗，响动特大，哨兵误以为被敌发觉，遂向李华峰报告。鉴于情况突变，为保存力量，李华峰等同志下令提前行动，把队伍带出去了。冲出来的34人，带有45支枪，登上北边太白山梁迅速撤出蒿店镇，宣布成立"中国工农红军陕甘游击队第七支队"，李华峰任队长，李艮任政治委员。

游击队明确了当前任务，随后，便迅疾向陕北转进。在急行军中负责掩护的李特生、苏冠英等8名同志不幸与部队失去联系，后辗转到了陇东特委。剩下的26名同志继续行军战斗，所到之处纪律严明，对群众秋毫无犯。在今彭阳县新集乡石家沟口，部队书写"打倒土豪劣绅"等标语口号；召集群众大会，宣传红军政策；斗争当地地主，给群众留下了深刻影响。后在敌人的围剿中，指战员多次英勇突围，数挫敌匪，但终因敌我力量悬殊，部队人员失散严重，周志学不幸壮烈牺牲。最后，李华峰、李艮、窦文德、武世英、苏世杰5名共产党员从陇东被解救回平凉。后来，由于邓宝珊下令通缉李华峰和窦文德，他俩离开平凉后，李艮回到陕西省委，在陕南筹建红二十九军时不幸牺牲。陈云焦坚守敌营卧底，回到兰州后遭敌怀疑，屡受查询，镇静自若，巧妙周旋，在中共陕西省委的斡旋下，离开了邓宝珊的部队，1933年3月，回到陕西省委。

"蒿店兵变"是中国共产党在固原境内发动的第一次有影响的武装兵变。兵变的骨干力量来自国民党西安绥靖公署驻甘肃行署上层精英部队，兵变的任务是掌握一批数量较大的军事装备，兵变的目的是进入陕北参加红军。因此，这次兵变威胁到国民党在陕甘的军事、政治统治。在思想上、组织上冲击和分化了西北地区的国民党军队，在海固地区较早地宣传了党的政策和红军的主张，具有鲜明的革命斗争色彩和深远的革命历史意义。由于我党在北方的革命斗争尚处于初始阶段，发动兵变缺

第二编　将台堡前旌旗展

乏成熟的经验和广泛的群众基础，没有明确的军事路线，军官、士兵的思想政治工作做得不够，加之国民党重兵残酷围剿，联系陕北受阻，致使兵变没有达到预期目的。

　　1926年10月，中共北方区领导人李大钊派曾晓渊、马云堃向冯玉祥送来密函，建议国民军联军出宁夏、援西安、取潼关，而后会师中原。冯玉祥采纳了这个建议，制定了"固甘、援陕、联晋、图豫"的八字方针。10月下旬，国民军联军出师援陕，进驻宁夏府城银川后，成立了中山日报社，贾一中（李子光）任报社的中共支部书记，社长由中共党员贾午担任，编辑和记者是从绥远《实业日报》调来的郭伯瑞、刘贯一等中共党员担任。《中山日报》积极宣传国民革命和北伐战争的意义，宣传孙中山"联俄、联共、扶助农工"三大政策，介绍俄国十月革命的经验，是中国共产党的重要舆论阵地，对于民主革命思想和马列主义在陕甘地区的传播起到了重要作用。刘伯坚十分重视向广大官兵宣传革命思想，每逢部队重大集会，他都去演讲，向广大官兵宣传马列主义，灌输"军队政治化""军队与民众相结合""扶助工农运动"，以及统一战线和爱国主义等革命思想，鼓励官兵克服困难，保持旺盛的革命斗志。12月，冯玉祥的国民军联军从银川经固原前往西安，一路上政治部及下属机构中的共产党员刘伯坚等人沿途书写"打倒帝国主义""铲除卖国军阀"等标语。1926年12月27日晚，国民军联军到达固原城，第二天早上，冯玉祥召集固原各界群众参加大会，宣讲孙中山的"三民主义"和国民军联军的宗旨，刘伯坚讲述了中国共产党为人民革命的道理。随政治部同行的共产党人在固原城内分发《中山日报》和国民军联军的宣传单，宣传革命的道理，发动群众支援革命。这是中国共产党的政策主张第一次公开在固原广泛传播，也是共产党人首次在固原公开活动。到12月底，冯玉祥、刘伯坚等率部离开固原，前往西安。

第三节 革命火种西吉点燃

一、宁夏首个县级苏维埃政府成立①

红二十五军于1935年8月、中央红军于1935年10月相继进驻西吉,所到之处,秋毫无犯,保护当地群众利益,宣传党的各项政策,与当地群众打成一片,赢得了广大群众的广泛信任。兴隆镇的马青年、李铁民等十几名当地青年,踊跃参加红军。

1936年9月16日,将台堡红军长征胜利会师1个多月之前,就在单家集建立了静宁县委员会,浦耕钟任县委书记;同日,成立静宁县苏维埃政府,马云清(单家集农民)任政府主席。这也是在宁夏成立的第一个"苏维埃回民自治政府"②。从此,把共产党领导的苏维埃政府基层行政机构建立在偏僻的民族聚集区,为红军开辟新的西北革命根据地奠定了良好基础。

红军长征及红军西征在西吉境域活动、驻军期间,足迹遍布全县20个乡镇。邓小平在将台堡传达了瓦窑堡会议精神。红军西征之前,中央决定在同心成立预旺县委和预旺县苏维埃政府。③

---

① 参见西吉县志编纂委员会《西吉县志》,宁夏人民出版社1995年版,第2页。
② 据萧锋《长征日记》记载:"一个多月来,这一代地方建立了苏维埃政府两个,区苏维埃政府十个,乡苏维埃政府三十五个。"见萧锋《长征日记》,知识产权出版社2012年版,第214页。
③ 中共宁夏回族自治区党史资料征集委员会、中国人民解放军宁夏军区政治部《红旗漫卷——红军长征西征在宁夏》,宁夏人民出版社1989年版,第274页。

二、民族政策的典范地——单家集

　　毛泽东来到单家集，受到当地回族群众的热烈欢迎和大力支持，并与回族同胞结下了深厚友谊。1936年5月25日，红军西征宁夏时，中华苏维埃共和国中央政府主席毛泽东，在陕北瓦窑堡签署了《对回族人民的宣言》。这个宣言的重要意义在于，搞好民族团结，尤其是对西北回族的团结，始终是中国民族独立解放、社会主义革命和建设取得胜利的基础和重要的保证之一。如：1936年9月16日在单家集成立的第一个"单家集回民自治政府"，1936年10月20日至22日在同心成立的"陕甘宁豫海县回民自治政府"，1941年4月中国共产党中央西北工作委员会编写的《回回民族问题》的出版，1949年5月西北局城工委编写的《回回工作简要手册》的印发等都是在这个基础上应时而生的。新中国成立后，1953年11月1日，甘肃省西海固回族自治区成立。1958年10月25日，宁夏回族自治区成立，西海固地区归宁夏管辖。从此，西海固人民在党中央领导下，在进行社会主义革命和建设的新里程中，谱写新篇章。

第四章　旌旗映红月亮山

第一节　葫芦河畔凯歌传

一、红二十五军

(一)红二十五军在西吉的三天两夜

红二十五军于1935年8月15日进入现西吉县地界,在西吉单家集(1942年西吉建县之前,单家集归甘肃省静宁县管辖)一带活动、驻军3天,17日出境。①

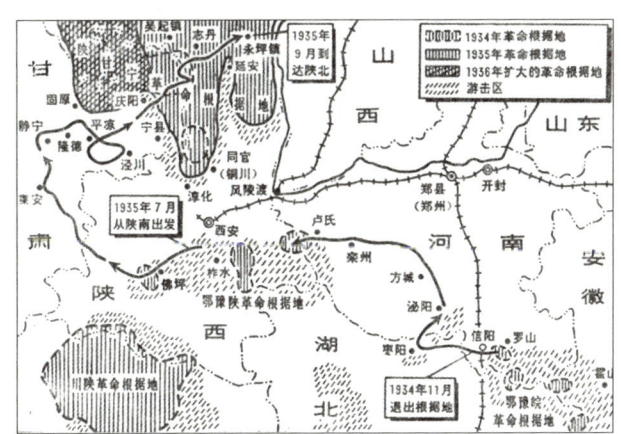

红二十五军长征路线图

---

①邵予奋《红军长征会师将台堡》,宁夏人民出版社1996年版,第142页。

第二编　将台堡前旌旗展

(二)红二十五军长征经过西吉单家集主要首长

经过单家集的红二十五军,政治委员吴焕先、军长程子华、副军长徐海东、参谋长戴季英;政治部主任郑位之、政治委员李隆贵;223团团长张绍东、政治委员赵凌波;224团团长张希才、政治委员张明先;手枪团团长杜本润。

(三)红二十五军的活动

1935年8月初,红二十五军3000多人由政委吴焕先、军长程子华、副军长徐海东等率领,从鄂豫陕苏区出发开始长征,经甘肃省两当、天水、泰安、通渭等县,8月15日离开静宁县小山、八里铺,沿葫芦河岸的红山根、北峡、张麻子河、阎家庙北上,进入今宁夏西吉县玉桥乡,进驻兴隆镇、单家集一带休整。由于这里是民族地区,群众生活较为安定,鄂豫陕省委召开会议,决定部队在这里休息3天,恢复体力,以便继续行动,并积极开展群众工作。8月17日中午,红二十五军从兴隆镇、单家集出发,沿西兰公路北侧东进,经兴隆镇火家堡子(杨茂村)、姚杜、马家嘴出西吉县境,进入隆德县杨家河、川河、好水、红土路,当天攻克隆德县城,歼灭守敌一营及县保安队大部,活捉并处决敌保安团团长,打开监狱放出在押的二三十名群众。是日,国民党毛炳文部从兰州乘汽车追击。红军为提防敌人东西夹击,遂撤离县城,返回红土路休息。半夜从红土路出发,经水磨、蔡家湾、杨家店,凌晨翻越六盘山,继续沿西兰公路东进,经过艰苦转战后到达陕北革命根据地。

1. 执行民族政策,尊重民族习俗

红二十五军进驻兴隆镇后,为了团结回族上层人士,搞好同群众的关系,政委吴焕先多次召开座谈会,经认真调查研究,给部队制定了"三大禁令,四项注意":禁止驻扎宗教场所,禁止打回族土豪,禁止在回民家中吃大荤;注意遵守回族人民的风俗习惯,注意用回族的水桶在井里打

水,注意回避回族青年妇女,注意实行公买公卖等。①

2. 召开省委会议,做出重大战略决策

红二十五军在兴隆单家集休整期间,派人员四处侦察,探听中央红军消息,结果音信全无。省委决定,在兴隆镇召开会议,研究红二十五军活动计划。分析当前时局,红二十五军孤军作战,要回陕南,十分困难,若接不到中央红军,部队就往陕北与刘志丹部会合。经一个多月转战,9月16日,红二十五军在陕北永坪镇与陕北红军胜利会合,完成了战略转移。

二、红一方面军

(一)红一方面军在西吉的三天两夜

红一方面军于1935年10月5日入境,7日出境,在现西吉县单家集、兴隆镇、公易镇、马莲川等地活动、驻军3天。②

(二)陕甘支队组织序列

中国工农红军北上抗日陕甘支队(即红一方面军):司令员彭德怀,政治委员毛泽东,副司令员林彪,参谋长叶剑英,副参谋长张云逸,政治部主任王稼祥,副主任杨尚昆。

第一纵队(一军团组成):司令员林彪,政治委员聂荣臻,参谋长左权,政治部主任朱瑞,副主任罗荣桓。

第二纵队(三军团组成):司令员彭德怀(后由彭雪枫继任),政治委员李富春,副司令员刘亚楼,参谋长萧劲光,政治部主任袁国平。

第三纵队(军委纵队):司令员叶剑英,政治委员邓发,参谋长张经武,政治部主任蔡树藩。

---

① 邵予奋《红军长征将台堡会师》,宁夏人民出版社1996年版,第181页。
② 邵予奋《红军长征会师将台堡》,宁夏人民出版社1996年版,第142页。

(三)红一方面军行军路线

由于第五次反"围剿"的失败,1934年10月10日,中共中央、中央军委和苏维埃中央行政机关及毛泽东、周恩来、朱德、博古等领导人率红军主力5个军团共86000人,被迫实行战略转移。红一方面军从江西瑞金出发,渡过于都河,血战湘江,挺进湘西,冲破四道封锁线,转向贵州行军,渡过乌江天险,攻陷娄山关、夺取遵义城(召开"遵义会议"),四渡赤水河(打乱敌人追剿计划),巧渡金沙江(跳出敌人包围圈),强渡大渡河,飞夺泸定桥,越过大雪山,艰难走出若尔盖大草原,突破天险腊子口,经过哈达铺,到达甘肃会宁。

1935年10月5日,红一方面军陕甘支队进入甘肃省静宁县单家集(现为宁夏西吉县单家集)。10月7日,红一方面军陕甘支队在宁夏六盘山南麓青石嘴伏击了国民党骑兵,当日翻越六盘山。10月19日,红一方面军陕甘支队到达陕北吴起镇。

1936年10月22日,红军第一、二方面军在宁夏隆德县将台堡会师,长征胜利结束。长征胜利表明中国共产党和工农红军是一股不可战胜的力量,长征是一部艰难的历史斗争。

(四)红一方面军(陕甘支队)留给西吉人民永远的怀念

1935年10月初,毛泽东率领陕甘支队长征通过甘肃通渭。10月3日,到达静宁县界石铺、高家堡一带,并控制西兰大道一段。4日,在界石铺的公路两侧伏击了毛炳文部由西安运送粮食、物资的10多辆汽车,将敌运物资尽数缴获,装备了红军。5日凌晨4时,右路一纵队从甘肃静宁县高家堡出发,经七里乡的东湾、中寨、灵芝乡的三角川、尹岔、显神庙,进入静宁县(现西吉县)玉桥乡的团庄村,到达单家集驻军。毛泽东、张闻天、王稼祥、博古等中央领导同志同日从静宁县界石铺出发,沿西兰公路东行至高家堡子,然后从公路北侧上山,沿一纵所经路线,向东北方向前进,下山后过葫芦河到达单家集,当晚宿营于单家集。

当日,左路二、三纵队从静宁县界石铺出发(周恩来、林伯渠随二、三纵队行军),途经七里乡的井沟村、雷沟村,灵芝乡的魏岔村、高义村、张万锡村和长塬村,行程30公里,到达静宁县(现西吉县)公易镇的上村、新合庄村、撒家湾村、阎家湾村和西冶等村宿营。

10月6日拂晓,右路一纵队(由红一军团组成,司令员林彪、政委聂荣臻、参谋长左权、政治部主任朱瑞、副主任罗荣桓)由单家集、兴隆镇出发,经什字乡新店子、什字路、杨家磨、黄湾,进入固原县的张易堡。当日6时左右,毛泽东等中央领导从单家集南头出发,经兴隆镇陈田圡村山口,折向东北,从上马家嘴翻山,经杨家磨走小路,下午到达张易堡东南3公里的毛家庄宿营。7日凌晨,红军大部队经王套、后莲花沟向六盘山急进。毛泽东等中央领导从毛家庄出发,向东南入隆德县境,转进了山沟,沿小水沟登上六盘山,并饱览了六盘山的雄姿。毛泽东坐在一块石头上对张闻天说:"这里可观三省,快到陕北了。"慢慢站起来又说:"你们看,现在天高云淡,红旗漫卷,大雁南飞,景色多好啊!"在此构思了气壮山河的著名词篇《清平乐•六盘山》。

左路二、三纵队(二纵队由红三军团组成,司令员彭雪枫、政委李富春、参谋长萧劲光、政治部主任袁国平;三纵队由中央机关和军直机关组成,司令员叶剑英、政委邓发、参谋长张经武、政治部主任罗瑞卿)于6日凌晨从公易等地出发,分两路行军。二纵队因向导带错了路,天亮时才越过葫芦河,经兴隆镇、北堡子、红城子,在什字路赶上右路一纵队,当晚宿营于固原县张易堡一带;三纵队从公易镇出发,经将台堡等地,行程35公里,宿营于马莲川(马莲乡)。7日凌晨1时,经固原县张易堡,翻越六盘山,过开城乡、青石嘴,到达彭阳县古城乡南部的挂马沟宿营,行程45公里。

1. 严格纪律，尊重民族风俗

毛泽东率陕甘支队进入民族地区后，为了得到广大民族地区群众的支持，及时制定发布了《回民地区守则》。各级领导对部队进行民族政策教育，严格遵守民族习俗等问题提出了具体要求。毛泽东等中央领导同志率先垂范、身体力行。毛泽东教育身边的人，一定要处理好民族关系。

2. 群众热情欢迎红军

10月5日傍晚，毛泽东等中央领导和红军部队来到单家集后，受到广大群众的欢迎和盛情款待。村里的群众听说红军来了，都高高兴兴地走出家门，端着水果、食品，热烈欢迎红军，亲切地称红军是"仁义之师"。几位老人，双手捧着小瓷碗，恭恭敬敬地给红军官兵献茶水，感动得红军指战员热泪盈眶。

毛泽东等中央领导一进村，同当地群众共叙军民情谊，了解当地的风土人情。当地老者得知毛泽东等同志是红军的最高领导人时，心情非常激动，连声说"好好好"，表示最诚挚的欢迎和敬意。毛泽东给在场的群众讲解了中国共产党和红军尊重民族习俗等，主张各民族平等政策。老者听了非常高兴，马上招呼青年人去给红军腾房子，粮食也照市价卖给红军，并盛情邀请毛泽东等中央领导吃饭。毛泽东道谢说："不打扰了！"便同其他领导同志一起走了。当晚毛泽东住宿在单家集南头附近一位农民张崇德的家里。

毛泽东等中央领导和中央红军离开单家集的第二天，国民党的飞机连续几次轰炸了单家集，投下七枚炸弹。毛泽东住过的房子和单家集遭到了轰炸，至今，单家集街道边的房子仍留着多处弹洞。

3. 广大群众掩护、救助流落红军

红军长征时，很多战士因负伤、患病、饥饿而掉队，流落在西吉县的各个村庄，当地回汉群众像亲人一样收养、保护他们。红军大部队离开西吉后,国民党反动派多次搜捕流落的红军战士,但没有一个老百姓向反动政府告密,没有一个红军战士被捕。流落在西吉的许多红军战士,养好伤病后又去找部队。个别的长期留在西吉,当了农民,和当地居民和睦相处至今。据1996年不完全统计,当年留在西吉的红军战士尚有十几名。

玉桥乡老人于志祥与其兄长于兴泉曾冒险保护了两名掉队的红军战士。后来,两名红军战士长期居住在兴隆镇玉桥村,成为于志祥老人的养子,成为西吉人民救助流落红军的佳话。①

第二节　红色足迹遍山川

一、红二方面军

(一)红二方面军在西吉留下的佳话

红二方面军1936年10月21日,进入今西吉县平峰镇(1942年之前归会宁县管辖)境内,28日出境,先后在西吉县平峰镇、公易镇(1942年之前大部分归静宁县管辖)、兴隆镇、将台堡(1942年之前分别归固原县和隆德县管辖)、三合乡李营村(原名旧营堡,1942年之前归会宁县管辖)、硝河城(1942年以前大部分归固原县管辖)等地活动,驻军8天,并在将台堡、兴隆镇等地与红一军团胜利会师。②

(二)红二方面军组织序列

红二方面军总指挥贺龙,政治委员任弼时,副总指挥萧克,副政治委员关向应,参谋长李达,政治部主任甘泗淇。组织序列如下表:

---

①西吉县志编纂委员会《西吉县志》,宁夏人民出版社1995年版,第608页。
②邵予奋《红军长征将台堡会师》,宁夏人民出版社1996年版,第176页。

第二编 将台堡前旌旗展

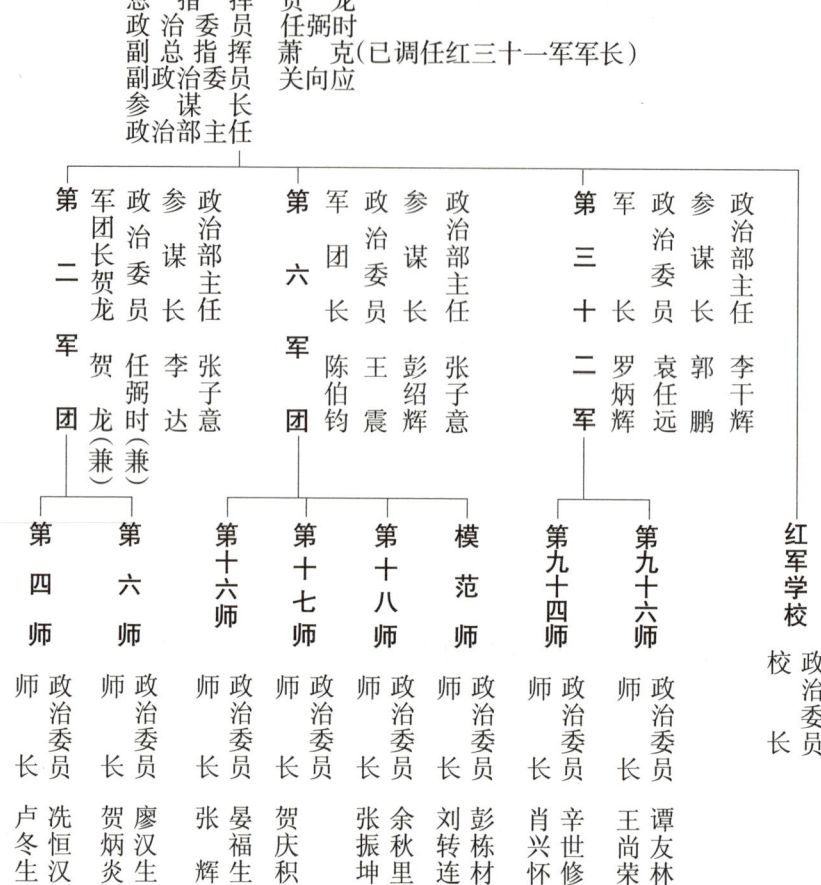

三大主力红军会师时红二方面军序列表（1936年10月）

（三）红二方面军在西吉的活动

1936年10月10日，由总指挥贺龙、政委任弼时、副政委关向应等率领的红二方面军长征胜利地渡过渭河。12日，二方面军第六军团（军团长陈伯钧、政委王震、参谋长彭绍辉、政治部主任张子意，下辖4个师：十六师、十七师、十八师、模范师）到达通渭县常家河一带。第二军团（贺龙兼任军团长、任弼时兼任政委、关向应兼任副政委、参谋长李达、政治部主任甘泗淇，下辖2个师：四师、六师）和三十二军（军长罗炳辉、政委袁任远、参谋长郭鹏),下辖九十四师、九十六师(原为二军团五师)到达通渭县马营一带。17日,红二方面军到达静(宁)会(宁)地区,二方面军总指挥部、二军团和三十二军到达会宁县的谷头岔、侯家川一带,六军团经静宁县红寺乡,到达会宁县青江驿。18日,六军团到达会宁县老君坡,红一方面军派五团团长曾国华、政委郑雄率领部队,前来迎接。21日,贺龙、任弼时、关向应、刘伯承等首长也到达老君坡,与六军团同往西吉县平峰镇(平峰乡),在这里,红二方面军领导人贺龙、任弼时、关向应、刘伯承和六军团领导人陈伯钧、王震等与红一军首长左权、聂荣臻、邓小平及红二师师长杨得志、政委萧华等亲切会面。同日,三十二军军长罗炳辉、政委袁任远、参谋长郭鹏率军到达三合乡旧营堡宿营,休整6天。22日,二方面军总指挥部、第二军团到达西吉县将台堡(将台乡)与红一军团主力二师(师长杨得志、政委萧华、政治部主任罗元发)胜利会师;第六军团从平峰镇出发,经静宁县原安、王公义到达公易镇(公易乡)宿营。23日,第六军团到达兴隆镇、单家集一带,受到红一军团一师师长陈赓率领的三团全体指战员、中共静宁县委、县苏维埃政府负责人和当地群众的热烈欢迎,并在兴隆镇举行了会师联欢会。至此,1936年10月9日,红一、四方面军在甘肃会宁会师。1936年10月22日,红一、二方面军在现宁夏西吉县将台堡会师。三大主力会师,标志着伟大的长征胜利结束。25日,二方面军总指挥部及第二军团移驻硝河(硝河乡)、穆家营(今西吉县城),六军团经将台堡到达硝河。27日,第二军团经穆家营的袁家河村、万崖村、新营乡、白城乡,翻越月亮山,到达海原县红羊坊、曹家洼一线,三十二军从三合乡旧营堡出发,途经苏堡乡苏堡村、穆家营红泉村,在红泉村与袁家河村一带与胡宗南一部接触后,将敌击溃。到达穆家营稍做休整,当晚翻越月亮山,到达海原县红羊坊一带。同日,六军团到达穆家营,下午3时出发,经穆家营的前嘴村、羊路沟村,火石

寨乡的小川村、红湾子,当晚宿营于沙岗村的泉儿湾一带。28日,第六军团从泉儿湾出发,经石洼村的刘家洼、阎家垴、石蛤蟆一带进入海原县木头沟,到达冯家庄宿营。

1. 贺、任、关、刘与左、聂、邓在平峰镇会面

1936年10月21日,红二方面军总指挥贺龙、政委任弼时、副政委关向应、总参谋长刘伯承等到达甘肃会宁县老君坡,与红六军团同住平峰镇,在这里与红一军团代理军团长左权、政委聂荣臻、政治部副主任邓小平以及红二师师长杨得志、政委萧华等亲切会面。当晚23时,红二师师长杨得志、政委萧华向彭德怀司令员发电,报告了行军情况。

2. 红二方面军指挥部、二军团与红一军团主力二师在将台堡会师

1936年10月22日,红二方面军总指挥贺龙及任弼时、关向应等率领二方面军总指挥部、二军团经滥泥河到达将台堡。同红一方面军主力二师胜利会师。参加会师的红二方面军领导人有贺龙、任弼时、关向应、刘伯承、陈伯钧、王震等;红一军团领导人有左权、聂荣臻、邓小平及二师师长杨得志、政委萧华等。参加会师的部队有11500多人。当晚24时,左权、聂荣臻向彭德怀司令员和毛泽东发电报告了情况。

红一师三团政委萧锋代表红一方面军把5万银圆、20头肥牛、200只肥羊、数万斤粮食、1000套棉衣、数百张羊皮、2万斤羊毛和3架缝衣机送给红二方面军。①

贺龙、任弼时、关向应代表红二方面军全体将士向红一方面军干部战士表示谢意。贺龙总指挥笑着对萧锋说:"多年来盼望见到中央红军,今天终于实现了!请你回去代向毛主席、周副主席和其他同志问好!"会师部队在将台堡东侧广场召开了规模盛大的联欢会,欢庆胜利会师。23

---

①邵予奋《红军长征将台堡会师》,宁夏人民出版社1996年版,第185页。

日21时，红一军团首长左权、聂荣臻、邓小平给毛泽东发电报，报告了与红二方面军及二、六、三十二军首长会面和慰劳部队的情况。

> 1936年青沣(田冶)来毛沟村
> 住在金龙莲家.
> 三架缝纫机也放在他们

记录单①

3. 六军团与红一师在兴隆镇会师

10月23日，红二方面军六军团1800多名指战员由参谋长彭绍辉、模范师师长刘转连率领到达兴隆镇西北角，受到红一军团一师师长陈赓等率领的红三团全体指战员及中共静宁县委、县苏维埃政府负责人和群众3000多人的列队夹道欢迎。晚上，在红三团团部招待六军团干部吃饭，并在兴隆镇西北河滩举行了会师联欢会。红一师三团团长阮金庭致欢迎辞，六军团参谋长彭绍辉、模范师师长刘转连讲了话。红三团演唱队演出了大合唱《长征歌》和小歌舞，模范师演出了独幕话剧《粉碎围剿》和《北上抗日》，闻名中央苏区的文艺战士、人民剧社社长危拱之表演了独唱。最后全场齐声合唱《国际歌》，欢庆红军三大主力胜利会师。

4. 邓小平在将台堡向红二方面军营以上干部做报告

10月24日，红一军团政治部副主任邓小平在将台堡向红二方面军营以上党的活动分子传达了党的瓦窑堡会议精神和毛泽东《论反对日本帝国主义的策略》，并做了统一战线的报告。②红二方面军的领导人当即表示坚决拥护党中央的决策。贺龙听了邓小平的传达报告后说："好了，从此我们就可以在毛主席直接领导之下了。"并以贺、任、关等首长的名义代表红二方面军全体指战员向党中央、毛主席发电报，坚决拥护党的集中统一领导，一切服从中央决定。

---

①该记录单是1996年王炳忠为将台堡红军长征纪念园征集红色文物时书写。
②贺彪《红二方面军从湘鄂边到陕北长征纪实》，华夏出版社1996年版，第299页。

二、西方野战军

(一)西方野战军进驻葫芦河

西方野战军1936年9月12日进入现西吉境内,在兴隆镇、将台堡、单家集、硝河城等地活动,驻军44天,[①] 10月25日离开西吉。

(二)西方野战军西征路线

1936年5月14日,党中央和中央军委在陕北延川县太相寺召开团以上干部会议。毛泽东在会上对东征做了总结。为继续贯彻"以发展求巩固"的战略方针,会议决定进行西征,向陕西、甘肃、宁夏三省边界广大地区进攻。5月18日,毛泽东、周恩来、彭德怀联名发布西征战役计划,决定组成西方野战军进行西征。11月23日,前敌指挥部在山城堡召开红一、二、四方面军团以上干部会议,总结山城堡战斗,促进了"逼蒋抗日"方针的实现,西征结束。

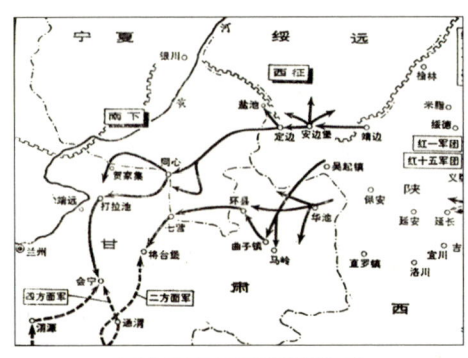

西方野战军西征路线图

(三)西方野战军播火种

1936年9—10月,西方野战军红一军团一部进驻今西吉地区,其主要任务是巩固和发展陕甘宁苏区,扩大红军抗日力量,争取东北军、西北军停止内战,团结抗日,迎接红二、红四方面军北上,实现红军三大主力会师。

当年来西吉地区执行任务的主要领导人有左权、聂荣臻、邓小平等。红军部队主要有红一军团第一师师长陈赓、政委杨勇、政治部主任罗元

---

①参见邵予奋《红军长征将台堡会师》,宁夏人民出版社1996年版,第136页。

发。下辖3个团,第一团团长陈正湘,政委袁升平;第三团团长阮金庭,政委萧锋;第十三团团长李祥,政委魏洪亮。第二师师长杨得志,政委萧华,参谋长熊伯涛,政治部主任邓华。下辖3个团,骑兵第二团团长梁兴初,政委吴文玉;第四团团长罗华生,政委胡炳云;第五团团长曾国华,政委郑雄。

1936年9月12日,红一师三团全体指战员从海原县进入西吉地区,到10月下旬红军三大主力实现会师时为止,一直未离开西吉。其主要革命活动是:

1. 发动解众,广泛深入地宣传党的抗日主张和党的民族政策,争取宗教上层人士扩大统一战线力量

红三团在兴隆镇、将台堡一带驻军期间,广泛宣传和发动群众,积极扩大红军的影响。红军每到一地,都召开群众会议,张贴布告,书写党的抗日主张标语("打日本救中国""参加红军北上抗日""打倒日本帝国主义"),宣传党的政策。

萧锋政委来到公易镇开展宣传和调查研究工作,先后与阎录祥、刘春林、苗瑞连三位老人促膝谈心,了解群众的疾苦。①

2. 发动群众,建立政权,组建游击队,扩大红军

红三团在西吉驻军期间,积极支持地方工作,开展了以兴隆镇为中心,创建苏区和地方武装的工作,把边区拓展到西兰公路两侧。红军所到之处,都迅速建党建政。在红军的帮助下,9月16日,在单家集建立了中国共产党静宁县委员会和静宁县苏维埃政府。还在这一带建立了区苏维埃政府和农民协会10个、乡苏维埃政府和农民协会35个,属西吉地区的有平峰镇、公易镇、麦弋、单家集、兴隆镇、将台堡等。在单家集、公易镇组建

---

①邵予奋《红军长征将台堡会师》,宁夏人民出版社1996版,第187页。

了200多人的游击队,发给他们步枪180支,机枪4挺。并发展党员35名、团员12名,建立了4个党支部。苏维埃政权建立后,积极宣传党的主张和红军的政策,发动群众筹集粮食物资,为支援红二、红四方面军做出了贡献。据当时的县委书记浦耕钟同志讲,静宁、固原两县已经实现赤化,在静宁西北已打开了会师的场面。尤其是观音殿、将台堡、车李家、兴隆镇等地,群众发动起来了,工作搞得很不错。人民政权虽然只有1个多月时间,但在人民群众中留下了深刻的印象。

红军在民族地区开展活动,都制定了严格的纪律,尊重少数民族的风俗习惯,因而受到群众的热情欢迎和款待。

当红军和静宁县委了解到单家集小学破烂不堪时,将牛、驴、马和羊送给学校,以资办学。①

3. 控制西兰公路静(宁)会(宁)地段,占领界石铺、将台堡、兴隆镇,打击胡宗南和"三马"的捣乱,为三军大会师创造良好条件

红三团坚决执行中央军委和西方野战军指挥部的命令,控制了将台堡、兴隆镇、界石铺等战略要点和西兰公路一段并主动出击,给来犯之敌以迎头痛击。为保证将台堡、兴隆等地红军的绝对安全,坚决打击国民党反动军队的侵犯。红三团在西吉境内执行任务期间,同国民党军队多次战斗:

(1)1936年9月21日,敌马鸿宾的一个骑兵团向红三团驻葫芦河西北△2031阵地偷袭,陷于我二、四连的伏击圈。战斗击伤敌团长,俘敌76人,缴获战马多匹,枪支80多支。

(2)9月24日,红三团与静宁县地方游击队一起出动,夜袭静宁县城,打散敌骑兵团。经过两小时速决战,共歼敌180多人,俘敌260多人,缴获战马35匹及大批武器弹药。

---

①邵予奋《红军长征将台堡会师》,宁夏人民出版社1996版,第188页。

(3) 9月27日,红三团便衣队到通渭附近,告知红二方面军在兴隆镇会师。

(4) 10月2日,马鸿逵部101旅301团,由静宁县城出发北犯,行至玉桥乡下范村,其左翼一个营向范家沟进攻,其右翼一个不足营的兵力,在三架飞机的掩护下,经玉桥向单家集进攻。当左翼敌人到达沟西接近△1909红军阵地时,红三团参谋长陈英率领二、三连迂回到三个堡,团主力部队则由兴隆镇出发,在高家城、公易堂方面配合二、三连与敌激战半小时,共打死打伤敌人80多人,敌弃尸南逃,红三团尾追到玉桥、团庄,又俘敌180多人。①

(5) 10月3日,红三团四连深入什字路、牛家河扩军,同马鸿逵101旅301团二营六连遭遇,经过战斗,敌龟退隆德县城,我军俘敌24人。

(6) 10月8日9时,敌三十五师骑兵团由静宁县八里铺、阎家庙及黄岔分两路猛攻玉书桥(现名范家沟村),向我红山根△1984阵地进犯,并以2个骑兵连冲至张节子(玉桥村附近)。我军一连奉命防守山峰;五连从兴隆镇潜入敌人未控制的2个村。待主峰守备部队南撤后进入公易堂,切断敌后路,三连直捣范家沟,二、四连和机炮连向主峰猛攻;△1890阵地(兴隆镇)由团部百多名战士固守。此时,700多名红军指战员已形成对敌骑兵的三面包围。经过1小时激战,敌骑兵被击溃。这次战斗共打死打伤70多人,俘敌150多人,缴获枪90多支。在战斗中红三团的伤亡情况是:一连九班班长宋清卿、五连二班战士张育才、三连七班战士海富才(共产党员)等8人受伤;一连二班班长薛家蔡、四连六班班长阎水庶、二连五班战士岳林庆、机枪连战士田英才等5名同志壮烈牺牲。这次战果,当日晚电报陈(赓)、杨(勇)首长并转报聂荣臻政委。半夜复电称:"伤亡小,胜利大,庆祝红三团击溃敌骑兵二团,巩固了兴隆镇,为迎接二方面军做出了贡献。"

---

① 邵予奋《红军长征将台堡会师》,宁夏人民出版社1996年版,第180页。

第二编　将台堡前旌旗展

(7) 10月18日上午,一架敌机在兴隆镇上空盘旋侦察,且轰炸扫射,二连伤亡战士4人。敌军在静宁召开军事会议,企图夺取我兴隆镇红三团驻地。陈赓师长在马辉参谋长的陪同下,来到兴隆镇三团驻地,并到单家集找静宁县委书记浦耕钟,共同商议打击敌三十五师第九团的军事部署,以肃清会师的阻力,迎接红二方面军的到来。

(8) 10月20日,驻静宁敌马鸿宾三十五师第三旅九团,从静宁县城出发,分两路向下范、团庄、玉桥进犯。红三团和静宁游击队一起出动,在玉桥激战2小时,将敌击退。敌人溃退到黄家岔时,又中我三团二连埋伏,将敌营长(姓宋)击毙,共打死打伤敌人70多名,俘敌185人,缴获步枪125支、轻机枪4挺。团庄、下范之敌全部溃逃到静宁县城。在战斗中,一连三班班长李地忠、三连九班战士王云林、四连七班战士罗震时等6位同志负伤。一连六班班长张楼都、二连七班战士张时坡、五连三班战士程前伟3位同志壮烈牺牲,与其他牺牲的战友一起长眠于西吉。

1936年5月18日,中共中央军委下达西征命令,任命彭德怀为中国人民抗日红军西方野战军司令员兼政委,进入陕甘宁边界地区作战,实现扩大、巩固根据地和迎接二、四方面军北上抗日的战略目标。西征红军分左右两路向甘肃、宁夏挺进。红十五军团为右路军(军团长徐海东、政委程子华、参谋长陈奇涵、政治部主任王首道);红一军团为左路军(代理军团长左权、政委聂荣臻、参谋长左权兼任、政治部主任朱瑞、副主任邓小平)。

据中央有关指示精神,西方野战军在进占宁夏同心县、预旺一带之后,即行休整,并于8月下旬、9月初相继向西、向南挺进,有目的地向西兰公路延伸,以便策应红二、四方面军的会合,为大会师创造有利条件。

1936年9月8日,中央军委电令聂荣臻率领红一军团一师(欠十三团)同骑兵第二团组成特别支队,挺进西兰公路沿线,策应二、四方面军北上作战。

第四章 旌旗映红月亮山

红一军团一师三团团长阮金庭、政委萧锋,在固原县七营对红三团全体指战员做政治动员后,9月10日凌晨3时部队开拔,到达海原县曹家洼宿营。12日,从海原县红羊乡元井出发,翻过3座大山,行程95华里,进入今西吉县白城乡的三点泉(原名三滴水)宿营。红一师三团13日凌晨3时半出发,经新营、穆家营,到达夏家寨子(夏寨乡)宿营。14日上午8时又行军,经硝河城,于下午4时移驻将台堡宿营。其先头部队到达兴隆镇、单家集一带。

9月14日,红一军团一师一团在师长陈赓、政委杨勇的率领下经西吉县沙沟、白崖、夏家寨子到达硝河、将台堡、兴隆镇等地。

9月17日,毛泽东电告彭德怀:"胡宗南全部到西安,正陆续西运甚速。"并指示:"在一两日内,由聂荣臻率第一师控制静宁、隆德要道,阻滞胡敌西进,以利四方面军北出界石铺大道。"

按这一指示,9月18日晚,红一军团一师一团团长陈正湘、政委袁升平率部从兴隆镇出发,占领西兰公路上的战略要地界石铺,切断敌西兰公路交通和有线通信联络;同日,二师在杨得志师长、萧华政委率领下,经沙沟、白崖、穆家营、兴平、平峰,直插界石铺。红一军团一、二师在会宁参加战斗后,又迅速转战到将台堡、兴隆镇、单家集、公易镇等地,迎接红二方面军的到来。

9月20日晚,红三团奉命独立行动,并移至兴隆镇驻防。红三团进驻现西吉境域后,在这一带驻扎,开展活动40多天。10月23日,与红二方面军第六军团在兴隆镇胜利会师。后来,红三团奉命经新营、白城,再次翻过月亮山,进入在海原,编入红一军团建制。

据考证,1935—1936年,西方野战军在西吉地区驻军期间,足迹踏遍西吉10多个乡镇,活动范围占全县总面积的72.7%。

第五章 红色故事代代传

1934年10月到1936年12月,两年多时间,中国共产党领导的中国工农红军,在华夏这块神奇的土地上,书写出一个个惊天地、泣鬼神的感人故事,给后人留下了一段永远追忆的峥嵘岁月,昭示后人不断开拓、不断进取。

第一节 忆当年岁月峥嵘①

一、蜂蜜罐②

六盘山区人民勤劳朴实、自力更生。过去,家家都养几窝蜂。

蜂蜜罐与记录单

土蜂虽小,酿出的蜜格外甘甜爽口。这里土方子用蜂蜜润肠、治拉肚子(即痢疾)等。老百姓做面点时,加一些蜂

---

① 本节由马金霞整理。
② 本故事由刘贞讲述,王炳忠整理。

蜜,口感特别好。

当年,红军来到将台堡,红军卫生所设在将台堡张满银家中。张满银母亲刘贞,看到许多红军战士粗糙的脸颊、皲裂的嘴唇,就把自家的一罐蜂蜜送给红军治病。有歌道:

六盘山麓土蜂蜜,滋润肺腑沁心怡。
一罐蜂蜜送红军,军民鱼水结情谊。

二、针线袋①

慈母手中线,游子身上衣。
临行密密缝,意恐迟迟归。
谁言寸草心,报得三春晖。

唐代诗人孟郊《游子吟》描写的母子连心的感人画面,在中国20世纪30年代中期的陕甘宁地区再次展现。

1936年,红军浴血奋战,历经艰险,长途跋涉,勇往直前,从江西革命老区,走到将台堡时隔两年有余,军装褴褛,疲惫不堪。

队伍里有不少满脸稚气的红军娃,将台堡张满银的母亲刘贞看在眼里、疼到心里。趁红军娃休整时,刘贞和丈夫一起把灰军装拿

针线袋

---

①本故事由刘贞讲述,王炳忠整理。

第二编 将台堡前旌旗展

来,坐在清油灯前,连夜缝洗后,又悄悄地送回去。有歌道:

> 红军长征克艰险,双足丈量万重山。
> 铁流滚滚涌将台,风雨兼程逾两年。
> 满脸稚气红军娃,衣装褴褛忍饥寒。
> 刘贞念慈秉烛缝,战士抖擞奋勇前。

三、扁担①

扁担的制作,在中国南北略有不同,北方扁担多用木棍削制,南方则用毛竹制作。红军在江西井冈山时,朱德总司令就有一根自己的扁担,经常从山下往山上挑日用物资。红军长征,铁血万里。一根扁担豪情侠气。

扁担与记录单

1936年,红军到达单家集,有一炊事班住在单志乾家后院。单志乾多次给红军送萝卜,与红军炊事班战士结下深厚情谊。炊事班战士不断动员单志乾等村民参加红军。单志乾家有老母,无人奉养,不能随军去。后

---

① 本故事由余乾禄讲述,王炳忠整理。

来,红军开拔时,炊事班战士把用过的扁担赠给单志乾做留念。当时,将台堡东坡村村民余乾禄在单志乾家打工。余乾禄辞别时,单志乾把红军留下的扁担送给他,好回家担水。余乾禄便将此扁担保存起来(该扁担现藏于将台堡红军长征纪念园展馆)。有歌道:

  一根扁担三尺三,乾禄大哥人真憨。
  一担担了四十天,井水甘甜战士赞。

四、饭盒①

一日三餐是人的基本需求。红军长征时期经常打仗,枪林弹雨,一日数变,指战员们每天不可能吃上热饭。

当红军冲破艰难险阻来到西吉将台堡时,早已疲惫不堪,亟需休整,伤员更需要疗伤调养。将台堡明台村村民冀登奎的父亲冀世杰看到红军伤员饮食不便,就和老伴一起做些可口的饭菜,再用家里盛饭的盒子,给伤员们端上热腾腾的饭菜。后来红军远去,饭盒犹在。有歌道:

饭 盒

  将台冀氏仁爱善,犒劳红军小伤员。
  饭盒保温情义深,可口饭菜暖心田。

---

①本故事由冀登奎讲述,王炳忠整理。

五、钟表[1]

1936年10月,红军驻扎在将台乡张家嘴头村。每天,红军战士都把一座钟表放在土堆上,便于轮流换岗看时间。一天,部队突然撤离。张家嘴头村村民金志忠的二叔张具仓(随其母姓)发现,土堆上放着一座钟表,就抱回家收藏起来,视如珍宝。后来,金志忠将钟表转交给表兄马进山。1996年,将台堡修建纪念碑,堡内设立纪念馆,需展出文物,经村民马存仁提供线索,文物管理所人员走访取证,收藏了马进山家里珍藏的这座钟表(钟表现藏将台堡红色革命纪念园展馆)。

钟　表

六、水鳖子[2]

1936年10月下旬,红军进驻将台堡。刘进云家也住有红军战士。贾存信常到刘进云家玩耍。一位红军小战士就动员贾存信当红军。小战士送给贾存信一条帆布腰带和一个水鳖子。

贾存信眼里噙着泪水回忆道:"那时红军住的时间比较长,具体时间,我也记不清了,反正天气冷了。当时,我和红军战士年龄都差不多,和他们耍得很投脾气。妈妈只要一做好吃的,我都要给我送水鳖子和腰带的那个红军战士拿去……"

"有一次,我把父亲编织的两双羊毛袜子送给那个红军战士。他说:'不能这样,红军有纪律,不拿

水鳖子

---

[1] 本故事由马进山讲述,西吉县文管所征集。
[2] 本故事由贾存信讲述,西吉县文管所征集。

群众一针一线。''这是我家的。'我说,他笑了,'那也不行。'说着让拿回去,我硬塞给他,他收下,捧在怀里,走进大窑里,把另一双分给一起的红军战士。"

"还有一件很失笑的事情。他们说他们是红军,我问:'你们没有红啊!咋叫红军?'他们有人答:'我们是共产党的军队,是为咱穷人打天下的,你看我头上的红五星,像东方升起的太阳一样鲜艳,永远放光芒。'现在想起来,很是想念……"

"红军临行前,父亲知道此事,将我领到毛家沟藏起来。当时,我心里很难过,背着心爱的水鳖子,一天都没吃饭……"贾存信叙说着。

七、摔坏的军号①

1936年秋后,红军翻越月亮山。一天拂晓,他们从兴隆出发,急行军60公里,赶往海原红羊坊。途经新营刘家沟时,红军小号手实在太累,伏在马背上睡着了,不小心掉下马,把军号摔坏了,再也吹不响了。红军在

红军长征遗留在西吉的军号

新营刘家沟稍做休息,准备翻越月亮山时,在村民姚秀民家喝水,红军小号手就把心爱的军号送给村民姚秀民做纪念。有歌道:

部队欲行军号响,勇士飒爽赴战场。

英雄自古出少年,红军号角歌嘹亮。

---

① 本故事由姚秀民讲述,刘成才整理。

八、水果刀[1]

1936年秋，红军进驻硝河城。硝河城的老百姓为了感谢红军，先后卖给红军7头牛，30多只羊。红军战士不会宰牛剥皮，硝河城的苏正明老人就用自己的一把水果刀给红军帮忙剥牛皮（该刀现收藏于将台堡纪念园展馆）。有歌道：

红军用过的水果刀

切莫小瞧水果刀，使用起来刀锋好。
庖丁解牛游刃余，硝河城里犒军劳。

九、斗笠[2]

据硝河城硝河村村民马兆清回忆："1936年秋天的一个傍晚，我正准备去爷爷家吃饭。爷爷家在硝河城堡的一个高台上，我刚走上高台子，往河边一望，哎哟，从哪儿咋来了这么多人？河边上黑压压的一大片，我急忙跑进爷爷家，顾不上说话，拽着爷爷的手跑出来，指着河边让爷爷看……后来听人说，他们是红军。红军驻扎硝河城40多天，这些红军战士大多数和我年龄相仿。他们很热情。每天我跟着他们学站岗，挖地道，打扫卫生，碾粮食。慢

红军长征遗留在硝河城的斗笠

---

[1]本故事由苏正明讲述，张明、苏正喜、陈昌整理。
[2]本故事由马兆清讲述，张明、陈昌、苏正喜整理。

慢地我和红军小战士结成了好朋友。红军小战士临走时,送给我这顶斗笠做纪念。有歌道:

头戴斗笠披蓑衣,红军长征英雄气。

进驻硝河情谊浓,留下斗笠心相系。

第二节　昭后人时光荏苒[①]

一、单家集夜话[②]

1935年10月5日,红军进入宁夏,国民党毛炳文部等对红军围追堵截、不断骚扰。毛泽东、王稼祥、张闻天、博古等几位首长随陕甘支队右路一纵队,凌晨从甘肃静宁县界石铺高家堡出发[③],翻越东湾梁,行程60里,沿西兰公路穿过灵子显神庙、长尾河、团庄等地,跨过葫芦河。当日傍晚,到达单家集。

单家集地处六盘山西麓,与甘肃静宁、宁夏西吉和隆德三县接壤,处于葫芦河与好水河交汇的东南岸。《西吉县志》载[④],明初,山东省济南府,单氏兄弟二人因经商定居此地。单家集民风淳朴,有静宁"旱码头"美誉,各地商贾云集,民国年间为静宁县第二大镇,物阜民丰。

[①] 本节内容有些是民间流传的故事,有些是与红军有过实际接触的当事人的后人所讲述的真实事情。
[②] 本部分参考中共宁夏区委党史研究室《党史研究参阅》,2019年7月29日,第8期(总248期),第5—6页。由"中国工农红军长征将台堡会师纪念碑爱国主义教育示范基地"研究人员王永明整理,编写组修改。
[③] 静宁县志办《静宁县志》,甘肃人民出版社1993年版,第12页。
[④] 西吉县志编委会《西吉县志》,宁夏人民出版社1995年版,第547页。

单家集夜话蜡像

当晚,毛泽东在单家集陕义堂与住持马德海秉烛夜话。

陕义堂北厢房里,两人面前摆着一方炕桌,有馓子、油香、水果等。马德海向毛泽东介绍当地的风俗习惯、风土人情,以及红二十五军在单家集执行民族政策的动人故事。毛泽东盘坐在干净的土炕上,一边品着盖碗茶,一边向马德海介绍国内外形势、中国共产党的抗日主张、中国共产党的宗旨和党的民族政策等。北厢房内不时传出开怀、爽朗的笑声。

夜深人静,凉风习习,星光灿烂,落叶飘零。当晚,毛泽东被安排在陕义堂后院张崇德家的土瓦房里休息。单家集家家睡的是牛粪烧的热土炕,毛泽东没有睡过热炕,农民张崇德将铺子里的门板卸下来铺在炕上,毛泽东住了一宿。

10月6日,天边刚泛起鱼肚白,部队就出发了。红军走后,当日下午国民党飞机就飞到单家集,呼啸着扔下炸弹,把陕义堂炸塌了,院里的一棵树被炸断了,还有一颗炸弹落下戳在院子的土里未爆炸。

新中国成立后,当地人慢慢见到了照片,才知道当年那位高大伟岸、和蔼可亲的红军首长就是毛泽东。

二、红军粉的由来[①]

公易镇西治村的群众把他们加工成洁白的洋芋粉条叫作"红军粉"。这还得从80多年前说起。

[①] 本故事由哈金荣讲述,陈昌、张明、苏正喜整理。

1936年9月的一天，西冶村耀州山梁上来了3个掉队的红军小战士，村民余恒义看到，把他们接到家中吃饭。其间，一个操南方口音的红军小战士，指着碗里黑乎乎的粉条问："这粉条是啥子做的？"余恒义说："这是洋芋做的。"红军小战士说："你这种做法已经落后了，颜色不好看，粉也太粗，吃起来不可口。"随之，小战士就把洋芋磨粉的过程比画着说了一遍。

余恒义听了似信非信，但在红军小战士热心的说服下，叫妻子切了一背篼洋芋，和着扁豆一起磨成粉，过箩、吊包；在马勺底部钻了几个洞，做成漏勺；烧了一锅开水，用漏勺下粉。经过几个小时的忙活，又白又长的粉条出锅了⋯⋯

村里的几位老人闻讯赶来，请求红军小战士把洋芋磨粉做粉条的技术传授给村里人。一连几天，村里人络绎不绝地学习洋芋磨粉的技术。

红粉勺

打这以后，红军传授洋芋磨粉的技术越传越广，村民粉条也越做越筋道。

从此，这里的人们就把粉条叫作"红军粉"。有诗赞曰：

  红粉悠长筋道好，红军当年把手教。
  红粉勺子今犹在，想见当年红旗飘。

三、窗口透过的历史岁月[1]

在将台堡纪念园,有一块高3米,宽2米,洁白如雪的照壁上额,镌刻着"历史岁月"四个黑色大字,分外显眼。

照壁中间开有一窗口,凝视窗口,历史的风云仿佛就在眼前。

红军长征,血战湘江、四渡赤水、巧渡金沙江、飞夺泸定桥、强渡大渡河、爬雪山、过草地、突破天险腊子口,在敌人重兵围追堵截下,纵横10多个省,跨越万水千山,战胜艰难险阻,终于绝处逢生,胜利完成史无前例的战略大转移,开创了中国革命的新局面。

中央红军到达陕北胜利不久,毛泽东精辟地阐述长征的伟大意义:"长征是宣言书,长征是宣传队,长征是播种机。"

的确如毛主席所言,长征是一个震惊世界的英雄壮举。反映出中国

"历史岁月"照壁窗口

---

[1] 本内容由苏正喜采集。

共产党领导的人民军队,以坚如磐石的理想信念、百折不挠的英雄气概、敢于胜利的革命风范,矗立起一座穿越时空的精神丰碑。长征是我们永远值得珍视的历史财富,将永远镌刻在中华民族的记忆里。

一段岁月惊天地,彪炳史册;一种精神越古今,历久弥新。

透过窗口,我们仿佛又穿越到80多年前的历史时空,看到先辈为中华民族独立解放和人民幸福而英勇奋斗的革命精神,感受到先辈坚定的革命斗志,从中汲取智慧和力量,走好我们这一代人新的长征路。因此说,长征精神要记录、要发掘,更要一代代人常读常新。

四、铜圆[①]

有诗曰:

红铜质地五分钱,苏区徽标嵌岛版。
红军长征到西吉,困苦尤显仁义贤。

在"宁夏西吉将台堡革命纪念园"展厅,陈列着两枚铜币,桌签注释为一分、五分铜币,五分币背面外圈为左右用五星间隔,内有一珠圈,珠圈内是我国版图图案,图案中间是苏维埃徽记镰刀锤子;一分币外圈只有"苏维埃共和国"字样,和五分币相比,中间少一珠圈,无我国版图图案和等量单位。

铜圆是1988年村民单林林交给西吉文物管理所的。这两枚铜圆有着一段特殊的历史。两枚铜圆是红军当年途经西吉留下的,今天已成为三军会师西吉将台堡的见证物之一。铜圆伴随红军战士爬雪山、过草地,行

[①]本内容由李劼提供。

第二编 将台堡前旌旗展

一分铜圆　　　　　　　　　　五分铜圆

程二万五千里。两枚铜圆发行于1932年7月，属于革命根据地铜辅币[①]。当时，毛泽民担任中华苏维埃共和国国家银行行长，为反对国民党对红军的经济封锁，巩固苏维埃政权而铸造发行的。

1935年8月15日，红二十五军战略转移到今西吉兴隆镇、单家集一带休整。这两枚铜圆正是在这一时期，红军向单林林的爷爷拿取物品时留下的，足以说明红军在十分困难的环境下，依然实行公买公卖，不拿群众一针一线。

两枚铜币，不仅是中国共产党领导的新民主主义革命取得阶段性胜利的重要标志性物件，而且是中国钱币史上的里程碑，中国金融历史文化的重要转折点。

五、扁担[②]

1936年，红军驻扎在毛家沟村期间，红军战士每天都用扁担挑着粮食到张进彪家石磨上磨面，面磨好后，再担着面折返毛沟村。一天，有位大个子战士一次担起四大袋子磨好的面粉返回。由于面袋过重，没走几步，扁担竟"啪！"的一声从中间折断了。

红军的扁担不能担面了，张进彪的父亲张世春就将自家扁担换给红

[①] 袁水清《中国货币史之最》，三秦出版社2012年版，第373-374页。
[②] 本故事由张进彪讲述，西吉县文管所征集。

军。张世春把留下来的这条折扁担,加了一根木条子绑住继续用。

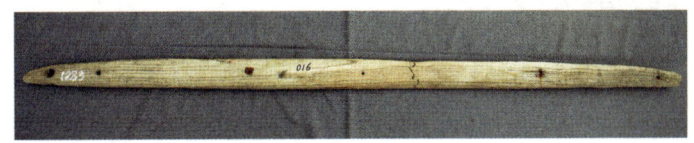

红军战士用过的扁担

张进彪的父亲现在耳朵不好,说话有点听不见。他经常给张进彪讲红军的故事。张世春说:"那些红军孩子真苦,穿不暖,吃不饱。但走起路来真精神,对老百姓真好,特别讲究卫生,天不亮就把庄子打扫得干干净净。红军小战士个头不高,但特别能吃苦,挑一担水走起来一阵风。说话我很听不懂,他们看见人就是面带笑脸,招招手。进彪妈拔了一捆柴往回背,一个红军娃娃看见了,硬拉着去背,一直背到咱们家里。"

张进彪给人说:"到如今我一闭眼睛,还能想起那个红军娃娃。"那些红军真正是咱们穷人的孩子,将来有一天,我们如能见面,不知有多高兴。"

六、马灯[1]

1936年,刘万仓在定西搞地下工作,为便于工作,组织交给刘万仓一盏马灯。当年,刘万仓随红军活动,把马灯带回家中,灯罩玻璃残缺,是马摇头时被嚼了打残的。后来,刘万仓排练社火时经常提着这盏马灯,传到孙子刘士杰手中,一直保存至今。

马 灯

---

[1]本故事由刘士杰讲述,西吉县文管所征集。

七、弹药箱和鱼儿刀[1]

1936年红军来将台堡,谢宝子(化名王保子,1920年9月生于西吉县将台乡明荣村一个农民家庭。1936年9月参加红军,1950年赴朝参战,1983年离休)随红军前往毛家沟。谢宝子的父亲寻找谢宝子,经过打听,他一直跟到王明乡麒麟村。一天早上,宝子父亲看见宝子跟在红军后面跑操,宝子父亲远远藏在庄里人群里盯着,待跑完操,宝子父亲老远喊宝子,叫他回家,宝子说:"我不回去,回去还是给人家干活。"宝子坚决不回家,宝子父亲实在没办法,只好遂宝子意愿。在和父亲告别时,宝子给父亲一个鱼儿刀和一个瓷盘,说是红军给的。宝子父亲在临走时,一个年龄大一点的领导,又给了一个木箱,让他带回去装东西。

三件东西(弹药箱、瓷盘、鱼儿刀),其中弹药箱和鱼儿刀两件一直保存到1996年征集文物时。瓷盘在家里一直使用,一次宝子母亲炒了一盘洋芋菜,汤多,宝子弟弟端在手里一抖,汤流出来把手烫了,一松手,掉在地下被打掉。为这事宝子母亲还把宝子弟弟说了几句:"你哥哥留下的念物,被你打了,看你哥哥回来你给说啥?"宝子父亲把弹药箱和鱼儿刀视如珍宝,1996年交给了将台堡红军长征纪念园。

鱼儿刀

---

[1]本故事由谢生堂讲述,王炳忠搜集。

八、萧克赠军刀[1]

1936年,红二师奉命从固原县黑城北上海原,翻越月亮山,沿着葫芦河南下到达将台堡、单家集和玉桥一带,红二师迫近静宁县城。

萧克将军所赠的军刀

为迎接红一、二方面军到来,红二师在当地开展革命活动,创建根据地,宣传红军主张并扩军,收集粮草等。经过1个月的征集,红军在这里筹备了3万斤粮食,几千头羊,300头猪,定制1000套服装,为迎接红一、二方面军在将台堡会师做好了充分的准备。

红二师政委萧克被当地群众的拥军热情所感动,忍痛割爱,将自己陪伴多年的心爱军刀赠送给将台农会主席刘居元,鼓励他继续为红军办事。萧克将军赠军刀的故事在西吉民间广为流传。有歌道:

红军长征志气高,将军割爱赠军刀。
悠悠岁月九十载,英雄豪杰刀长啸。

1996年,刘元居的后代刘士杰将这把军刀交给了西吉县文博部门收藏。

九、打鞋机[2]

1935年,刘仲芳在甘肃天水的三阳川给财主李老三家放羊,因丢失了1只羊,掌柜的用破石材木棒将刘仲芳的头打得流血。因为此事,刘仲

---

[1]本故事由刘士杰讲述,王炳忠搜集。
[2]本故事由刘继成讲述,张明搜集。

第二编 将台堡前旌旗展

打鞋机

芳害怕父母抱怨,藏在村里朋友家,不敢回家。第二天,听村里人说,来了红军,红军是穷人的部队,对穷人特别好。刘仲芳和村里12个年龄相仿的少年商量后,一块儿参加了红军,跟着红军从甘肃天水出发,经夏河、延关、兰州、白银、静宁(马营、径堂州、荞亩),再到现西吉县二岔口、毛家沟、马昌嶑岘,最终到达将台堡,因将台堡家户少没地方住,晚上刘仲芳和十几名战友在当地群众介绍和带领下,到将台堡弯亩马广林家住了下来。

8月24日,部队从将台堡高庄(明台七队)开拔,到了火家沟,因刘仲芳拉肚子,掉了队,和部队失去了联系,后来落户到西吉县将台堡牟荣村谢家沟,有一户韩姓人家将刘仲芳收留下来。这件打鞋机,是刘仲芳为红军战士打草鞋精心研制而成。打鞋机曾为红军战士们制作了许多草鞋。歌道:

红军战士刘仲芳,脑袋灵光手真能。
打鞋机子实在好,两百草鞋一天成。

十、策马扬鞭自奋蹄[①]

这是一副简陋的梨木马鞍,却有着一段动人的故事。

四块陈旧的梨木板,和已变色的牛皮绳,无不诉说着岁月的沧桑。

曾经的硝河城商贾云集、盛极一时,是西北著名的旱码头。据萧锋《长征日记》载,1936年9月,红一师三团在团长阮金庭、政委萧锋率领下

---

① 本故事由杨志俊后代讲述,王炳忠、王晓义搜集。

驻扎硝河城40多天。其间,成立了苏维埃地方政府,村民杨志俊任政府主席。萧锋将军住在杨志俊家里。

这副梨木马鞍是当年红军撤离时,遗留在硝河城杨志俊家里。后来,杨志俊老人的后代将梨木马鞍捐献给了将台堡红军长征纪念馆。

昔日热闹非凡的硝河古城,随着兰宜公路的开通今已沉寂。现在,硝河人民传承红军勇往直前、坚忍不拔的长征精神,发扬骏马驰骋、自强不息、百折不挠的奋斗精神。

马　鞍

十一、向导①

尤维国曾给自己的儿子尤屹峰讲过,他当年给红军当向导的故事。

1936年秋天,平峰镇集市上跟集的人纷纷议论,从南里上来的红军将要经过平峰梁了,国民党军队在后面追着,大户人家听到消息,已经开始把家里贵重的东西能藏的藏、能转移的转移了。

两三天后,红军真的来了。

部队来到街上既不进住户的家门,也不进店铺,而是把背的行李整齐地放在空闲的墙根下,有的开始往墙上刷标语,有的向住户借扫帚、笤帚、铁锨,开始打扫街道,有的经住户同意进了院子扫院子,有的问哪里取水。知道山上只有一口井,他们问还可在哪里打上水,村民告诉了可以打水的地方后,他们就借了住户水桶、扁担,三三五五顺着东坡下去,到我们上湾沟里担水。

---

①本故事由尤屹峰提供。

住户见部队既亲热又勤快,还不扰民,这才是人民的军队,老百姓不忍心让他们露宿村头、巷里。家家户户争先恐后将红军拽到家里,像一家人一样亲切快乐。

第二天,有消息说国民党军队快追上来了,不足20里地了,红军收拾好东西,把街道、家家户户的院子打扫得干干净净,吃过午饭就开拔了。红军与百姓一起吃住了几天时间,有了感情,老人们拉着红军的手,舍不得让他们走,眼泪哗哗的。红军"大爷""大娘"亲热地叫着安慰说:"我们要去抗日,打日本鬼子,把鬼子们赶出中国我们还会回来的。大家要团结起来打土豪分田地做自己的主人。我们已经镇压了地主恶霸,那些地主豪绅们如果再欺压你们,你们就和他们斗争。"红军边说着边排起队恋恋不舍地挥手告别。尤维国在前边领路,部队从平峰梁顺着坡下来,一直沿着沟到民和,再到王民过了烂泥河,顺着梁,从毛家沟过河就是将台。早到将台的红军看见我们这边的红军从山上下来了,都高喊着往山上跑着迎接;这边山上的红军高兴地呼喊着往下跑,半道山梁,整个将台川道,人山人海,一片欢呼声。

尤维国把红军领到的第二天,红军在将台堡召开了会师大会,就相继开拔往北走了。尤维国要跟红军一起走,那个首长找到尤维国说:"老乡,我不能带你走了,你要回去当农会主席,组织农民起来闹革命。你们平峰的人民都很好,都支持红军,我们很感激。但刚刚几天,农民还没动员起来,革命觉悟都还不高,你要回去好好发挥作用,把大家动员组织起来,成立农会,你的担子并不比我们轻啊!"尤维国还要争取跟着走,那首长说:"你已经是共产党在地方上的组织者,要服从革命组织分配。回去赶快把农会发展起来。"说完,握手告别。

十二、百年核桃树,五代拴马情[1]

兴隆镇公易村一段崎岖的沙路旁,赫然矗立着一块"红军长征纪念地"的石碑,红色大字格外醒目。

石碑后面就是虎万贵老人的家。走进这个寻常的农家小院,最引人注目的就是院子南边一棵历经百年的核桃树。巨大的树冠郁郁葱葱,粗糙的树皮饱经沧桑。碧绿的树叶在微风中轻轻翻飞,洒下斑斑驳驳的影子。一颗颗青皮核桃躲在茂盛的树叶中,忽隐忽现。

百年核桃树

据虎万贵老人介绍,1935年10月,周恩来跟随中央领导机关和红一、二方面军,历经千难万险、跋山涉水,来到了公易镇。虎万贵的太爷虎进广当年富甲一方,人称上虎家。可红军对虎家和村民秋毫无犯,模范地执行了党的民族政策,赢得了当地回民群众的信任和支持。周恩来不但在这座院子里居住过并还在那棵核桃树上拴过他的那匹马。

此后的岁月里,虎万贵一家五代人,出于对红军的感念和对核桃树

---

[1] 本故事由虎万贵讲述,车向峰搜集。

的热爱,只为继续守护和陪伴这棵树影婆娑的百年老树。为了使老树能够延续生命,他们特意打了一眼井并砌了水池,时常给老树浇水。

这棵遮天蔽日的核桃树,见证了当年军民的鱼水情深,见证了红军战士的信仰与辉煌。

十三、饮水思源①

1936年10月22日,红军长征三大主力在将台堡胜利会师。

历史上,将台堡是兵家必争之地。

在此驻扎的红军厉兵秣马,做好了一鼓作气到达陕北的物质和精神准备。在将台堡内西侧有一眼古井。当红军战士发现这眼古井的出水量,远远不能满足人口骤增后大家的日常用水量时,当机立断,淘井浚疏。不但挖出了沉积井底多年的淤泥,还浚深了古井,使这口井深入到地下更

饮水思源井

---

①本故事由刘宗剑、苏正喜收集整理。

丰富的水源层,保证无论是严寒酷暑、还是干旱少雨时节,这口井都有源源不断、甘甜清冽的活水供人们饮用。

红军走了,这口古井至今还在哺育着一代又一代将台堡人。红军"全心全意为人民服务"的精神,同样照耀着一代又一代中国人,前赴后继,勇往直前,只为建设一个繁荣富强、国泰民安的大中国。

第六章　我为亲人送安康

第一节　穷人连心同蔓瓜

一、吃头慰亲人①

1935年10月5日,毛泽东、张闻天、王稼祥等人从静宁界石铺来到单家集,看到村镇两边聚集了不少看热闹的回族乡民微笑着走上前去,和群众拉起了家常。②

毛泽东对着身边的警卫员说道:"我们红军这么多部队来到这里,打扰乡亲们了,今天晚上我们就在场院上休息吧。老乡的房子不多,天气也冷了,不能让老乡受冻。"

一些红军战士就在露天场地上烧水做起饭来。几位老大娘送来了一些洋芋,对红军战士们说:"我们这里穷,只有这洋芋产得多,我们这里当粮吃哩,抗饿得很。"红军战士们表示了感谢,按照市价付了钱,几个老大娘说啥也不要,激动地说:"你们红军来这里帮我们穷人打天下哩。我们给你们送些洋芋,你们还要付钱,我们收不起啊!"

---

① 吃头,西海固方言,即食物。
② 萧锋《长征日记》,知识产权出版社2012年版,第214页。

二、百姓佑红军

1935年10月,红军长征路过西吉时,有十几名红军小战士因长期行军、走不动路而掉队。

玉桥乡著名人士于志祥和兄长于兴泉不顾个人安危,冒险保护了两名养伤掉队的红一方面军战士。张云普,四川松潘人,红一方面军战士。1935年10月,红军长征路过西吉时,张云普因长期行军,两腿发肿走不动路而掉队,于兴泉老人从张节村的下堡组把他领回家,供给衣食,帮助治病。病愈后,张云普万分感激,认于兴泉的小弟于兴海为养父,遂改名于月才。后来于家给他找了媳妇,安了家,并分给20亩土地。另一名红军战士于月政(原名于得禄),山东人,当时只有10多岁,掉队后四处流浪,到玉桥村后,被于志祥老人收为养子,改名为于月政。他的一家至今仍住在玉桥村。①

第二节　回汉兄弟如一家

一、军民一家亲

红三团在兴隆镇等地驻军期间,制定了严格的纪律,尊重民族习俗,因而受到群众的热情欢迎,周边地区人民群众为红二方面军筹集棉衣300套,布鞋3000双,棉布500匹,羊200只,猪50头,银圆5万块。同时,打土豪12家,扩充红军235名。②有志青年马有德、李占荣、马占海、王玉民、苏正德、马福荣等人踊跃参加红军,并组建了回民连。

---

①西吉县志编纂委员会《西吉县志》,宁夏人民出版社1995年版,第608页。
②萧锋《长征日记》,知识产权出版社2012年版,第214页。

当红军和静宁县委了解到单家集小学破烂不堪时，决定将4头牛、3头驴、1匹马和30只羊送给学校，以资办学。但红军撤退后全被国民党静宁县第六区区长马骥私吞。①

二、回汉一家亲

1935年8月15日，红二十五军从静宁县小山、八里铺出发，沿葫芦河岸的红山根、北峡、张麻子河、阎家庙北上，进入今西吉县兴隆镇（原属隆德县）单家集（原属静宁县）一带休整。

兴隆镇、单家集都属于回族集聚区，当地人安居乐业、民风淳朴。红二十五军在驻地兴隆镇召开会议，决定在此休息3日。会议讨论决定，中央红军被国民党部队围追堵截，红二十五军就去陕北与刘志丹部会合。会议部署并制定了红二十五军下一步的行动计划。同时，制定了"三大禁令，四项注意"。

1935年8月16日，红二十五军政委吴焕先、军长程子华、副军长徐海东等领着军队拜访了回民清真寺，并赠送"回汉兄弟亲如一家"锦缎匾以及6个大元宝和6只大肥羊。向群众宣讲党的抗日主张。群众和阿訇也带

红二十五军军长程子华向兴隆镇南大寺赠送"回汉兄弟亲如一家"缎匾

---

① 马青年《回族人民解放之光（马青年回忆录）》，未来出版社（陕内资图批字2006年110号）2007年2月印刷，第61页。

着礼品、赶着肥羊,到红军驻地慰问官兵。

  红二十五军在单家集休整驻军的三天里,积极宣传红军政策,严格遵守回族习惯,积极为回族群众办实事、办好事。军医院的同志热情地为回族群众送药,治疗疾病。院长钱信忠亲自为一腹胀患者扎针治病,引起很大轰动,人们交口称赞。红军的模范行动,使当地回族群众认识了红军,赢得了他们的信任和支持。群众自发地宰牛宰羊热情慰问红军。有两位妇女,看到高山顶上的红军哨兵没法做饭,就送去一篮馒头和一罐汤。战士们付给她们几个铜板,表示感谢。兴隆镇的马青年、李铁民等十几名回汉青年当时就报名参加了红军。当红军离开驻地时,群众在街道两旁设了香案,摆上民族的传统食品馓子、点心、油果等,齐聚街头,敲锣打鼓,鸣放鞭炮,像过节迎亲似的,依依不舍地为红军送行,并高呼"欢迎红军再来"的口号。中央红军到达陕北后,毛主席还夸赞红二十五军当年过陇东民族地区时,留下良好的影响,并高度评价红二十五军"政策水平很高,民族政策执行得很好"。

  1935年8月17日,当红军离开兴隆镇时,回族群众男女老少拥上街头欢送,街道两旁香案上放满了油香、水果,依依不舍地目送红军向好水川走去。是日傍晚,红二十五军大部队主力从兴隆镇、单家集出发,沿西兰公路的北侧、顺着好水川东进,经贺家堡子、姚杜家、上马家嘴、毛李家、杨家河、串河、牛家河、王三道进入红土路村。经兴隆镇的火家堡子村、马家嘴村入隆德县境。

第七章　西征红军保家乡

第一节　西征红军扎营盘

1934年10月至1936年10月,中国共产党领导中国工农红军胜利进行了举世闻名的伟大长征。长征是人民军队历史记录上的第一次,也是人类历史上无与伦比的英雄史诗。长征的胜利,极大地影响和推动了中国革命的历史进程,成为中国共产党和中国革命事业从挫折走向胜利的伟大转折点。

宁夏是红一、二、四方面军和红二十五军长征的经过地和最终结束地,是红军西征的大本营和主战场,红军西征给宁夏留下了许多红色记忆和历史成果,在中共党史、中国革命史和中国人民解放军军史上留下了光辉灿烂的一页。

一、红军留下的记忆

(一)胜利之山——六盘山

六盘山是红二十五军,红一、二方面军长征中翻越的最后一座高山。红二十五军长征先后翻越了4座高山,六盘山是最后一座。中央红军长征先后翻越了20座高山,六盘山是最后一座。红二方面军长征先后翻越了11座高山,六盘山是最后一座。人事有代谢,往来成古今。人因革命而伟大,山因革命而崇高。六盘山因红军将士的英雄业绩和伟人毛泽东而驰名中外、誉满全球,已经成为象征长征胜利的不朽丰碑。

长征时期,毛泽东在统率千军万马运筹帷幄、决胜千里的同时,先后写了《十六字令三首》《忆秦娥•娄山关》《七律•长征》《念奴娇•昆仑》《清平乐•六盘山》等七首不朽的诗词。《清平乐•六盘山》是他长征中写的最后一首词,是他留给宁夏人民的宝贵精神财富,"不到长城非好汉"历经岁月的变迁和历史的积淀,已经融入宁夏各族人民的血脉之中,成为宁夏人民勇往直前的不竭动力。

(二)会师将台堡

在历时两年多的长征中,各路红军共有8次会师,其中红一、二方面军的将台堡会师是第八次会师,也是红军长征中最后的会师,将台堡也就成为红军长征的最终结束地。①将台堡会师标志长征胜利结束。这"最后""最终"两个词,彰显了将台堡在中共党史、军事上独一无二的至高地位。

(三)红军西征在宁夏

西征期间,西方野战军总部先后设在同心县的豫旺堡、羊路乡吊堡子和同心城。彭德怀既指挥了一系列的军事斗争,又领导了对东北军和宁马军阀的统战工作,领导了根据地的各项建设。

从1936年6—11月,西征红军转战宁夏历时半年之久。西征的主要战斗,大多发生在宁夏境内。在西征战役中,载入史册的战斗有13次,发生在宁夏的有7次。在迎接会师的战斗中,先后进行了在李旺堡的战斗等,并组成两支南下支队,挺进西兰大道,占领了隆德、静宁、会宁等地,为三

---

① 军事科学院军事历史研究部《中国人民解放军60年大事记》,华夏出版社1987年版,第158页。

大主力会师创造了条件。在执行宁夏战役计划中,先后在关桥堡和王家团庄召开了2次军事会议,进行了何家堡、萌城等战斗,为取得山城堡大捷创造了条件。

红军西征,把陕甘根据地扩大为陕甘宁革命根据地,推动了抗日民族统一战线的形成,实现了红军三大主力会师,在党史、军史上具有重要地位。

(四)西征红军执行党的民族政策

各路红军长征经过宁夏时,认真贯彻党的民族平等和民族团结的基本原则,制定并实施了一系列正确的民族政策。

西征红军在单家集颁布了"三大禁令"(禁止驻扎宗教场所,禁止吃大荤,禁止毁坏宗教经典)和"四项注意"(注意回民的风俗习惯,注意用回民的水桶在井里打水,注意回避青年妇女,注意买卖公平)。

中央红军在单家集颁发了《回民地区守则》,规定尊重回民宗教信仰自由和风俗习惯,反对民族压迫等。[①]

红军西征之初,总政治部在总结红二十五军"三大禁令,四项注意";中央红军《回民地区守则》的基础上,颁发了《关于回民工作的指示》,宣布了关于回民工作的"三大禁条,四项注意",提出了十五条口号。"三大禁条"即禁止驻扎宗教场所,禁止吃大荤,禁止毁坏阿文经典;"四项注意"即注意讲究清洁,注意尊重回民风俗习惯,注意不准乱用回民的器具,注意回汉两个民族的团结。毛泽东主席还发表了《中华苏维埃中央政府对回族人民的宣言》,宣示了党对回族的政策。[②]同时,各路红军和毛泽东、张闻天等党和红军领导人都模范执行党的民族宗教政策,最大限度

[①] 邵予奋《红军长征将台堡会师》,宁夏人民出版社1996年版,第183页。
[②] 中共宁夏回族自治区委员会党史研究室、中国人民解放军宁夏军区政治部《红军西征》,宁夏人民出版社1993年版,第49—50页。

消除历史上形成的民族隔阂和国民党反动派造谣诽谤造成的回族群众对党和红军的误解,使许多回族群众对红军从惧怕躲避转变为倾其所有地支援红军、帮助红军,并团结在党和红军的周围,犹如百川归海,汇集起推动中国革命发展的强大合力,成为民族团结的光辉典范。

(五)抗日民族统一战线的形成

西征红军广泛开展了抗日民族统一战线工作。一是贯彻中央《关于东北军工作的指导原则》,对东北军开展了有声有色、卓有成效的统战工作,使原来兵戎相见、两军对垒的敌人,变成了相互合作、共同抗日的友军。二是开展了对坚持反共的宁马军阀的统战工作,使他们逐渐改变了对红军的敌对态度。

红军长征西征在宁夏的统战工作,推动了抗日统一战线的形成,对"西安事变"的爆发产生了积极影响。毛泽东曾说,西安事变,张学良、杨虎城是站在红军的侧面,受红军的影响很大。

二、红军留下的革命历史资源

红军长征西征留给宁夏的红色记忆和历史成果,是一笔独特而丰厚的历史资源,也是历久弥新的珍贵资源,更是万古流芳的宝贵精神财富。多年来,在各级党史部门及社会各界的共同努力下,对红军长征西征在宁夏的历史研究取得了许多成果。特别是为纪念红军长征西征胜利80周年,自治区党史研究室正在编写《红军长征胜利结束在宁夏》《红军长征在宁夏的历史记忆》等7本专著,从事10个专题研究,制作的关于红军长征的微信公众平台在社会上引起很大反响。进一步挖掘、开发、唱响红军长征西征留给宁夏的红色记忆和历史成果,有利于助推宁夏的红色文化研究。

第二编　将台堡前旌旗展

第二节　红色印迹驻心间

中国革命老区,是指土地革命战争时期和抗日战争时期在中国共产党领导下的革命根据地。

根据国务院批准,民政部、财政部颁发的《关于免征革命老根据地社队企业工商所得税问题的通知》中规定了关于划定革命老根据地的标准,即:土地革命战争时期根据地的标准是,曾经有中共组织、有革命武装,发动群众,进行打土豪、分田地、分粮食牲畜等运动,主要是建立了工农政权,并进行了武装斗争,坚持半年以上;抗日根据地的标准是,曾经有中共组织、有革命武装,发动群众,进行减租减息运动,主要是建立了抗日民主政权并进行了武装斗争,坚持一年以上。通知还规定,划分革命老根据地应以生产大队为最小的计算单位,如果一个公社内,属于革命老根据地的生产大队超过半数,这个公社可算作老根据地公社。据此,宁夏有六个县级革命老区。它们是盐池、同心、海原、固原(现原州区)、彭阳、西吉六县(区)。固原市所辖四县一区因有彭阳、西吉、原州区三县(区)占现在所辖县(区)的大多数,所以,固原市就是革命老区,也就是六盘山地区是革命老区。

兴隆镇是苏维埃政府所在地。兴隆镇古称高窑寺,今属宁夏回族自治区西吉县所辖的一个镇,是个回族聚居的地方。1936年,曾是甘肃省中共静宁县委机关所在地。1935年8月,红二十五军在吴焕先、程子华、徐海东领导下,从鄂豫陕出发长征经过这里。由于红军纪律严明,秋毫无犯,使这里的回族群众第一次感受到红军是人民自己的军队。同年10月,毛泽东主席率红军陕甘支队(即红一方面军或中央红军)长征到此,受到回族群众的热烈欢迎与支持。1936年9月,西征红军再次到兴隆镇,在这里创建了中共静宁县委和县苏维埃政府。中共静宁县委书记为浦耕钟,县苏维埃政府主席马云清、副主席马忠元。辖兴隆镇、单家集、公易镇等10个区苏维埃政府35个乡政府,有土地3000多平方公里,人口4万余人(当年苏区70%的地域现均属宁夏回族自治区的西吉县辖)。同时,还建立了青年团、回民委员会、红军回民连。回民连主要由当地回族群众组成,连长罗云彪,属西征红军一军团一师3团。经训练,在师长陈赓的率领下,回民连曾参加过第二次国内革命战争的最后一仗——山城堡战斗。有不少同志参加了敢死队,他们勇敢善战,有10多名同志光荣牺牲,充分显示了回族群众有一颗赤诚的爱国之心。同时,他们还组织了地方游击队,紧密配合主力部队作战。

中共静宁县委和县苏维埃政府在兴隆镇建立,有深远的历史意义和现实意义。西征红军和静宁县委的革命活动,给当地回族群众上了一堂生动、具体而又有说服力的政治课。他们亲自感受到共产党的政策是为各族人民的,因此,激发了他们的革命热情,增强了他们的革命责任感。他们不但支持苏区工作,一些年轻人还积极报名参加红军。

表7-1 宁夏回族自治区老区县市、乡镇一览表(1993年)

所在地区名称	有老区的县市名称	乡镇总数	老区乡镇数	区乡镇比重(%)	备注
吴忠市	盐池县	16	16	100	国家扶贫县
	同心县	17	17	100	国家扶贫县
中卫市	海原县	24	6	25	国家扶贫县
固原市	原州区	26	7	26.9	国家扶贫区
	彭阳县	20	20	100	国家扶贫县
	西吉县	26	14	53.8	国家扶贫县
总计	6	129	80	62	扶贫县6个

第二编 将台堡前旌旗展

兴隆镇,这个曾经有着光荣革命历史的集镇,今日在改革的大潮中,仍然焕发出夺目的光彩。

上述是红军西征时,在西吉建立的县级党组织和革命政权。它为今天西吉革命老区的建立提供了历史依据。①

---

①本章资料由宁夏回族自治区党史研究室专家邢万莹提供。宁夏党史专家邢万莹掌握的资料,特别是其执笔8年整理中共宁夏回族自治区组织史资料及组织编写《中国革命老区》宁夏部分时,曾访谈了宋任穷、耿飚、廖汉生、杨成武、萧克等40多名老红军、老将军及调查了解了百余个当事人所获取的资料外,还查阅了中央档案馆、南京第二历史档案馆、中组部档案室及陕西、甘肃、宁夏档案馆的相关资料。经邢万莹不辞辛苦,查阅史料,呈请裹报,中国老区建设促进会会长杨成武将军及冯征、陈千群、陈文斌等专家论证,西吉县被列入中国革命老区县,并被列入国家扶贫县。

第八章　胜利会师将台堡

第一节　将台会师史考辨

世界军事史上有过几次著名的远征。中国工农红军二万五千里长征,作为最艰难困苦、最惊心动魄的远征,备受人们的关注。

中国工农红军长征胜利截至2021年已85周年。

将台堡是红军长征胜利会师的结束地。会师时间为1936年10月22日。

会师地址是将台堡。究竟是隆德的将台堡还是静宁的将台堡,缘于行政区域划分所致。①

一、中央档案馆历史资料记载

当年红军领导人会师后即电报中央领导,具体如下。

1936年10月3日左权和邓小平等同志到达兴隆镇前,给毛泽东、聂荣臻、叶剑英的电文:

---

① 隆德县在金代设县城于羊牧隆城(现西吉县将台堡镇火家集村,遗址犹存)。1936年,将台堡归属甘肃省静宁县管辖。1958年,宁夏回族自治区成立,西吉县将台堡归属宁夏固原专区西吉县管辖。

第二编 将台堡前旌旗展

聂并报剑英、毛：

（一）二师明日赶到硝河城、将台堡之线集结，骑团主力可到常（单）家集①，请就近指挥之。

（二）我及小平明日到兴隆镇与聂会合，电台恐赶不到，希聂带电台来。

　　　　　　　　　　　　　　　　　　　　　　左

　　　　　　　　　　　　　　　　　　　　三日二十时

1936年10月21日，红一方面军一军团第二师师长杨得志、政治委员萧华于甘肃静宁县界石铺给西方野战军司令员兼政委彭德怀的电文：

彭司令员：

（一）贺、任、关、刘今日已到平峰镇与左聂会面。

（二）二方面军部队二十三日可到常（单）家集、将台堡镇。

　　　　　　　　　　　　　　　　　　　　杨、萧

　　　　　　　　　　　　　　　　　　二十一日二十三时

1936年10月22日，贺龙、任弼时等率二方面军到达将台堡后，左权、聂荣臻给毛泽东、彭德怀等的电文：

彭、陈、杨并报毛：

　　二方军一部及贺、任、关、刘于今日到将台铺（堡）、硝河城，余

---

① 原电文上是"常家集"。经文史专家邵予奋、庄电一等进行实地考证、查阅党史资料，于1996年确证"常家集"实为"单家集"。后经邢万莹等走访当年长征红军，确定电文"常家集"就是"单家集"。

部明日可到。

左、聂
二十二日二十四时

1936年10月23日,红二方面军与二、六、三十二军首长会面并进行了慰劳,左权、聂荣臻、邓小平于宁夏西吉将台堡给毛泽东发电文:

毛:

(一)我们已与贺、任、关、刘及二、六、三十二军首长会面,二方面军同志对张不满,与一方面军甚谊。

(二)二师剧社今日分头到三个军联欢,部队非常疲劳,体力差,病员很多,但会合后情绪很高。

(三)我们已慰劳两千只羊,二十余头牛,干(盐)蜂糖及粮食数万斤。并抽(筹)背心百件,袜子万双,慰劳伤病员。

(四)现在土豪三四十个及未硝好的羊皮数百件,羊毛约二万斤,均移交给他们,并送给缝衣机三架。

左、聂、邓
二十三日二十一时

电报内容清晰地记载了当年红军长征的行军路线、部队的状况、物品供给等重要信息。毋庸置疑,中国工农红军长征的最后胜利会师地就在将台堡。

二、红军长征中八次会师

根据资料统计,红军长征先后有七次大会师,兹简要列举如下:

第一次会师:1934年10月24日,红二、红六军团在贵州木黄会师。

第二编 将台堡前旌旗展

第二次会师：1934年11月初，北上抗日先遣队与红十军在江西重溪会师。

第三次会师：1935年6月12日，红一、四方面军在四川懋功会师。

第四次会师：1935年9月16日，红二十五军与陕甘红军在陕西永坪会师。

第五次会师：1935年10月19日，陕甘支队与红十五军团在陕西甘泉会师。

第六次会师：1936年6月30日，红二、红六军团与红四方面军在四川甘孜会师。

第七次会师：1936年10月9日，红一、四方面军在甘肃会宁会师。

第八次会师：1936年10月22日，红一、二方面军在将台堡会师。

由此可见，将台堡会师与会宁会师都是三大主力会师的组成部分，意义同等重大。但将台堡会师在时间上属最后一次。

三、结论

编者经过核实红军长征史料，查阅一些老将军的长征回忆录、长征日记等，并对老红军家属专访、到实地考察，得出以下结论：

第一，红一、二方面军在将台堡的胜利会师，标志着举世闻名而具有伟大历史意义的中国工农红军二万五千里长征的胜利结束。

第二，红一、二方面军于1936年10月22日会师的时间，应视为红军长征结束的时间。

第三，红一、二方面军会师地址在将台堡。

第四，对将台堡1936年会师时的归属记载口径不一：有的称"甘肃静宁县"，有的称"甘肃隆德县"，也有的则称为"今宁夏隆德县"。将台堡准确的归属应该是：1936年隶属甘肃省隆德县，1942年10月西吉立县后又划属甘肃省西吉县，1958年至今属宁夏回族自治区西吉县将台堡乡（2016年撤乡设镇）。1996年，在西吉县将台堡镇修建红军长征胜利会师纪念碑，10月22日，举行了红军长征胜利会师60周年大型庆典活动。

将台堡既是长征会师的结束地，也是新长征的起始地。

第二节　三军过后尽开颜

将台堡，位于宁夏西吉县城东南30公里处的葫芦河畔东岸，蜿蜒的战国秦长城从这里向东而去。将台堡在《旧唐书》里称西瓦亭，为军事要塞。将台堡的称谓本身已包含了军事的成分。1936年10月22日，红一、二方面军在将台堡胜利会师，宣告红军三大主力长征结束。

1934年7月，中国工农红军第七军团和第六军团北上西进，揭开了长征序幕。1934年10月10日，中共中央和中央革命军事委员会率中央红军主力5个军团和军委纵队共86859人，从江西瑞金、福建长汀古城等地出发，离开艰苦创建的根据地，实行战略转移，开始长征，历经征途艰难险阻，战胜强敌围追堵截，继1935年9月，红二十五军进入陕甘苏区与陕北红军会合后，毛泽东领导的中国工农红军陕甘支队于10月19日，到达陕北吴起镇，与红十五军团会师。

1936年夏，红一方面军东征胜利回师陕北，中共中央做出了三大主力红军会合的战略决策。5月中旬，红一方面军改编为西方野战军，由彭德怀任司令员兼政委挥师西进，迎接红二、四方面军北上。7月初，红二、四方面军在甘孜会师后并肩北上挺进甘肃。9月中、下旬至10月初，三个方面军相继向静宁、会宁和隆德县将台堡（今属西吉县）地区集结，形成夹西（安）兰（州）大道南北呼应之势。

10月9日，红一、四方面军在甘肃会宁城会师。

第二编 将台堡前旌旗展

1936年10月21日,贺龙、任弼时、关向应、刘伯承等领导与红六军团同往西吉县平峰镇。红二方面军领导人贺龙、任弼时、关向应、刘伯承和六军团领导人陈伯钧、王震等与红一军团领导人左权、聂荣臻、邓小平及红二师杨得志、萧华等亲切会面。当晚23时,杨得志、萧华向彭德怀司令员发电报报告情况:

(一)贺、任、关、刘今日已到平峰镇,与左、聂会面。

(二)二方面军部队23日可到单家集、将台堡。

21日,红三十二军到达西吉县旧营堡一带(今平峰镇李营村)宿营。1936年10月22日,红二方面军总指挥部、二军团到达西吉县将台堡,与红一军团及主力二师(即红一方面军第二师,师长杨得志,政委萧华,参谋长熊伯涛,政治部主任邓华)会师。参加会师的部队共11500多人。当晚,左权、聂荣臻向彭德怀司令员和毛泽东主席发电报报告情况。会师部队在将台堡东侧广场举行规模盛大的联欢大会,欢庆胜利会师。

1936年10月23日,红二方面军六军团1800多名指战员由参谋长彭绍辉、模范师师长刘转连率领部队到达兴隆镇西北角,受到红军团师师长陈赓率领的红三团全体指战员、地方政府负责人和回汉群众3000多人的夹道欢迎,并在兴隆镇举行会师联欢会。当晚21时,红一军团左权、聂荣臻、邓小平给毛泽东发电报,报告与红二方面军及二、六军团,三十二军首长,会面及慰劳部队的情况。

23日,红三团与红二方面军六军团在兴隆镇实现胜利会师后,奉命经新营、白城翻过月亮山,在海原归红一军团建制。

1936年10月24日,红一军团政治部副主任邓小平,在将台堡向红二方面军营以上党的积极分子传达中共瓦窑堡会议精神和毛泽东《论反对日本帝国主义的策略》,并做统一战线及回民问题的报告。

24日,红二方面军六军团在兴隆镇休整,国民党军一部前来袭扰,红十七、十八两师战斗半小时将其击退。

1936年10月25日,红二方面军总指挥部及二军团移驻硝河城、穆家营;六军团从兴隆镇出发,经将台堡到达硝河城。

1936年10月27日,红二方面军二军团经吉强镇的袁家河、万崖和新营白城,翻越月亮山,到达海原县的红羊坊线;红三十二军在袁家河与胡宗南一个师接触,将其击溃后,当晚翻越月亮山,到达海原县红羊坊一带。

27日,六军团到达穆家营,下午3时出发,经城郊乡的前嘴村、羊路沟村,火石寨乡到达小川村、红湾子,当晚宿营于沙岗村的泉儿湾一带。28日,六军团从泉儿湾出发,经石洼村的刘家洼、阎家垴、石蛤蟆一带进入海原县的木头沟,到达冯家庄宿营。

中国工农红军二万五千里长征震撼世界,感动中国。1935年至1936年,伟大的铁流,横空出世,奔腾在葫芦河畔。红一、二方面军将台堡会师,更是震惊中外的伟大壮举。它标志着为时两年的长征胜利结束,这段伟大史诗,在中国革命史上有着光辉灿烂的篇章。在中共党史上具有极其重要的历史地位。

许多激动人心、鲜为人知的历史故事,至今记录着老一辈革命家和红军,在葫芦河畔与民族同胞用鲜血和生命凝结成大团结的情结。红二十五军吴焕先、程子华、徐海东带领红军,为兴隆镇陕义堂赠送"回汉兄弟亲如一家"的锦匾。中央红军宿营单家集,毛主席和马德海阿訇在陕义堂北厢房促膝交谈,留下了大家耳熟能详的"单家集夜话"。西征红军在单家集协助筹备建立了静宁县苏维埃政府。从此,这些重要历史故事,载入了中国革命的不朽史册,永远成为历史丰碑。红军在极端困难的条件

下,在葫芦河畔与敌人前后浴血奋战40多天,许多红军战士把鲜血洒在这块土地上,他们是中华民族的英雄儿女,他们的光荣事迹将永远铭记在西吉人民心里。一直以来,红军可歌可泣的英雄事迹与革命先烈们为民族解放的壮举,时刻鞭策着老区人民,教育后代,振奋精神,发奋图强,热爱祖国,热爱共产党,加快西吉革命老区建设。通过80多年的机遇和挑战,西吉各行各业建设,发生翻天覆地的变化。

2020年,西吉人民生活实现小康,全面实施乡村振兴阶段。展望祖国真繁荣,今看西吉处处春。

第三编

党中央情系老区

　　西吉是全国扶贫的最早片区之一,又是宁夏最后一个脱贫县。西吉人民历经了每月人均口粮只有3斤,靠吃野菜、粉渣、树皮充饥,食不果腹的历史;历经了吃苦咸水、积雪井窖水,喷水洗脸的历史;历经了一条裤子男人出门男人穿、女人出门女人穿,衣不蔽体的历史;历经了小病扛着过、大病无钱医只能听天由命的历史;历经了住土窑洞、土坯房,没有安全保障的历史;历经了步履蹒跚、羊肠小道,一趟固原走三天的历史……到今天"不愁吃,不愁穿",义务教育有保障,基本医疗有保障,安全住房有保障,实现了从穷苦生活到幸福生活的彻底转变,这一切都离不开党中央、国务院及各级党委、政府对老区人民的关怀。

"中国最美休闲乡村"西吉龙王坝

西吉聂家河小流域治理出绿水青山

第九章　饮水思源感恩党

新中国成立初期,在经济建设、农业生产和维持社会稳定等领域,民兵发挥了骨干作用。国家在贫困地区实施计划式扶贫,西吉作为全国革命老区、最贫困的县之一,党中央国务院十分关怀,给予极大支持。

20世纪70年代将台乡四沟村小卖部

第一节　灾情连年　救助不断

1950年8月,将台堡雹灾

1950年8月16日、30日,白崖区和将台区2次遭冰雹侵袭,粮食作物绝产面积6051亩。县人民政府给受灾人民发放救济粮6942.5公斤。

1951年,西吉大旱,白崖、将台、城关等区又遭雹、冻灾,全

第三编 党中央情系老区

1954年,医务人员到兴隆参加救治工作

县94.7%的农户受灾,政府发放救济款0.15亿元(旧人民币),籽种贷款66.5亿元(旧人民币)。

1952年,西北局和甘肃省人民政府给西吉县拨放救济款9.5亿元(旧人民币),各种贷款0.83亿多元(旧人民币),帮助群众解决生活困难。省卫生厅派出医疗队到西吉给受伤群众免费治疗。

1953年8月6—8日,全县7个区的58个自然村遭受雹灾,秋田作物受灾面积35945亩,其中绝产面积达9215亩,灾后国家发放救灾款8.1亿元(旧人民币)。

1954年12月,单民区杨茂乡霍乱、麻疹、猩红热、肺炎等传染病流行,后扩散到兴隆、将台、什字、硝河、兴平、城关等地,患者达507人,死亡70人。城关区八乡有一家死亡4人。1955年1月上旬,甘肃省、西海固回族自治州和西吉县先后派出38名医务人员,经过50多天的防治,疫情得到控制。

1958年10月,宁夏回族自治区正式成立,开启了宁夏历史的新纪元,隶属甘肃的西海固地区划给宁夏管辖,当时的西海固地区还处在极端贫困时期,脱贫攻坚战才刚刚开始。

1960年,全县大旱,粮食总产量2792.5万公斤,是西吉县解放以来产量最低的年份。国家发放救灾款31.9万元,救灾粮439.75万公斤。

1960年4月18—27日,首届民兵代表会议在北京召开。会议充分肯定了新中国成立以来，民兵建设所取得的成就，西吉县民兵代表苏秀兰受到毛主席等党和国家领导人接见。

1961年，国家给西吉灾区发放救灾粮388.75万公斤，救灾款12.2万元。

1962年，全县农作物遭受冻、旱、雾、雹、虫等灾害，夏田绝产6.08万亩，秋田绝产10.31万亩。国家给灾区人民发放救灾款25万元，救灾粮68.25万公斤。

1967年，粮食减产，西吉人民生活困难，国家向全县发放救济救灾款21.7万元，救灾粮221万公斤。

1970年12月3日凌晨3时13分，蒙宣公社芦子岔发生5.5级地震，死亡117人，受伤408人，倒塌窑洞、房屋720多间(孔)。地震发生后，党中央和国务院对灾区人民极为关怀，兰州军区和自治区革命委员会当日派出救灾部队、地震工作队、慰问团和医疗队赴灾区救灾。国务院地震工作小组办公室主任韩荣昌，兰州军区副司令员徐国珍，宁夏回族自治区革命委员会主任康健民、副主任刘震环，固原地区革命委员会主任程焕卿，固原军分区司令员李凯国等及县革命委员会负责人先后到达灾区，慰问受灾群众，指挥救灾工作。部队、干部、民兵3000余人组成抢险队，抢救群众生命财产。

同年，国家给西吉县灾区发放救济款34.6万元，救灾粮394.5万公斤。

1971年，国家给西吉灾区群众发放救济(灾)款18万元，救灾粮227.5万公斤。

1970年西吉蒙宣乡地震后情形

第三编 党中央情系老区

第二节 关心民瘼 纾困忧国

西吉的贫困始终牵动着党中央。1972年1月24日至2月2日,根据周恩来总理指示,中共中央、国务院在北京召开宁夏固原地区工作座谈会,研究了固原地区在执行民族政策方面的问题及平叛扩大化等问题。3月,中央派出调查组赴宁夏等民族地区,调查了解民族政策执行情况和当地群众生活、生产中存在的问题。

在周总理的亲自关怀下,国家当年给西吉拨付救济款140万元,解决救济棉衣2520件、棉大衣7800件。从救济式扶贫向开发式扶贫转变,开启了党中央、国务院关注西海固地区全面发展的新篇章。

1973年,全县遭受历史上罕见的旱、雹、冻、病、虫灾,粮食总产仅2751万公斤,亩产18.5公斤,人均产粮119公斤。为解放以来最低的一年。国家给本县回销粮2277万公斤,救济款225.4万元,救济棉布8万米、棉花5.5万公斤、棉衣0.36万件、棉毯1万条、棉被褥150条、棉毡800条。

1974年,国家给西吉发放救济(灾)款236万元,救济粮1203万公斤,救济棉布10万尺,棉衣15600件。

1976年,国家给西吉县发放救济(灾)款82.8万元,救灾粮1071万公斤。①

20世纪70年代,中央和相关部门从沿海各省调派大批干部和科技人员对西吉县进行对口支援,有力地推动了老区各项事业的发展。他们组织老区干部群众大搞农田水利基本建设,推广先进农业生产技术,学习科学文化知识,推进乡村文艺活动全面开展,极大地改善了西吉县生态环境和人民群众生产生活条件。

---

①以上救济数据来源于甘肃兰州、平凉市、固原市、静宁、隆德、海原、西吉县档案局。

第三节　雨露滋润禾苗壮

回顾百年山高水远,西吉人民饮水思源。

水是生命之源。人们的生活生产等都离不开水。历史上西吉曾有"苦瘠甲天下""十年九旱"之说。"风吹黄土跑,山上不长草"的当地农谚涵盖了西吉自然条件恶劣、生态环境脆弱、灾害抵御能力低的整体情况。缺水是导致西吉人民祖祖辈辈极度贫困的根本原因。

1949年后,在中国共产党的领导下,西吉县政府对西吉的水资源及用水情况做了调查,结果显示,西吉境域西北部苦咸水面积大、含氟量高,水源矿化度在3克/升以上,人畜饮水十分困难。人畜饮水是既咸又苦的井窖水或涝坝水。有的地方为了水往返三四十公里,到山沟去担水、驮水,一来一回得三四个小时。

西吉缺水,有"山高水远,三人一碗"之说,老百姓靠淘土泉,人工打土窖,收雨水、扫雪水、凿冰水入窖度日。

逢干旱年成,窖内收集不到水,群众就离家外走逃水荒。一旦下雨有了水,群众又返回家乡。饮用水严重匮乏成为束缚劳动力、阻碍生产发展的重要因素。许多家庭不得不将家中主要劳力和畜力用以寻水、淘水和驮水,没有时间和精力搞劳务输出以增加收入。因此,饮用水问题成为西吉历届政府

20世纪70年代,红耀乡井沟村村民在土井前等待取水

念念不忘的心事和群众翘首期待的大事。

1949年后,党中央十分重视贫困地区人畜饮水问题。

1958年,宁夏回族自治区成立以来,党和政府组织群众打水窖、挖涝池用来蓄积雨水,以解西吉人民饮水的燃眉之急。但,缺水依然是制约宁夏人口大县和农业大县——西吉发展的主要因素。

20世纪70年代,党和政府投入大量人力、财力,打机井、寻找淡水源,从根本上解决人畜饮水问题。20世纪80年代后,打机井与远程引水同步开展。

20世纪80年代,县打井队为马莲张堡源村打机井

一、西吉贫穷困于水

西吉境域西北大部分地区饮用水含氟量超过1.2毫克/升,水质矿化度大于3克/升,农村群众长期不得不饮用高氟水和苦咸水。

1996年初,宁夏军区开始实施旨为解决50万人口和500万头(只)牲畜的饮水问题,并开发万亩水浇地的"百井扶贫"工程。驻宁夏某给水团官兵顶风冒雪、风餐露宿,行程4.3万多公里,在连续遭受5年旱灾的南部山区打井找水。打出甜水井4眼,日出水量3200吨,可供5万多人、25万头(只)牲畜饮水,1500亩旱地将变成水浇地。这是武警官兵在西吉夏寨乡冒风雪,顶严寒,日夜奋战在打井第一线。

2012年以前,西吉的初春,春雪不断,寒风瑟瑟。给水团钻井官兵打破严寒季节不能施工的惯例,克服常人难以想象的困难,昼夜奋战在黄土高原上竖铁塔、开钻机、打井找水。

群众饮用苦咸的井窖水,导致患上不同程度的大脖子病(甲状腺肥大)、胆结石和尿结石等地方病。2003年,经西吉县地方病研究所化验,西吉县农村饮水不安全的乡镇有如下类别:

90年代,宁夏军区"百井扶贫"给水团在西吉夏寨乡打井找水

一是饮用高氟水的乡镇。西吉县的高氟水区主要分布在马建、苏堡、将台、火石寨、什字、兴平、吉强、白崖、平峰、偏城、硝河、兴隆13个乡镇,共涉及2.06万人。

二是饮用苦咸水的乡镇。西吉县的苦咸水主要分布在王民、马建、新营、马莲、苏堡、田坪、什字、兴平、吉强、沙沟、白崖、平峰、西滩、偏城、硝河、兴隆16个乡镇,共涉及7.52万人。

三是饮用污染水的乡镇。西吉县饮用污染水人口主要分布在新营、吉强、硝河、将台、兴隆5个乡镇,涉及0.41万人。

四是取水方便程度不达标的乡镇。西吉县主要分布在什字、偏城、兴平等15个乡镇,涉及7.64万人。

五是水源保证率不达标的乡镇。西吉县除田坪、王明、新营3个乡镇外的16个乡镇,共涉及4.29万人。

西吉县还同时存在多种水质问题。西吉县的兴隆、苏堡、马建、偏城、吉强、马莲6个乡镇,涉及2万人饮用同时存在高氟水和苦咸水的问题。

饮井窖水也导致西吉北部牲畜奇瘦不长、身矮腿短、行走迟缓的问题。

二、西吉发展兴于水

20世纪80年代以来,西吉人民在各级党委和政府的亲切关怀下,通过

饮水工程的不断实施,人畜饮水条件逐步得到了改善。

(一)解困引水工程

1. 平峰梁引水工程

1982年,平峰梁引水工程竣工。解决了当地机关、学校及街道1300余人400多头(只)家畜的饮用水问题。

2. 常家垴引水工程

1982年,建成红耀乡常家垴引水工程。解决了小岔沟村、前庄村部分群众及乡政府机关、学校等1800余人6700多头(只)家畜的饮用水问题。

3. 田坪乡引水工程

1983年,建成田坪乡引水工程。解决了上牛家村、田家坪村和机关、学校和街道等2000余人900多头(只)家畜的补充用水问题。

4. 兴平乡引水工程

1983年,建成兴平乡引水工程。解决了机关、学校和街道等1000余人2000多头(只)家畜的饮用水问题。

5. 大堡引水工程

1985年,红耀乡大堡引水工程建成。解决了当地6000余人4200多头(只)家畜的饮用水问题。

6. 王民乡引水工程

1984年,建成王民乡引水工程。解决了当地机关、学校和王民村1000余人500多头(只)家畜的饮用水问题。

综上所述,从20世纪80年代初到90年代末,西吉解困饮水工程的实施,初步解决了革命老区西吉县人畜饮用水问题。

(二)饮水安全工程

西吉县农村饮水安全工程经历了三个阶段。第一阶段主要实施农村解困饮水工程和农村饮水安全工程,第二阶段主要实施宁夏中南部城乡安全饮水工程,第三阶段主要实施农村安全饮水巩固提升工程。

1. 第一阶段(2000—2012年),农村安全饮水工程

实施农村安全饮水工程阶段。以西吉域内机井、塘坝、土泉为水源,建成集中供水工程43处。受降雨影响,供水不足、水质不达标。

2. 第二阶段(2013—2016年),宁夏中南部城乡安全饮水工程

宁夏中南部城乡安全饮水连通及配水工程实施阶段。自2013年以来,西吉县按照"一次建成,分期供水"的原则,开工建设了宁夏中南部城乡安全饮水工程。该工程包括河口水厂扩建一期、二期工程

泾河水引入原州区中庄水库后转送西吉

和连通及配水等工程。工程从固原市原州区贺家湾水库及中庄水库取水,输水管道铺设至西吉县河口水厂和北山水厂,再从河口和北山水厂铺设连通及配水管道给全县19个乡(镇)供水。年规划引水总量1590万立方米,受益总人口46.28万人。一期工程为西吉县城应急供水工程,已于2013年底建成并通水,新建日处理能力1.5万立方米的河口水厂1座,年引水350万立方米;二期工程设计年引水1240万立方米,新建中庄水库首级泵站,扩建南套子梁加压泵站和河口水厂,在河口水厂北山梁新建6万立方米开敞式备用蓄水池1座,使水处理能力达到4.5万立方米。二期工程于2016年年底全部建成,2016年12月29日进行了试(通)水。

因资金不足,前两个阶段仅建设了水源和干支管道等主体工程。至2015年底,西吉县农村自来水普及率不到40%,距县城近的部分乡镇,农村安全饮水工程建成年代早、管网老化失修,安全饮水得不到保障,供水"最后一公里"问题未解决。

3. 第三阶段(2016—2020年),农村安全饮水巩固提升工程

农村安全饮水巩固提升工程阶段。2016—2020年,西吉县结合年度整村推进脱贫计划,累计投资33940万元。

2014—2018年,先后启动实施多批次脱贫销号村的农村安全饮水巩固提升工程,西吉县西北部人饮泵站提升改造工程,西吉县西北部片区配水工程,村级水量智能计量收费管理系统工程等。

2019年,西吉县田坪等乡镇镇区农村安全饮水巩固提升工程。

2020年,西吉县城巩固提升工程,西吉县沙沟、白崖、偏城乡供水水源等11个工程。

宁夏通过饮水安全工程,使中南部城乡人民逐步喝上了安全水、健康水。截至2020年底,西吉全县农村通自来水总人口30.8万人(7.19万户),集中供水率达到99%,自来水普及率95%,供水保证率90%,水质达标率100%。

人饮蓄水池实时监控

三、水润百姓心,脱贫颂党恩

西吉县的贫困首先在于资源性缺水。山大沟深,十年九旱,年平均降

第九章 饮水思源感恩党

清清的葫芦河

水量仅为420毫米,无境外水可调节利用。其次在于水质性缺水。

长期以来,农村群众靠"人担畜驮"饮用河沟咸水,水烧开了沏茶还是浑浊的。老百姓为吃水浪费了大量的人力和财力,受尽了千辛万苦。民以食为天,食以水为先。饮水状况成为衡量农村人家贫富的一项硬指标。

可以说,没有哪一个地方对水的渴望如西吉人民这般迫切。

党的十八大以来,以习近平同志为核心的党中央,把脱贫攻坚摆在治国理政的突出位置。国家加大脱贫攻坚力度,精准扶贫的政策和各项饮水工程,犹如春风细雨滋润着西吉大地。西吉县政府把保障农村安全饮水作为改善民生、决胜脱贫攻坚的重中之重,聚焦项目资金落实,补齐农村安全饮水工程短板。先后开工建设宁夏中南部城乡安全饮水工程、农村安全饮水巩固提升等。从根本上解决了西吉人民缺水问题。从此,西吉县资源性缺水和水质性缺水的问题得到了彻底解决,为西吉县全面建成小康社会奠定了坚实基础。

而今,西吉"同水源,同管网,同水价"的供水模式和城乡"一体化"的管理机制,使家家户户用上了干净、便捷的自来水。洋溢着信息时代气息

的"互联网+人饮"智能交费系统也"飞入寻常百姓家"。

历经40年沧桑巨变,从不得不饮用"苦咸水"和"望天水"到饮用便捷甘甜、清澈的自来水,西吉人民终于实现了从"吃水难"到"吃上水"再到"吃好水"的历史性跨越。

今日的西吉林深草长,牲畜养殖围栏,瓜果飘香,农家笑语言欢,蔬菜畦田,市民日用周全,土豆丰产,外销粤桂滇川。

吃水不忘挖井人,党的恩情似海深。水润百姓心,脱贫颂党恩。

第十章　扶贫工程暖山乡

1978年,党的第十一届三中全会胜利召开,做出了实行改革开放的新决策,启动了农村经济体制改革的新进程,标志着我国进入了以经济建设为重心的社会主义现代化建设时期。

1983年3月2日,邓小平与中央几位负责同志谈话时说:"到本世纪末实现翻两番,要有全盘的更具体的规划,各个省、自治区、直辖市也都要有自己的具体规划,做到心中有数。落后的地区,如宁夏、青海、甘肃如何搞法,也要做到心中有数。"[1]

乘着改革开放的春风,西海固人民在各级党委、政府的组织带领下实施了"三西"农业建设、"八七"扶贫攻坚、退耕还林还草、生态移民搬迁和西部大开发等一系列伟大工程,实施开发式扶贫,谱写了六盘山区各项事业蓬勃发展的壮丽篇章。

改革开放以来,西吉县扶贫开发历经"三西"农业建设、"双百"扶贫攻坚、"千村"扶贫整村推进、"百万"贫困人口扶贫攻坚战略、精准扶贫精准脱贫五个阶段。实现了从输血式、救济式扶贫向造血式开发式扶贫的转变。

---

[1]邓小平《邓小平文选》第三卷,人民出版社1993年版,第24页。

第三编 党中央情系老区

第一节 "三西"农业建设(1983—1993年)

1982年,中央决定实施"三西"(宁夏西海固和甘肃省河西、定西)扶贫开发计划,首开中国乃至全世界有组织、有计划,大规模开发式扶贫的先河。提出"三年停止破坏,五年解决温饱,十年二十年改变面貌"的"三西"农业建设目标,以及"有水路走水路,无水路走旱路,水旱路都不通另寻出路"的"三西"农业建设的方针。

同年12月,党中央、国务院决定成立"三西"地区农业建设领导小组。从1983年到1993年,由中央财政每年拨出2亿元(其中西海固3400万元)专项资金为主,以社会救济、以工代赈项目,温饱工程、吊庄移民为重点,通过十年艰苦奋斗,有效解决了西海固贫困群众"食不果腹,衣不蔽体"的极端贫困问题。

"三西"农业基础建设,使西海固成为我国扶贫开发主战场之一。

1982年,西吉遭遇大旱,农民人均纯收入126元,70%以上农户不能维持温饱,人缺粮,畜缺草,人畜饮水十分困难,人口大量外流,再一次引起了党中央、国务院的高度重视。国家计委、经委专门研究"三西"地区建设方针,制订方案,进行科学规划,采取以工代赈办法,救济与长远建设相结合。

"三西"农业建设的实施。国家先后拨给西吉支援不发达地区发展资金2375.20万元,穷困低产县投资3429.30万元,"三西"农业建设专项补助资金2605.95万元,县自筹支农资金1110.87万元。4项资金共计9521.32万元。1992年9月12日,国务院贫困地区经济开发领导小组向国务院提交了《关于延续"三西"地区农业建设项目的报告》,国务院同意"三西"农业建设资金延长投放10年,即1993年至2002年。按照国务院的批示,从1993年又开始实施后10年的"三西"农业综合建设。10年共投放6939.5万元,共完成种草50434公顷、造林47632公顷,发展移动小高抽和小扬水169处,打机井108眼、蓄水窖11200眼,在地下埋设低压输水管道142.5公里,发展灌溉面积360公顷,解决6.8万人、2.3万头大家畜和4.43万只羊的饮水困难问题;在6度至20度坡耕地上修筑水平梯田41833公顷;完成移民安置3500多户2万多人;在种、养、加工业方面,建设优质高产马铃薯基地4542公顷,建设脱毒种薯基地639公顷,推广种植油纤两用型亚麻1250公顷,种植果木经济林2331公顷,共发展肉牛基地2处,引进和发展奶牛310头,养殖肉牛2860头,发展商品羊21250只、肉猪6600头,养蜂300余箱,圈舍改造448座,投资完成粉丝厂1家,组建乡级建筑工程队7家、亚麻厂1家、乳品厂1家、机砖厂3家、卫生香厂2家,还有化工厂、瓦厂、白灰厂、铁木器加工厂、食品厂、酵母厂、青砖厂各1家,粉条加工、粮油加工厂共10家;在智力投资方面,累计完成各种技术推广137项,建立田间示范户112户,农户培训10万户次,农村妇女手工艺培训115户,扩大劳务就业和提高生产经营水平的各种技能培训14.5万人次,组织乡村干部定期培训和到经济发达地区考察1837人次。事实上"三西"资金一直延至2013年,西吉县"三西"资金总投入17142.03万元。

第二节 "双百"扶贫攻坚(1994—2000年)

"双百"扶贫攻坚,指的是宁夏要用7年时间解决100个贫困乡(镇)、100多万贫困人口的温饱问题。

为了进一步解决农村贫困问题,缩小东西部地区差距,实现共同富裕的目标,国务院决定,从1994年到2000年集中人力、物力、财力,动员社会各界力量,力争用7年左右的时间,基本解决全国农村8000万贫困人口的温饱问题。国务院于1994年制订下发《国家八七扶贫计划》。

《国家八七扶贫攻坚计划》，再次将西海固地区纳入国家重点扶持贫困县范围，进行重点扶持。1994年10月，自治区党委、政府制订了《宁夏"双百"扶贫攻坚计划》，决定从1994年至2000年，集中人力、物力、财力，动员全社会力量，在西海固地区对近100个贫困乡（镇）、100多万农村贫困人口实施有计划、有组织和大规模的扶贫攻坚。

1996年10月，为了完成《国家八七扶贫攻坚计划》，实现到20世纪末基本解决农村贫困人口温饱问题的战略目标，党中央下发《中共中央、国务院关于尽快解决农村贫困人口温饱问题的决定》，提出今后五年扶贫开发工作的要求和实现《国家八七扶贫攻坚计划》、打好扶贫攻坚战的主要措施，组织沿海发达省、直辖市对口帮扶西部贫困省、自治区。福建省对口帮扶宁夏，拉开闽宁协作的序幕。

"双百"扶贫攻坚，国家累计向西吉投入各类扶贫资金3.11亿元，组织实施了基本农田建设，世界粮食计划署援助项目"4071"工程，村村通公路、通电话、通电视、通水"四通"工程，高产、高效、优质"两高一优"农业基地建设工程，经果林基地建设工程，肉牛扶贫开发工程，黄牛改良、细毛羊和绒山羊改良畜牧"两改"扶贫工程以及区域性支柱产业开发等扶贫工程。2000年，西吉县农民人均纯收入由1985年的166.19元提高到901.61元，人均占有粮食由273公斤提高到358公斤，贫困面由69.9%下降到13.9%，全县实现整体基本解决温饱的目标。

西吉农田建设主要采取坡地打埂、平田整地、打坝拦洪，保

给水团官兵在吉强镇夏寨打出第一眼机井

持水土流失,改善农业条件。利用"东方红"推土机在马建乡黄家二岔流域进行机修农田试点,开创西吉乃至整个黄土高原机修农田的先例。农田建设经历了示范推广、改革完善、高质量、大规模综合治理和高规格、标准化、科学化发展等几个阶段,到2010年西吉累计完成高标准基本农田10.3万公顷。

一、产业扶贫

经多年培育和发展,西吉马铃薯种植面积达到80万公顷,占全县粮播面积的72.8%和秋粮面积的91%,农民户均种植马铃薯1公顷,人均2.63亩,总产达166万吨,实现产业产值近6亿元。马铃薯人均纯收入657元,占农民人均纯收入近1/3。马铃薯产业成为西吉农民增收的主导产业,西吉马铃薯种植跃居全国第一大县。

二、劳务产业

西吉县是一个农业大县,每年约有12万的富余劳动力,劳务输出是增加贫困户经济收入的主要措施。1988年4月,第一批建筑工人40名输往山东青岛。西吉县委、政府把劳务输出、移民开发、县域经济当作脱贫致富的"铁杆庄稼"。党中央、国务院倡导国家企业、事业单位结对包扶国定贫困县。中国建筑总公司第三、第四工程局成为西吉对口帮扶单位,在帮扶措施上吸纳西吉贫困山区剩余劳动力。1991—1998年,招收西吉籍农民合同工968人,合同工每人每年创收1万元以上。1996年,如期实现"八七"扶贫攻坚的目标。国家又做出了东南沿海发达地区定点帮扶中西部贫困地区决策部署,福建对口帮扶宁夏,福建莆田市对口帮扶宁夏西吉。

三、东西合作

西吉与莆田市新威集团、鞋模厂、针织厂、电子有限公司、鞋厂等数十家工厂建立劳务协作关系，累计聘用西吉青年男女劳务工2862名。仅新威集团就业1800多名女工，年创收入1700万元，其中80多名女工竞聘到管理岗位上。对口帮扶推动了西吉劳务输出发展。2000年实施"劳务产业化，产业品牌化，经营市场化，管理规范化，基地网络化，培训技能化"的发展思路，强化培训、输出、管理3个关键环节，培育32个劳务中介组织，1238名劳务经纪人，建立295个劳务基地，每年输出10余万劳务大军，劳务人员月收入800元。

四、草畜产业

草畜产业是农民增产增收的主要来源，对促进农村经济发展和增强县域经济整体实力具有十分重要的作用。截至2000年底，西吉全县牛存栏9.67万头，羊存栏29.3万只，生猪存栏4.6万头，肉类总产量达到1.4万吨，实现牧业总产值2.65亿元，农民人均草畜产业纯收入达到220元。

五、解决温饱

1996年，第一次中央扶贫开发工作会议在北京召开，中共中央总书记江泽民指出："今后五年扶贫任务不管多么艰巨，时间多么紧迫，也要下决心打赢这场攻坚战，啃下这块硬骨头。到本世纪末基本解决贫困人口温饱问题的目标绝不能动摇。"1996年是中国扶贫的关键年。1996年10月23日，中共中央、国务院做出《关于尽快解决农村贫困人口温饱问题的决定》，西吉贯彻执行中共中央国务院和自治区决定，把贫困乡、村作为扶贫攻坚的主战场，把贫困户作为扶持的对象，项目覆盖到户。

第三节　千村扶贫整村推进（2001—2010年）

21世纪，国家实施了第一个十年《中国农村扶贫开发纲要（2001—2010）》。宁夏组织开展了千村扶贫整村推进工程，对1026个行政村和128.6万贫困人口进行有计划、有步骤地重点扶持。

从1994年开始实施《国家八七扶贫攻坚计划》，从2001年起实施《中国农村扶贫开发纲要（2001—2010年）》，宁夏回族自治区制订了《宁夏农村开发规划（2001—2010年）》《宁夏回族自治区千村扶贫开发工程实施意见》和固原地区制定了《固原地区千村扶贫开发实施方案》，根据中央、区、地区的纲要规划和方案，西吉制订了《实施千村扶贫整村推进计划》。

一、整村推进

西吉从2005年至2010年，分3批对160个贫困村进行整村推进扶贫开发。其中，第一批2005年至2006年实施41个，第二批2007年至2008年实施59个，第三批2009年至2010年实施60个。2011年启动实施新一轮110个村整村推进扶贫开发。西吉在实施整村推进村扶贫开发中，围绕培育重点村脱贫致富的主导产业，增加信贷资金投放。累计向第一轮160个整村推进重点村整合投入各类资金2.7亿元（其中，第一批7753.6万元，第二批7713.3万元，第三批11550.5万元），向新一轮110个整村推进重点村整合投入各类资金3.5亿元。

二、百村扶贫开发工程

根据《宁夏农村扶贫开发规划（2001—2010年）》和《固原市千村扶贫开发工程实施意见》要求，西吉县启动"百村扶贫开发工程"。实施"百村

万户"养殖工程,建立了一批标准化养殖示范园区,使每个园区参与农户达20户。采取暖棚养殖、秸秆"三贮一化"等新技术,加大品种改良和优良品种引进力度。入户项目主要以肉羊、肉牛、鸡、良种猪、獭兔等特种养殖为主。二、三产业方面,创造条件,扶持引导农村二、三产业发展,搞活农产品流通。入户项目以农副产品加工、餐饮、运输、屠宰、小商品经营、流通等行业为主。同时,发展各种类型的农民专业协会、专业合作社,壮大农村经纪人队伍。劳务输出方面,积极组织向外输出劳务,对所确定的帮扶农户,每年每户至少输出1人,并使劳务输出逐步从体力型向智力型、技能型转变,由临时型向固定型转变。2001年至2010年,西吉县81个重点村共计投入各种项目资金12341.2万元,人均投资1146元。其中,投入中央财政扶贫资金1810.05万元,以工代赈资金6487.88万元,"三西"农业建设资金1437.2万元,闽宁协作资金1269.46万元,贴息贷款87.1万元,行业投资46.5万元,定点帮扶1203.1万元。

三、加强基础设施建设

在160个整村推进村机修农田0.6万公顷,新打井窖563眼、塘坝11处、小型人畜饮水工程13处、泉水改造38眼、集雨场609处,累计解决了12万人、14.9万头牲畜的饮水问题。

加强贫困村教育基础设施建设,认真落实"两免一补"政策,全力实施九年义务教育工程;加强村级卫生服务体系建设,农村新型合作医疗工程;加大科技扶贫力度,先后培训农民17.73万人/次,使贫困村农户户均掌握1~2门实用技术;大力实施文化扶贫,在贫困村建设村级文化室,实施电视入户扶贫工程;每年由组织、扶贫部门和包扶单位为贫困村征订一份《共产党人》《宁夏日报》《固原日报》,让他们及时了解党在农村的各项方针、政策,提高贫困群众的文化素质。

四、特色蔬菜产业

2006年以来,西吉把特色蔬菜种植作为调整农业结构的主要举措,以芹菜为主的特色蔬菜作为地方性特色产业进行培育,扶持壮大,合理布局,着力推进葫芦河川道区百公里特色蔬菜产业带建设。2007年通过结合设施农业建设,并按照"建园区,扩规模,创品牌,增效益"的发展思路,政府强化引导,加大扶持力度,以芹菜、胡萝卜为主的特色蔬菜产业发展迅速,逐渐实现了以市场为导向的规模化经营,形成了葫芦河川道区百公里特色蔬菜产业带,成为全国以县域为单位最大的芹菜种植基地和国内夏季"北菜南下"的主要蔬菜供应基地。2013年,西吉完成特色蔬菜种植0.8万公顷,示范展示芹菜新优品种1.3公顷,重点推广"法国皇后""加州王""文图拉""圣地亚哥""魁冠加州王"5个新优品种,成功试种蒜苗—芹菜复种模式栽培4公顷,建设旱坡地芹菜、胡萝卜节水灌溉试验示范基地17公顷。生产的特色蔬菜主要销往陕西、河南、湖南、湖北、安徽、浙江、四川等22个省(市)的50个大中型外销市场。特色蔬菜总产66.4万吨,总产值达12.37亿元,农民人均特色蔬菜产业纯收入1614元。通过举办"宁夏·西吉芹菜节",提升"西吉芹菜"在区内外市场竞争力。

五、旱作节水农业技术推广

2007年以来,西吉按照《中部干旱带及南部山区覆膜保墒集雨补灌旱作节水农业发展规划》目标要求,坚持"统一规划,因地制宜,突出重点,整体推进"的原则,开始发展旱作节水农业,并紧紧围绕主导产业和特色种植,大面积推广以全膜覆盖、集雨沟播、节水补灌等技术为主的旱作节水农业新技术。覆膜面积,2007—2013年,由0.07万公顷发展到3.3万公顷;覆膜马铃薯平均亩产2080公斤,比大田平均亩产增产420公斤,增

第三编 党中央情系老区

幅25.3%，覆膜玉米、小麦、谷子等作物增产幅度为20%~50%，形成以西部黄土丘陵区为主的百万亩覆膜保墒旱作农业示范基地，为粮食稳定增产夯实了基础。

2010年，西吉完成地区生产总值24.8亿元，为规划预期目标的1.3倍，是"十五"末的2.4倍，年均增长11.6%，人均地区生产总值达到4921元。五年累计完成全社会固定资产投资62.8亿元，是"十五"时期的2.9倍。社会消费品零售总额7.8亿元，为规划预期目标的1.3倍，是"十五"末的2.2倍，年均增长17.2%。完成地方财政一般预算收入4460万元，为规划预期目标的1.5倍，是"十五"末的2.5倍，年均增长19.8%。地区生产总值、全社会固定资产投资、社会消费品零售总额和地方财政一般预算收入均实现了"翻番"。

围绕优势资源开发和主导产业发展，先后引进了佳立公司、宁夏华林、华电宁夏分公司等一批企业来西吉投资开发。新建单家集清真牛羊产业3万头肉牛屠宰加工、震湖酒业400吨原酒生产加工、晨林粉业1万吨豌豆淀粉生产加工等一批重点项目，完成佳立公司1万吨全粉生产线改扩建及福宁广业等15家5000吨以上马铃薯精淀粉生产线，拉动工业经济持续发展。

"十一五"以来新增商品住房近万平方米，城镇居民人均住房面积达到24平方米，比"十五"末增加13.8平方米。建成了火石寨国家地质公园、森林公园展览馆、将台堡红军长征纪念园等重点工程，火石寨被自治区旅游局授予"国家3A级旅游景区"，景区知名度不断提升。"十一五"以来全县共接待游客130万人次，带动了餐饮住宿业的发展。

五年中，西吉完成高标准旱作基本农田1.85万公顷，旱作基本农田面积达到5.5万公顷；建成马建土窝子等13处农村饮水安全工程，解决了15.7万人的饮水困难；建成谢寨、铁家窑等13座小型水库除险加固工程，建成什字、马莲等灌区节水改造工程，全县治理水土流失面积85.7平方公里。改(扩)建沙沟至小坡等三级沥青公路3条40.9公里;新(改)建田坪至震湖等四级乡道油路7条157千米,新建村村通油路48条515.7公里;新建四级沙砾路49条546.3公里。2010年,全县公路通车总里程达到1903公里,其中等级公路1790公里。完成将台35千伏送变电工程改造提升,新建、改扩建10千伏线路62.5公里,完成吉强、新营等四乡(镇)10千伏以下低压线路改造及进户线整治工程281公里。先后改造开通秀山路等道路20余条,县城道路总长达到55公里。形成"七横十八纵"的路网布局。完成北山公园绿化景点建设,实施葫芦河县城过境段生态环境综合整治5.38公里,新建迎宾、体育等休闲娱乐广场9.3万平方米,实施县城供水二期、民族地区供水管网改造及固西引水工程,县城自来水普及率达93%。

"两基"工作顺利通过国家评估验收。全县适龄儿童、少年入学率达到100%和98.2%,15、17周岁人口完成率分别达到99.9%和89.4%。争取实施"中小学校舍安全工程"等重点工程,累计新建、迁建、改(扩)建西吉中学等中小学315所,教育教学条件明显善。全县中职教育在校学生达到8351人,职业教育加快发展。新建县计生站,新建或改(扩)建兴隆、将台等19个乡(镇)计生站,扎实推进"少生快富"工程,"十一五"以来,累计置环5.18万例、结扎1.18万例,实施少生快富工程4756例。2010年,全县人口自然增长率为13.2‰,较"十五"末下降了2.9个千分点。引进推广优质马铃薯高产栽培等新技术69项,在全县建立农业科技示范点48个、科技扶贫示范点5个,科技进步对农业发展的带动作用明显增强。新建县文化艺术中心,改(扩)建什字、王民等六乡(镇)文化站,全县8套电视节目覆盖率达到57%,县、乡、村三级文化信息资源共享网络初步形成。县医院迁建工程加紧施工,中医院门诊综合楼建成投入使用,新建、改(扩)建乡镇卫生院25所,公共医疗卫生服务体系不断完善。

第四节 "2605"造林种草工程

20世纪80年代初,西吉由于生态破坏持续恶化,土地贫瘠,水土流失严重,十年九旱,大部分农民温饱问题还未解决。

中央领导多次深入西海固地区考察,分析情况,制定发展战略,提出了"种草种树,发展畜牧,改造河山,治穷致富"的建设方针,并从沿海各省调派大批干部和科技人员"对口支援"。

为了加速造林步伐,建设生态屏障,1980年8月,林业部三北林业局提出西吉县防护林工程项目。由农牧渔部牵头,林业部申请,中国政府同世界粮食计划署协商,1981年10月29日,罗马第十二届会议联合国粮食援助政策及计划委员会批准同意。1982年3月9日,中外双方在《中外行动计划书》上签字,正式生效,称中国"2605"工程。

联合国粮农组织在西吉考察"2605"工程实施情况

1982年联合国世界粮农组织官员考察"西吉'2605'荒山造林种草"项目。"2605"工程于1982年4月1日起实施。按照《行动计划书》规定,1982—1986年5年内西吉县共完成造林种草8.85万公顷,其中造林4.3万公顷,种草4.55万公顷。

工程《行动计划书》规定,1982—1986年,世界粮食计划署为项目无偿援助小麦98211吨(总价值2283.8万

世界粮食计划署在西吉考察

美元），每亩造林种草的退耕地3年得补偿援粮100公斤。

1982—1983年，世界粮食计划署为工程项目无偿援助椰枣432吨，西吉县分3批接收423.25吨。1984年，世界粮食计划署为工程项目无偿援助牛肉罐头60吨、牛肉干5吨、干面条200吨。在各级政府的支持和联合国的粮食计划署的援助下，截至1985年9月，西吉县仅用4年时间造林种草10.4万公顷，超额完成工程总任务的117.5%。

这是西吉80年代人们真实生活的写照，更是西吉人民感谢党恩的心声。

1983年，党中央、国务院决定，将宁夏的西海固与甘肃的定西、河西3个全国最贫困、最干旱的地区列入国家重点扶贫攻坚计划，连续十年每年拨专款2亿元进行扶贫开发，其中西海固地区每年划拨3400万元。

1984年，联合国世界粮食计划署官员在西吉考察评价林草建设项目。此后，西吉县还实施了三北防护林工程、水源涵养林工程、退耕还林工程、天然林保护工程等一系列生态造林工程，森林覆盖率达到15%。

1991年开始的连续五年特大干旱，使西海固各族群众的生产、生活环境变得十分恶劣。中央领导得知这一情况后十分焦急，李鹏、李瑞环、吴邦国、姜春云等领导同志都对西海固的抗旱救灾工作做了具体指示，专门派出工作组奔赴宁夏指导工作，并给西海固拨出大批救灾物资。

1991年6月，在宁夏考察工作的江泽民专门来到隆湖移民吊庄基地，实地考察了西海固人在新家园中的生产生活状况。当他了解到移居到这里的1.3万名特困农民已经稳定脱贫并且人均收入甚至超过当地平均水平时，深感欣慰。江泽民充分肯定了宁夏移民扶贫开发的成绩，并称赞隆湖移民基地的成功建设是"扶贫的一个壮举"。

1994年，国家又决定将"三西"扶贫攻坚计划延长10年。

从1983年到1998年10多年间，中央给西海固地区拨出了大量的各类扶贫资金，并给西海固地区提供了大量贷款。西海固各族人民利用这些

资金打井挖窖、种草植树、改坡造田、兴修水利、造桥铺路、吊庄移民,改善了当地的生态环境和农业生产条件。

1994年,经过全国政协赴宁夏专家考察小组的调查,并与自治区党委、政府反复研究,一个称为"1236"工程的宁夏扶贫扬黄灌溉工程被描绘了出来:移民100万人,兴建灌区200万亩,投资30多亿元,6年内完成。在李瑞环的支持下,全国政协向党中央、国务院提交了《关于在宁夏回族自治区建设扬黄扶贫灌区作为大柳树第一期工程的建议案》。

1995年5月,胡锦涛来到西海固旱情最严重的同心县窑山乡考察,他吩咐宁夏同志,要进一步解决好西海固的扶贫和长远发展问题,力求使山区群众的生产条件和生活状况有一个明显改善。

1998年9月16日,党中央、国务院十分关心的"引黄工程"在宁夏各族干部群众的努力下,一期工程实现了试通水,滔滔黄河水被提升了170米,灌入西海固27万亩荒原。

在党和政府的亲切关怀下,西吉人民经历了政策性扶贫、开发式扶贫,在得到国家重大项目的不断支持下,逐步改变了西吉人民以往"吃粮靠供应,穿衣靠救济"的基本生存条件,初步解决了大多数农村群众的温饱问题。

第十一章　桃源新居山花香

党的十一届三中全会以来,党中央和国务院从各个方面给予西吉最大的优惠和照顾,在各级政府的领导下,西吉人民发扬自力更生、艰苦创业、顽强拼搏的精神,抗御各种自然灾害,建设家乡,奋力改变贫困落后面貌,经济建设得到长足发展。

特别从党的十八大以来,贯彻落实了党中央制定的一系列方针政策,西吉城乡人居环境呈现出桃源新居山花香的可喜变化。

第一节　资金救助惠民生

1979年开始,自治区与西吉县为争取"三西"扶贫项目,地方配套发展资金2375.20万元,配套穷困低产县投资3429.95万元,配套"三西"农业建设专项补助资金2605.95万元,县配套支农资金1110.87万元。1992年"三西"项目通过验收。4项资金共计9521.32万元。历年共支出9502.26万元,其中,用于林业1217.35万元,农业880.09万元,畜牧业1372.07万元,农电线路936.66万元,水利水保1533.92万元,乡镇企业665.90万元,修建援粮仓库40万元,扶贫53.20万元,文化教育310.40万元,卫生53.50万元,农机20万元,地方道路45万元,修建冷库123万元,二轻工业29.40万元,修建民贸网点43.80万元，广播线路34.00万元，山区群众建房29万元，电话线路35万元，防护林工程1353万元，吊庄搬迁补助32.10万元，110千伏变电工程124万元，城乡建设4.10万元，智力投资144.30万元，农建"三田"补助381.90万元，防雹费5万元，计划生育培训费4万元，村干部补助11万元，其他支出20.57万元。扶贫资金的投入使用，加快了本县脱贫致富的步伐。

第二节　多措并举暖人心

1983年，对西吉县无房无窑居住户进行一次普查。1984年，发放扶贫款47.5万元，为住宅困难的2215户11287人建房1013间。1985年，投放扶贫款17.00万元，为无畜户救济耕牛567头，人力架子车25辆，扶持联办厂3家。1986—1999年，给5.96万户（次）贫困户共投放扶贫资金1731.82万元。至1990年底，西吉县贫困面由原来的75%下降到15%.81%，贫困户基本解决温饱。

1988年，西吉县人民政府把工作重点由试验研究向推广和开发经营转移，由区域治理向开发商品生产门路转移，为发展区域经济和规模经济提供经验。西吉县黄家二岔人均产粮400公斤，人均收入500元；大坪村人均产粮400公斤，人均收入400元。

1994年6月，建成西吉县粉丝厂，总投资923万元，年设计加工豌豆4050吨，生产粉丝1500吨，粗蛋白850吨，年创产值1200万元，利税200多万元，有职工185人。成为西吉县三大支柱产业开发的龙头支柱企业。

1995年，中建三局对口支援西吉开展扶贫工作。自1991年对口帮扶西吉以来，累计招收农民合同制工人550名，使550个家庭已经或者正在逐步摆脱贫困。将加工的洋芋淀粉、粉条、豌豆粉丝、荞麦方便面等产品打入国内、国际市场,并逐步拓展。帮助西吉在武汉设立"窗口",寻求商贸合作的伙伴,拓宽商贸合作的范围和领域创造条件。确定在国道兰宜公路沿途的团结村新建一所希望小学。

第三节　灾情频繁　扶贫不减

由于1995年西吉遭受历史上百年不遇特大旱、涝灾害,夏粮基本绝产,秋粮收成无望,给群众的生产、生活及其他各项工作带来了极大的困难。西吉县有6万户32.5万270多人经常在外讨饭,209户1080人全家出走逃荒。到年底,西吉县缺粮户高达6.4万户34.6万人,占总人口的85%。同时,严重的旱、涝灾害使林业、畜牧、人畜饮水、教育(中小学生辍学)、工业及乡镇企业遭受严重损失。

1996年3月27日,宁夏军区给水团实施的"百井扶贫"工程——西吉县首眼机井开钻仪式在夏寨乡夏寨村举行。当年8月19日,宁夏军区"百井扶贫事迹报告团"到西吉举行先进事迹报告会。

1997年,宁夏扶贫开发办下达西海固地区扶贫协作发展基金项目计划,西吉"闽宁村"建设投资230万元。

1998年,西吉县人民政府投资扶持资金项目。种植示范玉麦套种、薯豆套种、种子包衣。发放人(畜)力覆膜机200台、人力小麦穴播机30台,引进洋芋种植机500套;研制与生产太阳灶300台;对莜麦、荞麦产前、产中、产后服务形成一个完整的体系,为荞麦方便面的生产提供充足的物质基础,以甘蓝和大白菜为主,帮助农民尽快脱贫致富。1998年,第二轮土地承包续签合同,土地利用总体规划的编制和实施、基本农田保护划定,将坡地改为水平梯田,控制水土流失,提高粮食单产,解决群众温饱。在节水灌溉示范点,配套开发党家岔塘堰4000亩,养鸭养鱼,扶持村组发展经

济;充分利用地膜玉米的有利条件生产玉米淀粉等;解决贫困片区小学危房改造。

1998年,西吉县人民政府发放扶贫专项贷款2000余万元,贷款余额1.8亿元,给西吉县农业和农村经济发展及农民增收,解决贫困人口温饱提供了强有力的支持。

1999年,西吉县人民政府贯彻中国残联《农村残疾人扶贫开发(1998—2000年)实施办法》的意见。本着"扶真贫""真扶贫"的精神,全心全意为残疾人谋福利的原则,彻底改善西吉县残疾人的生活境地,让其真实地感受到社会主义大家庭的温暖。到2000年底,使西吉县6020名贫困残疾人同西吉县人民同步解决温饱。

1999年,西吉县人民政府号召西吉县狠抓"三防"(防风、防雹和防病虫害)确保农业丰收。狠抓劳务输出,增加农民收入。重点加强与福建莆田各大中型企业的联系,有计划、有组织地输出1000~2000名男工。狠抓种草养畜,提高畜牧业在农民收入中的比重。全面实现贫困户户均饲养2头大家畜、5只羊(汉民区养3头猪)和10只鸡的目标。狠抓运输、商贸流通等第三产业、积极发展多种经营。鼓励部分有一技之长的贫困户,充分利用农闲季节,积极参与基础设施项目建设,进入商贸流通领域,从事餐饮服务等第三产业。动员更多的贫困户进入"三粉"加工行列。狠抓移民搬迁,减轻本地解决温饱压力。西吉县共计解决6500户贫困户的温饱问题。其中,向红寺堡移民搬迁1300户,占贫困户总数的20%。同时,通过红寺堡"光彩新村"甘城子灌区水利设施改造等工程建设任务,动员移民发展经果林,家庭养殖和菌草种植。1999年,完成高标准基本农田10万亩。自治区人民政府切块到西吉县以工代赈、财政资金、"三西"资金、扶贫专项贷款各类扶贫资金达6000万元。

第四节　一方有难　八方支援

包村扶贫,扶贫到户。自治区、银川市、地区、永宁县和西吉县下派的117个包村扶贫工作队是打好扶贫攻坚战的一支重要力量。力求做到"资金、项目、效益、服务、监测"五到户。狠抓"四大扶贫"工程实施,改善扶贫基础条件。60条村道建设任务于1999年10月底全部完成;村村通电工程,完成150个自然村通电,实现西吉县80%的行政村通电话;建设地面卫星接收站、发展农村有线电视、安装小型卫星地面接收网络和调频广播等各种有效方式,尽快解决贫困户收听收看广播电视难的问题,实现村村通广播电视。西吉县人民政府始终坚持"六结合"的目标来解决温饱问题,即坚持救济扶贫与开发扶贫相结合,坚持扶贫攻坚与基层组织建设相结合,坚持异地开发扶贫与就地开发扶贫相结合,坚持扶贫开发与计划生育相结合,坚持劳务开发扶贫和结对帮扶相结合,坚持"治穷"与"治愚"相结合。

2002年7月5日,上海长征医院第二批医疗队帮扶队抵达西吉。

2002年,宁夏回族自治区计委根据自治区人民政府扶贫意见,对宁夏南部贫困地区实施系列扶贫工程和措施:一是农村人畜饮水解困工程(生命工程)。用3—5年的时间,基本解决贫困地区50万人,100万头羊畜的饮水困难,共新打水窖7万眼,机井80眼,新建人畜饮水工程27处,改造30处,新建水源工程78处。二是宁南山区生态建设工程。继续实施退耕还林还草工程,完成退耕还林还草600万亩(退耕300万亩,荒山300万亩),封育500万亩;继续实施六盘山水源涵养林项目,10年新建六盘山水源涵养林100万亩,再造一个百万亩的大林区,发挥六盘山林区在南部山区的生态主体平衡作用;继续实施小流域综合治理项目、沙化土地治理项目,

完成小流域治理1万平方公里,沙化土地治理450万亩。通过10年生态建设,森林覆盖率达到20%。三是加快建设国家级六盘山旅游扶贫试验区。重点建设固原须弥山、西吉火石寨、泾源老龙潭等景区,为贫困人口增加收入和就业机会营造条件。四是农田水利建设工程。10年内完成夏寨、马莲等150座病险水库加固改造,新建水库30座。10年完成西吉葫芦河等灌区节水配套任务150万亩。五是易地移民开发工程。确保移民搬得出、稳得住,实现一年搬迁,两年巩固,三年解决温饱。六是社会事业发展工程。继续实施"国家扶贫教育工程"和"贫困地区义教"工程,5年内完成"普初",10年内完成"普九"。到2010年电话普及率达到15部/百人。

第五节　农业移民　新居舒心

1998年3月,宁夏扶贫扬黄灌溉工程开始投入建设。一期工程简称"1236工程",是1995年国家批准立项的重点建设项目,也是自治区党委、政府解决南部山区贫困人口移民问题的重大举措。至2002年,宁夏扶贫扬黄灌溉工程计划开发土地7万亩,安置移民和就地旱改水人数3.5万人。

2000年,红寺堡灌区进行土地开发与移民安置分配,西吉分配面积86670亩,移民45749人,截至2001年底,完成35099亩,移民18281人;2002年,计划当年分配面积10841亩,当年移民5828人,已分配未开发面积3495亩,续迁移民1879人;2003年以后,计划开发移民安置面积37235亩,移民19760人。红寺堡灌区2002年土地开发与移民安置分配:西吉新圈—支干9~13支,新庄集三支干12~14支,2002年计划当年分配面积10841亩,当年移民5828人,已分配未开发面积3495亩,续迁移民1879人;红寺堡灌区2003年后土地开发与移民安置分配,西吉面积37235亩,移民19889人;罗山东部面积11466亩,移民6035人;罗山西部面积25769亩,移民13854人。

2002年,宁夏回族自治区人民政府办公厅转发宁夏回族自治区扶贫办关于《10万贫困户养羊工程实施方案》(宁政办发〔2001〕152号),提出"3年内完成退耕还林还草任务""2003年5月1日前全区实行禁牧封育"的目标任务。结合《宁夏农村扶贫开发规划(2001—2010年)》提出的要求,在千村扶贫开发工程范围内,抓住退耕还林和结构调整的历史机遇,充分利用小尾寒羊高产多胎、耐粗饲、易于舍饲养殖的特点,大力发展种草养羊作为扶贫到户的重要措施,实施10万贫困户养羊工程。"10万贫困户养羊工程"实施的范围对象是,千村扶贫开发工程覆盖的集中分布于干旱风沙区、干旱半干旱黄土丘陵沟壑区和半阴湿土石山区的西吉等十县(市)、一区、148个乡镇中的1020个行政村,优先安排千村扶贫开发工程实施的第一批411个重点村。从2002年启动,用3年时间(2003—2005年),在千村扶贫开发工程覆盖范围内,扶持10万贫困户户均饲养2只以上基础母羊(除滩羊保护区外,均为小尾寒羊),3年内,基础母羊达到20万只,并配套优质种公羊、冷配、防疫等服务体系建设和圈棚、羊只水源、饲养基地建设和饲养加工设备的购置等,加快草畜转化,使种草养羊成为覆盖区脱贫致富的支柱产业,促进山区畜牧业实现由粗放经营集约经营的转变。再经过2—3年的繁育,使山区小尾寒羊基础母羊达到100万只,为山区进一步实施肉羊产业化打下坚实的基础。"10万贫困户养羊工程"实行项目管理,总体上按照"一次规划批准,分期分批实施"的原则进行,对千村扶贫开发工程的1026个贫困村有计划、有步骤地分期分批实施,逐村逐户落实,3年后实现项目目标。自治区农垦集团统一从山东省调购2万只一级基础母羊,先行在繁育中心繁育,由自治区农垦集团和有关县签订合同,2003年,按照质优价廉的原则,由自治区再在区内外统一采购4个月龄以上符合标准的基础母羊3万只,直接分配到县、乡。优先安排有草无畜、有圈无畜的农户和计划生育户。2003年,

第三编 党中央情系老区

全区第一批共扶持2.5万~3万贫困户（户均2只）。2004年，通过"一带一"方式，再辐射2.5万~3万户，即第一批扶持的2.5万~3万户，户均偿还2只4个月龄基础母羊，按实施计划投放到第二批2.5万~3万贫困户，依次类推，到2005年底，使总扶持规模累积到10万贫困户。

第六节 老区困苦 八方赈济

2003年5月，结合实施"军民共建婚育新风进山区工程"，与火石寨乡扫竹岭村和兴隆镇单北村建立军民共建计划生育点，协调宁夏军区医疗队对单北村育龄妇女和儿童进行义诊。同年9月，西吉县人民武装部开展扶贫帮困活动，共协调资金10万元，为苏堡、下堡两乡24名基干民兵及退伍军人修建羊舍24间，购买小尾寒羊72只。

2003年10月，福建省委副书记黄瑞霖率领福建省党政代表团，来宁出席闽宁对口扶贫协作第七次联席会议。重点强调，进一步促进两省区经济文化等领域的交流和合作，把闽宁对口扶贫协作推向新阶段。

2004年，对西吉县而言，是一个不平凡之年，一则普及了初等义务教育，二则葫芦河流域群众初步解决了温饱问题。

2004年8月1日，西吉县政府在集体赴新疆劳务输出人员中，建立临时民兵组织。任命民兵营、连、排长，为民兵营连挂牌、授旗，共编3个营9个连37个排765人。兰州军区副司令员邹庚任在《每日要讯》第135期上做出批示："宁夏西吉县成建制组织2500名民兵赴疆务工的做法好，既能解决贫困地区民兵致富问题，又能解决民兵集中难的问题，还能提高干部的组织领导能力和锻炼民兵队伍，可供各地人民武装部借鉴。"

在党的关怀下，2004年9月28日，天安门国旗护卫队在西吉县单家集，隆重举行了"升好祖国第一旗"仪式。使西吉革命老区人民在得到经济扶贫的同时，又受到爱国主义教育。

2004年落实2003年（第四批）易地扶贫搬迁补给。西吉县马莲水库安置区，投资合计280万元，移民专项100万元，地方配套金额180万元。主要建设内容为，调整土地1116亩（其中水浇地668亩），安置库区移民445人89户，新进住房5340平方米，教育及科技卫生设施540平方米，乡村道路194米，居民点道路3.9公里，人饮机井1眼及机电配套，供水管道2.04公里，架设输电线路1.82公里，50千伏安变压器1台。

2004年，根据宁夏回族自治区人民政府《电视入户文化扶贫工程实施方案》，各县（区）成立工程实施小组。政府和相关部门承担采购价的80%左右，受助农户承担20%左右，政府承担500元，受助农户自筹100元左右。需要扶助的农户约占40%，每村平均按200户计算，713个重点村和红寺堡开发区共需扶助6万余户。坚持扶持为主，个人适当自筹。

2005年3月，西吉县先后组织向北京、天津、内蒙古、新疆等地集中输送600余名务工人员。通过劳务输出，增加农民收入，提高生活质量。

2005年7月，上海长征医院专家到西吉县人民医院开展医疗帮扶，进一步提升革命老区人民的健康水准。

2006年，宁夏回族自治区人民政府决定实施电视入户文化扶贫工程。坚持扶持为主，个人适当自筹。电视入户文化扶贫工程采购的电视机，政府和部门承担采购价的80%左右，受助农户承担20%左右（据调查，21英寸普通彩色电视机招标采购价格600余元1台，政府承担500元，受助农户承担100元左右）。

电视入户文化扶贫工程的扶助范围为新阶段扶贫开发确定的160个整村推进重点村无电视机的贫困户。坚持瞄准贫困户，将电视入户扶贫文化工程同整村推进扶贫开发工作相结合，采取"突出重点，分批实施"的方法，按年度（2006—2008年）分3批完成。第一批（2006年）41个村3280

台电视机,其中,自治区扶贫办投放1780台,自治区党委宣传部和宁夏广电局投放1500台。第二批(2007年)59个村4720台电视机。第三批(2008年)60个村4800台电视机。

2006年,根据闽宁对口扶贫协作第十次联席会议精神,福建支援宁夏扶贫资金1800万元。

2007年4月12日,胡锦涛总书记在宁夏视察扶贫工作时,亲切接见福建对口帮扶宁夏的挂职干部,明确指示"先发展起来的地区有责任支持和帮助中西部地区的发展",东西扶贫协作挂职干部"要把东部发展的经验和做法带到西部贫困地区"。

2007年,宁夏回族自治区扶贫办计划培训贫困地区农村劳动力转移技能人员,全区扶贫系统承担贫困地区农村劳动力转移中长期技能培训任务为6000人,其中西吉县1070人。

2008年,西吉县人民政府实施扶贫小额信贷。激发建党立卡贫困户内生动力、实现脱贫致富作为创新发展扶贫小额信贷的根本任务,推动财政扶持政策与金融良性互动,充分发挥金融机构作用。加快建档立卡贫困户脱贫致富步伐,到2020年西吉县建档立卡贫困农户与西吉县人民同步全面建成小康社会。2015年6月底前全面开展符合条件的建档立卡贫困农户小额信贷工作。2015年12月底前,西吉县扶贫小额信贷规模力度达到2亿元。2016—2017年,力争保持50%以上的增长速度。2017年以后,每年力争保持20%以上的增长速度。

2008年,宁夏扶贫办根据国务院扶贫办《2008年东西扶贫协作工作指导意见》,和《全国东西扶贫协作工作会议纪要》2008年闽宁对口扶贫协作主要内容:1996年以来,紧密围绕扶贫开发重点工作安排项目并突出探索性。连片开发试点、扶贫互助资金试点、扶贫志愿者等试点。(1)逐步规范东西扶贫协作工作管理。(2)积极探索建立对口帮扶调整机制。

(3)进一步加强东西扶贫协作研究和宣传工作。党的十七大明确要求,到2020年要"基本消除绝对贫困现象",同时要"加大对革命老区、民族地区、边疆地区和贫困地区的扶持力度""逐步提高扶贫标准""提高扶贫开发水平"。

2008年,宁夏回族自治区党委统战部结合村情制订扶贫计划,深入调研西吉县白崖乡半子沟村。半子沟村辖6个村民小组,时有人口270多户1400多人,是一个纯回族聚居村。7000多亩耕地中80%以上为山地,群众生产生活困难,经济落后,是自治区确定的重点帮扶村。

该村贫困的主要原因,一是自然环境差,资源匮乏。半子沟村所处地势较高,四面环山,早晚温差大,沙石土壤居多,环境恶劣,除有限的耕地外,没有其他经济资源。加之土地资源长期超负荷承载放牧、砍伐等破坏性的利用,生态环境形势严峻,使自然资源供给始终处于恶性循环状态。二是观念陈旧,成为难以摆脱贫困的重大障碍。村民对土地依赖思想严重,缺乏开放的眼光,处在脱贫无门路、致富无思路的茫然状态中。三是农业设施基础条件差。人均耕地少,农田广种薄收,特别是近年来旱灾不断。农业生产困难重重,农户吃粮短缺,饮水用电困难且交通不便。

结合半子沟村的实际,西吉县委统战部制订了《西吉县白崖乡半子沟村帮扶工作计划》九条:抗灾自救,扶持村道建设,帮助村民解决饮水困难,帮助解决部分群众用电困难,扶持基本农田建设,帮助村小学解决课桌凳,帮助村党员活动室配置办公设施,扶持半子沟村建立信息点,举办"扶贫济困献爱心"活动。

白崖乡遭遇了几十年不遇的旱灾,夏粮绝产。西吉县委统战部给白崖乡解决救灾款3万元,扶持半子沟村村道建设10公里。半子沟村的红套组、南嘴组村民饮水长期要到远离村子的十几里地外拉水吃,通过西吉县委统战部帮扶,使70户300多名村民喝上了干净的自来水。县委统战部

协调供电局解决了红套组6户320多名村民用电困难问题;协调县政府给半子沟村安排2500亩农田建设指标,帮助每亩地补助30元,共计补助兑现农户3万元。帮助改善学校办学条件,共筹措资金2万多元,帮助村小学解决课桌凳30套、书籍2000册、学习体育用品122套。县委统战部出资1万多元为半子沟村购置了计算机、打印机、电话等上网设施。开展"扶贫济困献爱心"活动,非公企业人士和商会成员为半子沟村的扶贫点开展捐资济困。向半子沟村捐现金30万元,面粉4吨,衣物200多件。

第十二章　精准扶贫奔小康

党的十八大开启了精准扶贫奔小康的历史新纪元。

十八大以来，西吉革命老区认真学习贯彻习近平总书记关于扶贫工作的重要论述，坚持精准扶贫、精准脱贫方略，聚焦"两不愁三保障"目标标准，按照"五个一批""六个精准"要求，大力弘扬"不到长城非好汉"的革命精神，合力攻坚，誓拔穷根。

第一节　党的恩情永难忘

西吉县现辖四镇十五乡、296个行政村、8个居委会，总人口49.6万人。西吉县贫困村238个，分别占宁夏、固原市的22%和38%，建档立卡贫困人口37372户155581人，分别占宁夏、固原市的18.96%和38.64%。2014年以来，累计脱贫出列238个贫困村，减少贫困人口15.12万人。

2013年5月13日，六盘山片区扶贫攻坚省部协调推进会在宁夏固原市召开。时任国务院副总理汪洋在宁夏考察调研时强调，切实落实扶贫措施和工作责任。

2014年，西吉县人民政府审定了《西吉县2014已脱贫建档立卡贫困户村"回头看"项目建设实施方案》。

2015年，西吉县人民政府充分发挥金融机构扶贫小额信贷的作用，加快建档立卡贫困户脱贫致富步伐。

2015年，西吉县人民政府实施"十三五"易地扶贫移民搬迁。"十二五"期间，西吉县对19个乡镇的150个行政村的341个自然村，14474户7万人实行搬迁，其中县外移民10075户4.9万人（平罗县4213户2.02万人，惠农区2456户1.16万人，贺兰县3406户1.72万人）。县内移民4399户2.1万人（生态移民2923户1.36万人，劳务移民1476户0.78万人）。2015年，西吉县共完成搬迁11254户5.47万人（生态移民8761户4.27万人，劳务移民2493户1.2万人）。

西吉县"十三五"易地扶贫移民搬迁7651户32218人（其中建档立卡贫困户6781户28728。其中，县外搬迁安置2306户10179人，县内搬迁安置5345户22039人。

2016年，易地扶贫搬迁共投资3.25亿元（项目资金3.07亿元，移民自筹0.18亿元）。其中，生态移民安置点建设投资2.31亿元，小城镇建设安置及城区劳务移民投资0.94亿元。一年后解除原土地承包合同，土地归国有。

2016年，西吉县人民政府实施"十三五"易地扶贫搬迁。按照"六个精准，五个一批，四个切实"基本要求，西吉县"十三五"期间搬迁总6814户28728人。县内建设2415户9866人（其中搬迁1415户5854人）；县外搬迁1208户5274人（其中生态移民1819户7855人，劳务移民804户3273人），占总人数的39%。

2017年，完成搬迁2246户9480人，占总人数的33%。

2017年，西吉县人民政府实施易地扶贫搬迁县内就近移民搬迁。搬迁对象在2015年底未脱贫人口中筛选。建设房屋1836套，受益人数6503人。

"十三五"易地扶贫搬迁项目建设资金按人补助，人均2.4万人（其中移民自筹3000元/人），按照住房保障面积人均不低于15平方米，不高于25平方米的要求，原则上以每人20平方米为宜；大门、院落围墙每户平均50米，高2米（含基础），宽0.24米，中间间隙5米砌连接柱，厕所每户4平方米。每个就近安置点原则上不低于20户，每户征用建设用地1.2亩（含宅基地及公共设施用地）。引水到户，修建排水边沟，同时配套建设防洪设施，排水每公里投资15万元，防洪每公里投资35万元。每户配套建设1栋养殖圈棚，每吨补助1.5万元。建设规模100户以上的安置点，根据实际情况新建或扩建村级小学和幼儿园，具体参照教育行业标准执行。40户以上安置点配套太阳能路灯、小广场（800平方米）。每户配套安装1台太阳能热水器，补助1700元/台。配套架设高低压线路，设计安装10千伏变压器1台，架设10千伏供电线路（15万元/公里），供电到户380~220伏供电线路（6万元/公里）50千伏变压器1台（11万元）。配套建设硬化路3.5米宽巷道和5米宽主干道、巷道每公里投资38万元。主干道每公里投资55万元。搬迁入住前2年，每年补助水费及取暖费1000元，共计2000元。对拆除旧宅基地内房屋及附属设施、铲除硬化部分、全面清理或深埋建筑垃圾、恢复成农业用地的每户补助2000元，迁出农户旧宅基地全部归为村集体土地。就业安置点绿化每亩补助2000元。

2018年，完成1945户8120人，占总人数的28%。县内就近安置。每个安置点原则上不低于20户，人均住房标准为15平方米，每平方米1200元，移民人均自筹3000元，产权归移民所有，5年内不准出租转让。移民院落每户0.4亩，养殖区0.25亩。

移民住房建筑规模分3种模型，2~3口，家庭建30~45平方米，4~5口人建60~75平方米，6~7口人及以上，建90~105平方米规模。生态移民房屋结构为砖木架子房，上下圈梁墙体为三七墙，附构造柱。

2017年，西吉县人民政府实施《西吉县健康扶贫工程，"三个一批"行动计划实施方案》。根据患病情况,实施建档立卡贫困人口和农村低保对象、特困人员、贫困残疾人分批救治。大病集中救治方面,从确定定点医院到确定医疗方案,到确定单病种收费标准,到加强医疗质量管理,最终加强大病分类救治管理。慢性病实施签约服务管理实施建立农村贫困人口健康卡、实行家庭医生签约服务、开展健康管理重病兜底保障流程,并开展便民住院服务以提高大病保障水平。

2017年,城乡居民大病保险筹资标准由2016年的每人每年32元提高到37元,大病保险报销比例普惠性提高5个百分点。降低贫困患者大病保险报销起付线。由8400~9500元下调到3000元,对贫困患者大病保险报销比例在普惠性的基础上再提高5个百分点。并对20个患有特殊病种的贫困患者,在此基础上报销比例再提高2个百分点。

2017年,西吉县人民政府实施《西吉县农村低保制度与扶贫开发政策有效衔接实施方案》。基本原则坚持应扶尽扶、应保尽保的原则。将符合条件的农村贫困户人口分别纳入建档立卡和农村低保范围,实现农村低保制度对农村贫困人口全覆盖。坚持动态管理、分类施保的原则。坚持资源统筹、分工协作的原则。实现对农村贫困人口的全面扶持。

农村低保制度与扶贫开发重点:一是对符合农村低保条件的建档立卡贫困户,要求审核后纳入低保范围。二是对建档立卡户脱贫后又返贫的家庭,按照相应纳入临时救助、农村低保、大病救助等社会救助制度范围。三是享受高龄低收入老年人基本生活津贴、领取高额养老保险金、纳入特困供养的人员,不纳入最低生活保障。四是对基本医疗保险和大病保险支付后个人自负费用仍有困难的,加大临时救助、慈善救助等力度。五是对通过扶贫扶持实现脱贫且具有稳定产业、收入的农村低保家庭无条件退出低保范围。六是对生活困难、靠家庭供养且无法单独立户的成年无业重度残疾人,经个人或监护人申请,可单人纳入低保范围。七是对卫生部门认定的因病致贫返贫建档立卡人员,将单次住院总费用在扣除各类报销和非医保药价款后,剩余费用全额补助。八是对不在建档立卡范围内的低保家庭,考虑将其纳入产业扶贫、生态保护、教育扶贫、医疗保障、资产收益以及社会扶贫等政策支持范围。九是严格落实困难残疾人生活补贴制度和重度残疾人护理补贴制度。

2017年,西吉县人民政府决定,整合西吉县项目资金40392.71万元,用于发展农业特色优势产业项目:马铃薯产业、草畜产业、蔬菜产业、杂粮产业、万寿菊和中药材等特色种植、冬小麦免费供种、覆膜及残膜回收、社会化服务组织建设、农业机械化服务及农机深松作业、农机农艺融合示范园、农产品质量追溯体系、休闲农业示范点、农业信息服务站、农业物联网、劳动力素质提升和品牌建设等。

2018年1月28日,西吉县人民政府召开主题会议,学习新发展理念为主要内容的习近平新时代中国特色社会主义经济思想。春节前完成296个行政村"村村通电商"任务,并同步制定电商扶贫以奖代补政策,推进电商扶贫,助力脱贫攻坚。

2018年3月20日,西吉县人民政府深刻领会习近平总书记在四川成都主持召开打好精准脱贫攻坚战座谈会精神,制订西吉县贯彻落实方案。这是在全面建成小康社会,实现第一个百年奋斗目标关键时期召开的一次十分重要的会议,标志着脱贫攻坚工作向纵深发展,向深度进军。2018年完成43个贫困村销号,2.5万人脱贫。2020年全县贫困人口全部脱贫,西吉县脱贫"摘帽"。县财政安排1162250元,用于县民政局开展2018年老年人意外伤害综合保险工作。制定西吉县2018年义务教育均衡发展相关事宜,县财政安排1000万元。

县财政安排100万元兑付将台堡镇基础设施建设垃圾清运费用。

2018年3月26日,西吉县人民政府办公室(常务会议)召开牢固树立

"绿水青山就是金山银山"的理念专题会议。

2018年7月21日,西吉县人民政府传达学习了习近平总书记关于打赢脱贫攻坚战三年行动的重要批示,李克强总理关于脱贫攻坚工作的批示和《中共中央、国务院关于打赢脱贫攻坚战三年行动的指导意见》,研究了贯彻落实意见。《中共中央、国务院关于打赢脱贫攻坚战三年行动的指导意见》明确了打赢脱贫攻坚战三年行动的"时间表""路线图"和"任务书",县城集中供热燃煤锅炉脱硫脱硝防尘污染治理设施建设项目。

通过国家帮扶、社会帮扶、企业帮扶、单位帮扶等,使扶(脱)贫攻坚迈上了新台阶,步入快速发展的轨道,区域发展能力显著增强,固原市扶贫成就得到了习近平总书记的充分肯定。

一、贫困人口减少,基础设施改善

农民喝上了安全干净的自来水

启动实施城乡饮水安全、高速公路及国省道路、乡村道路构成的交通网络,极大地改善了西吉的交通条件。美丽乡村建设和整村推进项目的实施,西吉县乡村实现了水、电、路、通信村村通、住房环境全面得到改善。贫困村村容村貌和群众生产生活条件得到了极大提高。

二、公共服务水平提升

西吉教育办学水平明显改善,义务教育水平逐步提高,接受优质高等教育的机会不断增加,教育资源均等化明显加快。乡、村基本医疗卫生服务体系进一步完善,县级医院医疗水平明显提高,提前3年实现乡镇有卫生院、行政村有卫生室的目标，基本医疗保险参保率达到96%，贫困地区公共文化服务体系基本建成，户户通广播电视率98.76%，村村通有线电视入户率52%，自然村通宽带率47.8%。广泛开展群众性文化活动，极大地丰富了农民群众文化生活。

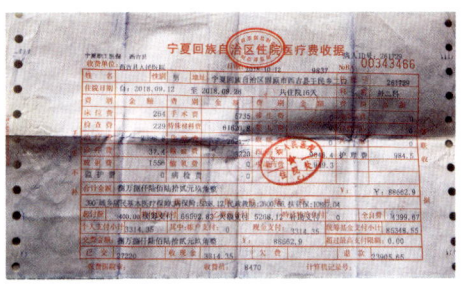

大病救助报销单

三、人民生活水平提高

农村居民人均可支配收入由2010年的3612元提高到2015年的6818元，年均增长13.55%。人均生活消费支出增长幅度提高。水源保护、林业生态工程做到保障与修复。通过退耕还林（草）、围栏封育、封山禁牧、小流域综合治理、移民迁出区生态修复等措施，建设光伏、风力发电和农村沼气等清洁能源项目，有效改善了西吉生态环境。固原市森林覆盖率达到22.2%，首次超过全国平均水平相高于全区9.69个百分点。

西吉是集革命老区、民族地区、贫困地区于一体的特殊困难地区。

从全区集中连片特困地区看，西吉县GDP、地方财政收入等主要指标依然落后，农民人均可支配收入增幅位于14个片区后列，贫困发生率高，贫困程度深，扶贫成本高，脱贫难度大，区域性整体贫困问题依然突出。

党的十八大以来，以习近平同志为核心的党中央把扶贫开发摆到治国理政的重要位置，提升到事关全面建成小康社会、实现第一个百年奋斗目标的新高度，纳入"五位一体"总体布局和"四个全面"战略布局进行决策部署。中共中央、国务院出台了坚决打赢脱贫攻坚战的决定，向全党、全社会发出了脱贫攻坚令，特别是"银川会议"再次发出了打赢脱贫攻坚战"冲锋令"。中央脱贫攻坚决策部署首次上升为国家

第三编 党中央情系老区

意志,首次在国家国民经济和社会发展规划纲要中独立成篇,首次作为刚性任务签订了"军令状"。中央及各部委出台一系列脱贫攻坚政策,大幅增加扶贫投入,采取超常规举措,为打赢脱贫攻坚战提供坚强保障。

西吉县党委、政府把脱贫攻坚作为全区经济社会发展全局的重中之重决策部署,确立"三年集中攻坚,两年巩固提高,力争提前脱贫"的目标。各级干部思脱贫、谋发展的信心更加坚定,广大群众盼致富、奔小康的愿望更加强烈,全社会同参与、共帮扶的氛围更加浓厚。30多年的扶贫开发积累了丰富经验,为脱贫攻坚奠定了良好基础。坚持精准扶贫与生态建设相结合,牢固树立"绿水青山就是金山银山"的发展理念,实施生态优先发展战略,为全面建成小康社会提供强大生态保障。坚持脱贫攻坚与改革创新相结合,坚持党政主导与社会参与相结合,坚持外部扶持与自力更生相结合,充分调动广大干部群众脱贫攻坚、勤劳致富的积极性和创造性,着力激发内生动力,切实增强脱贫致富的主体意识,不断提高自

生活水平提高的人们开始注重文娱活动

绿水青山

我发展能力。

2019年底,西吉县农村通自来水总人口7.2万户,自来水管道通到农户家的厨房,历史性的饮水难问题得以彻底解决。

西吉县从实施产业扶贫政策以来,不断加大旱作节水农业投入力度,每年由政策补贴、农户自筹统一采购农膜,发放给全县种植农户,全县覆膜面积从2014年的20万亩增到2020年的70万亩。

(一)粮食播种

2020年粮食播种面积133.3万亩,产量37200万公斤。2019年杂粮作物播种面积28万亩,平均亩产346.1公斤,较上年340.9公斤增产5.2公斤,增幅1.5%;实现总产27271.8万公斤。

(二)马铃薯产业

体系趋于完善,突出面积大、品种全、品质优、品牌亮、产品多、效益高的鲜明特色。2019年全县种植马铃薯85万亩,平均单产1768.2公斤,总产150.3万吨,总产值15.03亿元。马铃薯产业提供农民人均可支配收入

中央电视台"心连心"艺术团为西吉马铃薯种植点赞

1776元,占经营性收入的33.5%,成为全区依靠马铃薯增收最多、占比最高的县。马铃薯由过去的"救命蛋"变成现在的"致富豆",马铃薯产业成为全县农民脱贫增收致富的主导产业。

(三)冷凉蔬菜产业

2020年全县种植冷凉瓜菜15万亩,其中芹菜4万亩,总产26万吨,总产值5亿元。胡萝卜2万亩,辣椒1.5万亩,西蓝花1.2万亩,娃娃菜1万亩,甘蓝1.0万亩,花椰菜0.8万亩,菜心0.5万亩,红葱、南瓜、莴笋、西瓜等瓜菜3万亩。创建冷凉瓜菜基地28个2万多亩。预计蔬菜总产70万吨。已上市蔬菜有蒜苗、芹菜、菜心、娃娃菜、西蓝花、红笋等4万亩,销售蔬菜近17万吨,销售收入3亿元,平均价格为上年的2.4倍。特色蔬菜优新技术集成示范,以新品种、新技术引进、栽培技术、栽培模式等试验示范研究及技术展示。建立4个展示区,以新品种展示、节水减肥增效、绿色防控、机艺一体化融合等相关技术集成,引进示范种植蔬菜30类164个品种。冷凉瓜菜产业基地长期总务工人数865人,建档立卡542人,占总务工人数的62.65%,建档立卡平均

工人们将西吉西芹清洗装车

月收入2436元,平均建档立卡总收入7308元,临时性和季节性务工人数2500人,人均收入2880元,总收入720万元。

(四)金融扶贫

2019年12月31日,全县建档立卡贫困户贷款余额30921户153462万元(其中,农商行16494户80433万元,农行5459户27289万元,邮储银行3639户20592万元,村镇银行1314户7293万元,建行195户955万元,宁夏银行138户680万元,石嘴山银行3719户16364万元),户均4.96万元,覆盖率93.4%。

(五)养殖业

1978年,全县肉类总产量1000吨。1993年达到4391吨。1993年比1978年增长4.4倍。2001年增长到5699吨,比1978年增长5.7倍。2019年,西吉县养殖存栏量,全县养牛16.99万头,羊24.8万只,猪4.47万头。2019年,西吉县肉类总产量达到15700吨,比1978年增长15.7倍。2019年,西吉县肉类总收入达到86883.9万元。

(六)草畜产业

草畜产业是农民脱贫致富的主导产业。2017—2020年,建档立卡贫困户累计肉牛补贴151992头,羊234927只,鸡18238只,猪75971头,蜜蜂12345箱。2020年底肉牛饲养量达30.8万头,比2014年增加21.8万头,培育2万头以上肉牛养殖专业乡镇6个,千头以上肉牛养殖示范村166个,肉牛养殖专业合作社150家,养牛户达到5.6万户,约占农户总数的70%,存栏50头以上规模养殖牛场65家。累计建成标准化暖棚圈舍4.43万栋374.4万平方米,配套饲草料加工机械5.8万台(套),青贮池2.34万座224.2万立方米,可青贮饲草168万吨,养殖条件得到极大的改善。

(七)安全住房

2019年,完成短缺安全住房面积的扩建户482户,其中,10~20平方米

（18平方米1间房）的102户，21~40平方米（36平方米以上2间房）的380户。

西吉县32名县级干部和355名科级干部网格化包抓到村到组，县级领导带头挂牌督战30个脱贫攻坚薄弱村，紧盯贫困群众最关心、收益最直接、需求最急迫的难题，纵深推进脱贫攻坚战。组织区市县181个帮扶单位、295名第一书记、518名驻村工作队员和7181名帮扶责任人结对帮扶贫困户，做到了所有行政村和贫困户帮扶全覆盖。常态化开展"帮扶干部进村入户办实事解难题"专项行动，切实做到领导苦抓、干部苦帮、群众苦干的浓厚氛围，干部在脱贫攻坚一线得到锻炼，广大群众得到了实实在在的实惠。全面落实监督责任，制定出台脱贫攻坚网格化包抓工作组、驻村工作队、帮扶责任人、督导工作、"流动红旗"和"黄牌警告"五项制度，成立脱贫攻坚工作督导检查组，开展不间断、全覆盖、无死角的督促检查，确保责任、政策、工作"三落实"。突出"严""实"导向，扎实开展脱贫攻坚作风建设，持续推进扶贫领域腐败和作风问题专项整治，建立并推行涉农扶贫项目资金公示公开、权力制约和监督举报的"443"监管

将台堡镇西坪村疫情期间农家晒玉米（生活住房有保障）

机制,确保扶贫资金安全高效使用。

(八)民生工程有保障

一是教育扶贫拔穷根。始终把教育扶贫作为脱贫攻坚的重要任务,2015—2019年,累计投入资金20.42亿元,大力实施农村薄改工程,扎实推进义务教育均衡发展,新改建校舍36.83万平方米,全县各级各类学校达到454所、幼儿园199所,办学条件明显改善,教育质量稳步提升,教育已成为绝大多数贫困家庭脱贫拔穷根的根本途径,2018年西吉县高标准通过国家义务教育发展基本均衡县级评估认定。全面落实行政线、教育线"双线",县、乡、村、组"四级",县长、局长、乡镇长、校长、村长、家长"六长"控辍保学责任制,严格落实"两免一补"等普惠政策,燕宝助学金给12958人次发放资助10718.2万元,"雨露计划"给48064人次补助7209.6万元。西吉县85374名适龄儿童没有因贫辍学,每年有3650余名贫困学生考入大中专院校,实现"义务教育有保障"和"教育脱贫一批"目标。深入推进"互联网+教育",认真实施乡村教师支持计划,增加政府购买学前教育服务岗位355个,建设在线互动课堂资源教室343间,西吉县被教育部等五部门评为第四批国家级农村职业教育和成人教育示范县,彻底告别了"有钱念书,没钱种地"的历史。

二是医疗服务强保障。2015—2019年,累计投入资金近3亿元,先后完成县中医院的整体迁建,新建县人民医院妇儿综合大楼、妇幼保健计划生育服务中心住院部大楼、5所社区卫生服务站和43所标准化村卫生室,对15所乡镇卫生院门诊和住院部实施改扩建,对县人民医院"六中心"科室基础设施建设进行了优化升级,全方位提升了全县医疗救治服务能力。每个行政村建起了标准化卫生室,都设有诊断室、药房、治疗室和公共卫生室,均达到"四室分离"标准,均有65种以上的常用药品,均有1名合格的村医。搭建"互联网+家庭医生签约服务平台",对口帮扶支援专家、医联体牵头县级医院专家、乡村医生组成254个家庭医生团队共同开展家庭医生签约,全县重点人群签约率72.36%,建档立卡贫困人口应签尽签。全面落实"先诊疗后付费"服务和"一站式"即时结算,贫困患者报销比例达到91.93%,县域内救治率增至90.70%,实现了从看不起病到病有所医的目标,有效防止了看病难看病贵和因病返贫致贫的发生,彻底告别了"大病靠拖,举债治病"的历史。

三是危房改造保安全。坚持面积不超标、标准不降低,精准鉴定建档立卡贫困户房屋33218户、非建档立卡贫困户房屋71807户。坚持应改尽改,2015—2019年,累计投入资金6.9亿元,实施危房改造27258户、拆除农村危旧土坯房4.87万座,让贫困群众住进了安心房,过上了过去想都不敢想的好日子,彻底告别了住窑洞、土房、茅草屋的历史。

四是饮水工程润民心。把城乡饮水安全列为优先解决的民生实事,2015—2019年,累计投入资金3.47亿元,结合整村推进脱贫计划,以贫困村(组)和建档立卡贫困户为重点,先后组织实施了14项农村饮水安全工程,其中巩固提升工程7项,全县新铺设农村供水管网5800公里,295个行政村、7.4万农户全部通上了自来水,自来水普及率99%以上,供水保证率95%,水质达标率100%,实现了从喝水难到喝上好水的历史性跨越;通过水源置换打通了农村供水的"最后一百米",实现了城乡供水同水源、同管网、同水价的"一体化"目标,彻底告别了"畜驮人担,靠天吃水"的历史。

五是公共服务全覆盖。大力实施农村村村通公路工程,让群众出行更畅通。累计投入资金14.6亿元,建设农村公路1533.5公里,全县295个行政村全部通了硬化路,1805个自然村中有1768个自然村通了硬化路,剩余37个自然村都通了沙砾路。发展农村客运经营企业3家,农村客运车辆108辆,农村客运线路77条,客运招呼站263个,客运网络覆盖全县所有乡镇和行政村,乡镇通班车率100%、行政村通客车率100%。动力电实现全县295个行政村全覆盖,可供大型机械、大型侧草机等农机具使用的低压三相动力用电全部接通,居民生活用电入户率达到100%。扎实推进村级综合文化服务中心建设,建成村级文化服务中心150个,每个行政村都建有文化广场,全部安装健身器材。

(九)好政策促脱贫

一是全力推进金融扶贫,增强贫困群众造血功能。坚持金融扶贫助推产业发展,制定《西吉县扶贫小额信贷风险补偿金暂行管理办法》《西吉县金融扶贫贷款贴息实施管理办法》等文件,注入建档立卡贫困户风险补偿基金1.75亿元,扶贫小额信贷余额12.8亿元,覆盖25951户建档立卡贫困户,户均贷款4.94万元,覆盖率79.88%。2019年,各金融机构发放扶贫小额贷款9746户4.6亿元,完成自治区下达扶贫小额信贷任务4亿元的114.06%,为贫困户发展产业注入了强大动力,最大限度减轻了疫情带来的收入损失。

二是全力做好易地搬迁,让移民群众过上好日子。严格科学选址规划,严把搬迁对象界线,严控住房面积标线,严抓项目管理红线,全面完成搬迁任务。"十三五"搬迁安置移民29827人(其中,县外9443人,县内20384人),县内生态移民先后建成81个县内安置点1715套住房、劳务移民在13个住宅小区回购2466套住房,实现了搬得出、稳得住、能致富。在产业、就业和社会融入上下功夫,出台《"十三五"易地扶贫搬迁后续扶持发展实施方案》,投资5448.37万元,对县内搬迁安置的4181户20384人,开展后续扶持。移民户均种植马铃薯3.5亩、养牛4头、务工1.4人、小额信贷4.2万元,人均享受种养、劳务等产业扶持补贴2603元。针对不同群体、不同就业意愿人群,开展电工、建筑、餐饮、大型机械驾驶等技能培训8560人次,劳务移民就业率达到80%。加强移民就业帮扶,

第三编 党中央情系老区

通过鼓励外出务工和县内园区企业、扶贫车间、重点项目等方式吸纳6648人就业。

三是全力实施生态补偿,努力实现脱贫增绿双赢。牢固树立绿水青山就是金山银山的发展理念,全面落实退耕还林、退牧还草等政策,积极落实选聘生态公益林护林员贫困户优先政策,共选聘了贫困户护林员1560名,积极参与生态建设与保护,贫困户有了"绿色靠山"。采取"政府引导,企业带动,农户参与,部门服务"模式,建设"四个一"示范基地57万亩、庭院经济林4.26万亩,贫困户通过股份合作、劳务合作、林地流转等多种形式,达到林地流转有"租金",劳务打工有"薪金"的目标,"四个一"种出了产业、种出了财富、种出了风景。

四是全力完善兜底保障,守住实现稳定脱贫底线。研究制定民政领域精准扶贫兜底保障、加强低保与扶贫有效衔接推进低保政策全面精准落实等政策措施,抓好对象衔接、标准衔接、数据衔接和管理衔接,形成农村低保兜底线、特困供养保特殊、医疗救助减负担、临时急难救助解困境、其他专项救助补短板的全方位保障机制,切实发挥制度合力,兜住民生底线。全县现有民政救助保障对象46865户69691人,其中农村低保39364户57451人,城市低保2695户5776人,城乡高龄4806户4806人,集中特困供养191人,分散特困供养572人,孤儿895人,重度残疾人护理补贴补助对象10204人,困难残疾人生活补贴补助对象14668人。2019年,共发放临时救助3436.42万元,30874人得到了及时救助,其中低保户9262人、建档立卡户6175人、特困供养95人、其他15342人。

五是全力深化帮扶协作,凝聚脱贫攻坚强大合力。深化帮扶协作,凝聚强大合力,2016年以来,福建省、莆田市、涵江区累计投入各类资金2.39亿元,实施项目180多个,建设闽宁示范村15个,援建扶贫车间46家,扶持了一批种植养殖专业合作社,援建了西吉工业园区、将台马铃薯批发市场信息中心、县城西涵路、西吉中学多媒体教室、袁河莆田小学、将台堡镇卫生院等一批民心民生工程，引进了宁夏国圣食品、宁夏泽艾堂、天之涯服饰等一批企业落地投资，为西吉县经济社会发展注入了强大动力。中国商用扎实开展定点帮扶工作，2016年以来投入资金2490万元，开展了以大飞机示范村、大飞机支教团、大飞机航空博物馆、中小学生冬夏令营、乡村医师培训帮扶行动，帮助销售西吉农副产品600多万元，有力推动了民生事业全面改善。

（十）落实"四查四补"

一是聚焦短板弱项，扎实开展"四查四补"。全面开展以查损补失、查漏补缺、查短补齐、查弱补强为主要内容的"四查四补"并将其作为高质量打赢脱贫攻坚战最有力、最有效的载体抓手和务实举措，全面细致"查"，及时精准"补"，有效对冲疫情带来的影响，全面推进各类巡视巡察检查督查反馈问题和自查发现问题整改落实。先后对全县237个贫困村、58个非贫困村和8个社区所有住户逐人逐项进行排查，共摸排建档立卡户3.2万户13.2万人、非建档立卡户4.7万户19.4万人。坚持"缺什么补什么"，对排查出的问题，实行"一户一档""一人一策"，建立台账、动态管理、销号清零，2019年6月底前，共排查整改各类到户到人具体问题18565个。从7月份开始，重点围绕脱贫不稳定户、边缘易致贫户、未脱贫户"三类重点群体"和移民户再次开展全面查补，新排查整改"两不愁三保障"和安全饮水方面313个问题。

二是实施动态管理，确保不落一户一人。将全县所有建档立卡贫困人口和边缘易致贫人口全部纳入国务院扶贫开发管理平台，做到动态管理、有进有出，确保建档立卡户识别精准、数据精准、管理精准、退出精准。对全县295个行政村所有农业户籍人口开展滚动式、地毯式摸底排查，把排查出的637户脱贫不稳定户、1230户边缘易致贫户和1575户未脱

贫户作为重点监测和扶持对象,通过扶持产业、扩大就业、社保兜底,落实"一对一""点对点"针对性帮扶措施,共有919户新增了产业项目,342户"零就业"家庭新增了就业岗位,792户新增了公益性岗位,44名孤寡老人纳入集中供养,5795人新纳入农村低保,3072户获得临时救助,做到了"应扶尽扶""应保尽保"。

三是强化机制创新,激发群众内生动力。围绕脱贫攻坚、精神文明、移风易俗、环境卫生、教育培训等内容建立积分机制,全县建成爱心超市55个,积分参与户数8900余户。试点建设县新时代文明实践中心1个、新时代文明实践所19个、新时代文明实践站30个,通过"讲、评、帮、乐、行"抓实"牢记嘱托、感恩奋进"等"五项教育两项培训",开展宣讲活动920余场次。举办全县思想道德建设座谈会,表彰奖励"最美西吉人"27人;开展"深化移风易俗,助力脱贫攻坚"、"四个一"主题活动,强化"移风易俗示范户""脱贫光荣户""好婆婆""好媳妇"等先进典型的选树表彰,发挥各类志愿服务组织作用,深入开展疫情防控、扫黑除恶、民族团结等义务宣传活动,群众思想观念明显转变,内生动力不断增强。

2019年脱贫5461户21848人,脱贫出列18个贫困村,减少贫困人口2.2万人,剩余1575户4340人未脱贫。

截至2019年底,西吉县238个贫困村全部脱贫出列,累计减少农村贫困人口151241人,贫困发生率由2014年的34%下降到2019年的0.95%,农民人均可支配收入由2014年的6222.3元,增长到2019年的10416.2元,年均增长10.85%。农民人均可支配收入达10416.2元。

2020年全县危房改造开工1860户(其中四类重点对象1030户,其他贫困户830户),竣工917户(其中四类重点对象514户,其他贫困户403户)。

2020年脱贫1557户(4253人),实现172个贫困村脱贫出列,全县综合贫困发生率从2016年的23%下降至0,脱贫人口错退率和贫困人口漏

2022年，硝河乡硝河村全面实施乡村振兴

评率均为0，群众认可度达到98.89%。识别脱贫不稳定人口637户3188人，已消除返贫风险533户2635人，剩余104户553人；识别边缘易致贫人口1230户5572人，已消除致贫风险1010户4604人，剩余220户968人。

西吉县综合贫困发生率为0，脱贫人口错退率、贫困人口漏评率均明显低于2%的评估检查标准，群众认可度达98.9%，行政村道路硬化、安全饮水、动力电、标准化卫生室等实现全覆盖，基本公共服务领域主要指标接近或达到全国平均水平，后续帮扶计划及巩固提升工作安排有序、措施有力，符合贫困县退出标准。

西吉县是宁夏最后一个脱贫县。①

---

① 按照《中共中央办公厅　国务院办公厅印发〈关于建立贫困退出机制的意见〉的通知》和《自治区党委办公厅人民政府办公厅印发〈关于进一步规范贫困退出工作的实施意见〉的通知》(宁党办〔2018〕100号)等文件要求，经县级自评、市级初审、自治区行业部门专项检查、第三方评估检查、社会公示等程序，西吉县符合贫困县退出标准，自治区扶贫开发领导小组研究，并报自治区党委和政府审定，宁夏回族自治区人民政府于2020年11月16日同意西吉县退出贫困县序列。

第三编 党中央情系老区

第二节 山海结缘水流长

为缩小东西部地区差距,实现共同富裕的目标。1996年9月23—25日,中共中央、国务院在北京召开中央扶贫开发工作会议,确定福建与宁夏为东西对口扶贫协作帮扶关系。10月,福建省成立对口帮扶宁夏领导小组,时任福建省委副书记的习近平同志担任领导小组组长。1996—2002年,在深入宁夏实地调研的基础上,习近平同志提出了闽宁对口扶贫协作的方向,两省区建立了"联席推进,结对帮扶,产业劳动,互学互助,社会参与"的闽宁对口扶贫协作机制。25年来,福建对口帮扶市、县(区)和固原市各级党委、政府坚持"优势互补,互惠互利,长期协作,共同发展"方向,真诚合作,携手努力,共同推动闽宁协作深入持续开展,植入了福建改革发展的创新理念,实现了帮扶由输血到造血的历史性转变,加快了扶贫攻坚和脱贫致富的进程,促进了民族团结社会和谐稳定,积累了中国东西部扶贫协作的宝贵经验,推动了两地特别是固原经济社会的稳步发展,成为全国东西部对口扶贫协作的典范。

1996年,宁夏同全国一道,从分散帮扶、普惠扶持向精准扶贫、精准脱贫转变,形成了党政主导、全社会参与的工作新机制,专项扶贫、行业扶贫、社会扶贫"三位一体"大扶贫格局不断巩固提升,扶贫开发工作取得辉煌成就,中南部地区,特别是西吉的面貌发生了脱胎换骨的变化。

"十三五"时期,是宁夏全面打赢脱贫攻坚战的决胜期,是加快建设开放富裕、美丽和谐的新宁夏,全面建成小康社会的关键期。

为认真贯彻落实中央精准扶贫、精准脱贫基本方略,确保实现"三年集中攻坚,两年巩固提高,力争提前脱贫"的目标。依据《中共中央、国务院关于印发〈中国农村扶贫开发纲要(2011—2020年)〉的通知》(中发

〔2011〕10号)、《中共中央、国务院关于打赢脱贫攻坚战的决定》(中发〔2015〕34号)、《国务院关于印发"十三五"脱贫攻坚规划的通知》(国发〔2016〕41号)宁夏回族自治区农村扶贫开发物,《自治区人民政府关于印发开发回族自治区国民经济和社会发展第十三个五年规划纲要的通知》(宁政发〔2016〕30号)和《自治区党委、人民政府关于力争提前两年实现"两个确保"脱贫目标的意见》(宁党发〔2016〕9号)等文件精神,结合脱贫攻坚实际,制订实施方案。

党中央审时度势,总结"十二五"时期扶贫开发的成就和经验,全面分析面临的形势和存在的问题,坚持精准扶贫、精准脱贫基本方略,明确"十三五"时期脱贫攻坚的指导思想、基本原则、主要

生态移民

目标等,着力增强贫困地区发展能力。提出产业发展、易地扶贫搬迁、生态补偿、发展教育和社会保障等贫困人口精准脱贫路径,以闽宁协作金融扶贫、技能培训为重点,实施交通、水利、生态等整体区域贫困县的行动计划,规划范围包括:原州区、西吉县、隆德县、泾源县、彭阳县、红寺堡区、盐池县、同心县、海原县,中宁县和沙坡头区的山区,历次生态移民、易地扶贫搬迁县外安置区。规划期限为2016—2020年,规划基准期为2015年。

"十二五"时期,自治区党委、政府确立了百万贫困人口扶贫攻坚战略,提出了"1269"的总体工作部署,坚持区域发展与精准扶贫两轮驱动,较好地实现了"搬得出,稳得住,管得好,逐步能致富"的目标,为全国开展"十三五"易地扶贫搬迁提供了经验、树立了样板。以整村推进为平台,

采取基础设施到村、产业扶持项目和小额信贷到户、转移培训到人、帮扶责任到单位的"四到"措施,完成了300个重点贫困村整村推进脱贫销号。坚持项目到户、责任到人,大力实施以养殖和特色种植为主的产业扶贫。

"十二五""十三五"易地扶贫搬迁项目,极大地改善了移民生产生活的条件,使迁出区生态环境恶化现状得到了有效遏制。扶贫开发成效显著。全县贫困人口由2001年底的15.22万人(贫困标准为580元以下)减少到2019年底的0.43万人(2019年贫困标准为3700元以下),减少14.79万人,贫困发生率由2001年的57.1%下降到2019年的5.57%。

探索和建立精准扶贫、精准脱贫的工作机制,形成"闽宁协作、易地扶贫搬迁、整村推进、少生快富、雨露计划、金融扶贫"等六大品牌,闽宁协作成为东西部扶贫协作的成功典范。

1995年,西吉县共有26个乡(镇)426991万人,农民纯收入217元。

1996—2020年,西吉县先后与莆田市6个县对口帮扶:1997—2001年与莆田、2002—2004年与涵江区、2004—2006年与荔城区、2006—2008年与城厢区、2008—2010年与涵江区、2010—2014年与秀屿区、2014—2016年与荔城区、2016—2020年与涵江区对口扶贫。

1997年,莆田与西吉确立结对帮扶关系。在莆田市委、政府以及涵江、秀屿、城厢、荔城等县区的大力支持和倾力帮扶下,西吉县经济社会各项事业取得长足发展。特别是确定涵江区与西吉县结对帮扶以来,涵江区以"涵江所能"补"西吉所需",两县区不断加大协作力度,拓展协作领域,提升协作水平,形成政府、企业、社会共同参与、相互促进的帮扶机制,建立深厚友谊,结出累累硕果。20多年来,莆田市选派挂职干部11批19人(其中涵江区4批7人),累计投入各类资金3.15亿元,实施项目324个,建设闽宁示范村15个,扶贫车间46家,扶持一批种植养殖专业合作社,援建西吉工业园区、将台马铃薯批发市场信息中心、县城"西涵路"、西吉中学多媒体教室、西吉三中、闽宁希望小学等一批民心工程,引进宁夏国圣食品、宁夏泽艾堂、天之涯服饰等一批企业落地投资。

莆田市与西吉县党政主要领导互访交流从不间断,每年都要召开对口帮扶联席会议,签订对口帮扶协作协议,双方围绕劳务协作、人才支援、产业合作、消费扶贫等方面深化对口帮扶。特别是2019年至2020年,两地党政领导交流互访达到12次。2020年初受疫情影响,莆田市与西吉县召开视频座谈会,莆田市委、政府主要领导及两县区党政主要负责人出席会议,会议深入学习贯彻习近平总书记在决战决胜脱贫攻坚座谈会上的重要讲话精神,贯彻落实闽宁互学互助对口扶贫协作第23次联席会议精神,按照闽宁两省区党委、政府部署要求,及时安排部署对口帮扶工作。

两地互派干部挂职和专业人才对口帮扶,开启一场又一场扶贫协作"接力长跑"。莆田市累计选派挂职干部11批19人,选派教师、医生、专业技术人员、志愿者179人。西吉县累计选派挂职干部20批43人,选派教师、医生锻炼学习36人。通过人才对口支援交流,带来新理念、传授着新知识,全新的治疗理念、精湛的医疗技术使西吉的教师、学生、医务人员、患者感受到莆田温暖,学习到莆田技术,更为关键的是收获莆田观念。

莆田市援助财政资金、社会帮扶资金达3.15亿之多。2019年以来,投入财政援助资金、社会帮扶达历史之最。管好用好财政援助资金。西吉召开县委常委会、政府常务会及扶贫开发领导小组会议,围绕闽宁示范村上台阶、薄弱村提升、特色产业培育、转移就业等方面,2020年研究确定了35个项目,受益贫困人口4.5万人,带动贫困人口1.6万余人。加大社会帮扶力度。2019年莆田市、涵江区社会各界捐赠1013万元帮扶资金;2020年莆田市、涵江区社会各界捐赠1250万元帮扶资金,福建省黄仲咸教育基金会捐赠30万元助学资金,福建省慈善总会捐赠120万元帮扶资金。西吉县结合乡镇(街道办)结对帮扶和社区、企业、社会组织结对帮扶

贫困村实际,主要用于解决贫困户安全住房、贫困学生救助、残疾人"暖居工程"、"双兜底"户扶持、村集体经济等方面的问题,加快贫困群众脱贫致富的步伐。特别是在疫情期间,莆田市、涵江区先后无偿捐赠西吉县防护口罩40万个,极大地缓解了防护物资短缺的困难,为西吉县抗击疫情助一臂之力。莆田市市场监督管理局为15个闽宁示范村捐赠运动鞋3000双,福建省残疾人福利基金会为西吉中小学校捐赠运动品牌服装1000件。

两地深化产业合作,借助东部产业转移和西吉劳动力资源充沛两大特点,实现优势互补,援宁干部积极发挥"说客"作用,牵线搭桥,引进华林蔬菜、国圣食品、泽艾堂艾草加工、服装加工等一批企业落户西吉。从最初的马铃薯、蔬菜等产业起步,到现在的塑料制品、服装等轻工产品制造;从最初单纯的输血式扶贫,到现在的造血式扶贫,福建籍企业家发挥资金、技术、产业和管理等优势,来西吉投资办厂,依托宁夏能源、土地、特色农产品和劳动力资源,运用市场之手,激活和释放企业和社会力量扶贫协作的内生动力。2012年宁夏西吉工业园区成立,成为宁夏首个"闽宁产业园"。2020年,已累计完成固定资产投资13.3亿元,入园企业20家。2019年,园区实现工业总产值2.89亿元,工业销售总产值2.24亿元,利润总额4149万元,带动就业1200余人,工业园区成为西吉经济发展的核心增长点。

莆田市还将消费扶贫纳入闽宁对口扶贫协作框架,全力推进"西货东销"。涵江区区长连向红、挂职干部刘基棠网络直播推销西吉农副产品,宣传推介了西吉农副产品。2020年5月,闽宁协作特色展销馆落地莆田市,将西吉优质农产品资源融入莆田市场;莆田市振兴乡村集团在西吉设立莆吉合作扶贫产品馆,实现产销对接。2020年,筹措闽宁对口扶贫协作资金510万元用于消费扶贫补贴,积极鼓励本地农副产品加工销售企业在全国社会扶贫网认证，推动西吉农副产品上架"扶贫832平台"及各个扶贫属性销售平台，开展全方位销售模式，线上线下消费扶贫销售总额2.56亿元。

1997年3月，闽宁劳务协作开启，西吉组织90名农村女青年到莆田新威电子公司上班，从此，每年都有大批西吉青年"东南飞"。23年来，莆田与西吉两地不断探索劳务协作，紧紧抓住"就业脱贫"这个增收的牛鼻子，通过"政府+人才市场+闽籍企业+建档立卡户"的四联动模式，打出技能培训、定向招聘、开发岗位组合拳，采取设立服务机构、做好组织输送、建立实训基地、举办创业培训、拓宽就业渠道等措施加强劳务协作。西吉每年都要举办闽宁劳务协作专场招聘会，通过宣传推介，向莆田市输送务工人员。2020年，两地坚持分类指导，加强精准对接，落实落细"稳岗""返岗""增岗"工作，把务工就业作为闽宁对口扶贫协作的重中之重，帮助贫困群众返岗、复工、就业，真正做到群众"走出家门，上了车门，下了车门，进了厂门"的一站式贴心服务。截至12月底，通过包机、包车等形式"点对点"向福建输送务工人员800人，其中建档立卡贫困户627人。2019年12月，国务院扶贫办宁夏调研督导组调研督导西吉反馈意见中，将"西吉县闽宁扶贫劳务协作四联动模式初见效果"列为亮点工作。

由最初的县、区"点对点"单一结对帮扶，丰富和发展到"镇对镇""镇对村""企对村""社对村""校对校""医对医"等"多点开花"格局，通过建立友好帮扶合作关系，形成以对口援助为重点，以交流共建为主要形式的合作新模式，实现东西互补、资源共享、携手发展的目标。2020年底，涵江区12个乡镇（街道办）结对帮扶西吉19个乡镇，1个社区结对帮扶2个贫困村，12家社会组织结对帮扶14个贫困村，15家企业结对帮扶17个贫困村，3所学校结对帮扶西吉2所学校，3家医院结对帮扶西吉2家医院，形成了多元化、多层次、多领域的扶贫协作格局。

第三编 党中央情系老区

2020年是闽宁对口扶贫协作第25年,也是全面打赢脱贫攻坚战收官、西吉县脱贫摘帽之年。西吉县深入贯彻落实习近平总书记在决战决胜脱贫攻坚座谈会上的重要讲话精神和关于东西部扶贫协作的重要讲话、重要指示精神,特别是6月8日至10日视察宁夏重要讲话精神,全面落实闽宁互学互助对口扶贫协作第24次联席会议要求,按照莆田市委书记刘建洋,自治区党委常委、固原市委书记张柱调研结对帮扶工作提出的要求和两县区签订的《框架协议》内容,聚焦脱贫攻坚,坚持精准务实,紧密对接,携手共进,确保西吉县如期打赢脱贫攻坚战。

闽宁扶贫劳务协作"政府+人才市场+闽籍企业+建档立卡户"四联动模式,极大地促进了劳务产业的扩量增效,每年转移劳动力就业12万人以上,人均创收3000元以上,占农民人均可支配收入的30%。

在闽宁协作四联动模式成功经验的引领下,如福建省莆田市对口帮扶西吉县偏城乡烂泥河村(后更名为涵江村),在脱贫致富的道路上,总

涵江村新貌

结出了适合本地发展的五条经验：一是以金融扶贫政策落地为"实验田"，自立自强，精准发力，下好"养殖棋"。二是用足金融扶贫政策，全村贫困户小额贷款。探索建立"党建+金融+产业+服务"四位一体金融精准扶贫模式。

2020年,涵江村小庆祝36个教师节

三是以"两个带头人"为引领、以"家家种草，户户养畜"为突破口，建档立卡户养殖全覆盖，实现产业"造血"。四是建成电信基站1座，实现网络全覆盖，完成村组道路硬化，完成村幼儿园建设；实现清洁能源太阳能热水器安装全覆盖。五是全村实现线上线下电商平台，安全饮水达100%。转移就业实现"外部输血"式帮扶向"自身造血"式转化。

2017年，烂泥村被列为"闽宁示范村"，闽宁对口扶贫协作资金注入100万元。烂泥村建起便民服务中心和扶贫车间，村民足不出村，可以办理存取钱、交话费、交电费等业务。村上妇女能在家门口务工增收。福建省莆田市涵江区书画院为西吉偏城乡涵江村捐赠10万元，为村里购置办公设备。闽商在南山流转700亩土地，种植油用牡丹。

2018年底，全村人均可支配收入达8250元，贫困发生率下降到1.6%。同年，为答谢福建省莆田市涵江区的帮扶，偏城乡烂泥滩村正式更名为"涵江村"。

2019年，涵江村被列为种植油用牡丹"闽宁示范村提升村"。村里购置近百万元农机具，用于发展、壮大村集体经济。

围绕贫困村脱贫出列和贫困户"两不愁三保障"退出标准，涵江村补短板，硬化村级道路，家家通上自来水，危房全面改造，路灯和太阳能热

水器一应俱全。修建1所幼儿园,为村里及周边村的幼儿提供良好的幼教;建成光伏扶贫电站和电信基站,实现网络信息全覆盖。

涵江村2019年人均可支配收入达9870元,全村实现了"两不愁三保障"目标。 涵江村在3000多公里外的福建省莆田市涵江区的情手相牵下,短期内把一个西吉最偏僻、最贫困的烂泥滩村,转变成一个产业兴旺、民族团结、基础设施完善、服务功能齐全、村容村貌焕然一新的新农村。

第四编

沧桑巨变七十年

1949—2020年，共和国已七十一载。

七十一年来，新生的中华人民共和国在中国共产党的正确领导下，迅速完成了从一个农业社会过渡至工业社会再迈向后工业社会的三次飞跃。历经了从农业时代、工业时代跨入信息时代的蝉蜕化变。

昔日的西吉，"苦瘠甲天下"，党和政府并没有因为西吉的贫穷落后而放弃这片土地，而是以慈母般的情怀，携领老区儿女渡过了一道道难关，见证了共和国满目疮痍、百废待兴的一幕幕凄景，参与了共和国同心协力、谋求发展的一次次变革。

本编主要择取1949年、1979年和2019年，作为历史维度的视角节点，以呈现历经磨难的西吉革命老区"从站起来、富起来到强起来的历史飞跃"的壮美画卷。

20世纪70年代西吉硝河乡农田基本建设

21世纪20年代初西吉兴平机耕梯田

第十三章 物换星移山川变

第一节 生 态

生态建设是西吉打基础、利长远、惠民生的基础性、战略性工程,多年来坚持生态优先、绿色发展,一张蓝图绘到底,一任接着一任干,先后实施三北防护林、天然林保护、退耕还林等重大生态建设工程,森林覆盖率由"三西"建设之初的1.4%提高到28.4%,草原综合植被覆盖度从不足15%增加到89.8%,年平均降水量由282毫米提高到716毫米,荒山秃岭变成绿水青山。实施"四个一"林草产业工程,选育、种植适合西吉发展的梨树、红梅杏、大果榛子等优质品种,种出了风景,种出了产业,种出了财富,实现了山绿与民富双赢。

20世纪80年代的平峰镇葛岔村

21世纪20年代初的马建乡生态移民安置区

第四编　沧桑巨变七十年

20世纪60年代的西滩乡包家河

20世纪70年代的吉强镇车路沟村生态现状

20世纪80年代的绿化荒山

20世纪90年代退耕还林后的生态现状

21世纪20年代初修复后的天然林

第十三章　物换星移山川变

第二节　水　利

　　水是生命之源。清朝以后的西吉十年九旱,"苦瘠甲天下"。靠天吃饭和严重缺水成了西吉留给外界的第一印象,西吉被联合国粮食开发署确定为"最不适宜人类生存的地区之一"。1958年,宁夏回族自治区成立以来,西吉水利工作在历届党委、政府的高度重视和自治区水利等相关厅局的帮助关心下,全县干部群众贯彻党中央水利工作发展方针思路,凭着天不帮忙人努力的韧劲,团结奋进、解放思想、开放治水,克服了旱灾频发和建设资金紧缺困难,水利事业发展实现了一次又一次重大跨越,为西吉全面打赢脱贫攻坚战提供了强有力的水安全保障,在西吉国民经济中发挥了举足轻重的作用。

20世纪60年代农民舀取雨雪积水

21世纪初人畜饮水解困工程

20世纪80年代打积雨水窖

193

第四编　沧桑巨变七十年

20世纪90年代后井窖解困积水工程

21世纪初农村饮水安全工程

21世纪初井窖工程

21世纪初引水工程

第十三章　物换星移山川变

20世纪90年代给水官兵在夏寨打出第一眼水井

21世纪20年代初的"互联网+人饮"联户阀井智能水表

21世纪20年代初自来水厂进行水质检测

21世纪20年代初农村用上安全水

第三节 交 通

　　山上水泥路,山下柏油路,县城连接高速路,出行公交在门口。西吉交通道路从昔日的山间羊肠小道,发展到今天四通八达的综合立体交通网络,先后建成两条高速公路,完成县境内两条国省干线公路的改造提升,打通了西吉通往西北的通道,真正改变了西吉人民群众的生活和命运。

20世纪70年代火石寨群众拉车去赶集

20世纪70年代农村运输全靠人拉驴驮

20世纪70年代葫芦河大桥沙砾路

第十三章　物换星移山川变

1966年，硝河城葫芦河吊桥建设中

20世纪70年代放映员下村

20世纪70年代村民第一次坐上了通往外地的班车

20世纪80年代母子拉粮上山坡

20世纪初建设中的乡村水泥路

2016年12月,西吉固原高速通车运行

21世纪20年代通往震湖的乡村路

第四节　教　育

教育不但承载着未来,也承载着人们对美好生活的向往,还承载着扶贫攻坚的历史重任。本书收录了西吉教育发展的部分珍贵照片,以再现党和国家对西吉教育的关怀和大力支持,再现西吉人民不畏艰辛,通过教育让成千上万个孩子以及家庭走出贫困的历史,通过努力办好人民满意的教育,阻断贫困代际传递。展现全县几十年教育发展的光辉历程,总结教育发展的诸多宝贵经验,同时也汇集教育扶贫攻坚中受益脱贫的案例,为后人留下在脱贫攻坚、全面进入小康社会的伟大进程中教育扶贫的时代掠影。

20世纪60年代末西吉一小窑洞教室

20世纪60年代末学生站着上课

20世纪80年代初西吉一小窑洞教室

20世纪80年代初孩子们在地上写字

第四编　沧桑巨变七十年

20世纪90年代兴平乡王堡小学旧貌

20世纪70年代铁环是学生唯一活动的器材

20世纪80年代的学生宿舍

20世纪80年代西吉中学学生课外活动打乒乓球

20世纪90年代初凉水干馍馍是学生的午饭

20世纪90年代末将台学生在光线昏暗四处透风设施简陋的教室里上课

21世纪初孩子们在危房中上课

第十三章　物换星移山川变

21世纪20年代初
大山中的教育新气象

21世纪20年代初
的乡村学校

21世纪20年代初
带动教学,实施"一拖
X"的主课堂

第五节　医　疗

因病致贫、因病返贫，是脱贫路上的"拦路虎"。西吉县通过开展计划生育"少生快富整村推进"扶贫工程，建立"一免一降四提高一兜底"综合医疗保障机制，实行"先住院后付费""先诊疗后付费"制度，住院费用"一站式"结算，推行"互联网+医疗健康"，开展"三个一批"疾病分类救治，制定适合不同人群的医保政策、医疗服务六项制度、八项措施，对贫困患者实行建库精准管理，落实"四定两加强"医疗管理办法，应用"互联网+健康扶贫"创新工作模式，打通服务群众"最后一公里"，有效破解"看病难，看病贵"问题。

人均期望寿命由新中国成立前的35岁提高到2019年的71岁，居全区前列。

20世纪60年代乡村赤脚医生

20世纪60年代医疗卫生站"老三件"

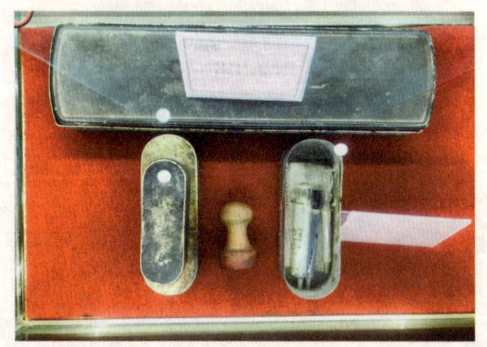

20世纪60年代简单的医疗设备

第十三章　物换星移山川变

20世纪60年代村级卫生室

20世纪80年代村卫生室

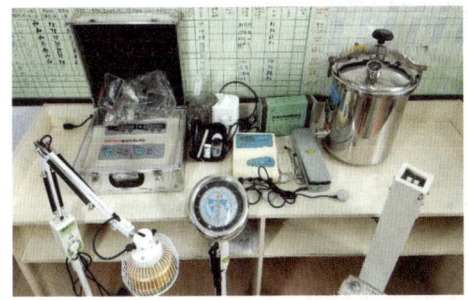
20世纪90年代医疗设备

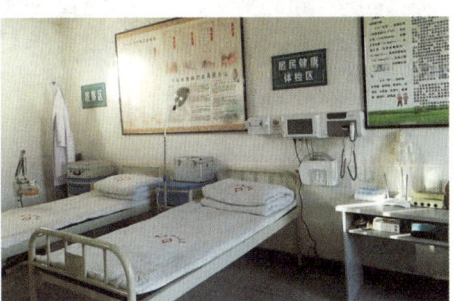
2000年村卫生室

2000年田坪乡卫生院

第四编　沧桑巨变七十年

1990年的西吉县人民医院

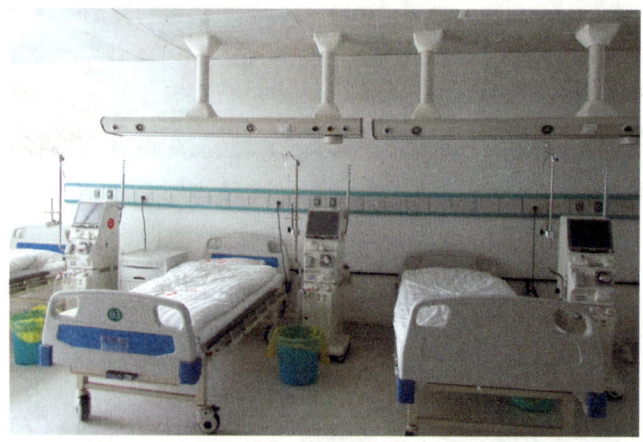

2020年的西吉县医院住院部

2020年的西吉县中医医院

第六节　住　房

一栋栋白墙红瓦的砖房在高原蓝天白云下格外醒目,一张张黝黑的脸庞上眉目舒展,荡漾着庄稼人憨厚的笑容。

西吉县是西海固扶贫的核心区,经过多轮扶贫开发,当地贫困群众从住窑洞到住上房安全保障的砖瓦房,经历了六七十年的变迁。这充分体现了党和政府消除贫困,关心群众疾苦,一切为民的情怀。

2019年完成全县所有农村安全住房性鉴定工作,建档立卡贫困户33098户,常住非建档立卡户73507户。

20世纪70年代初的窑洞住房

20世纪70年代末的箍窑住房

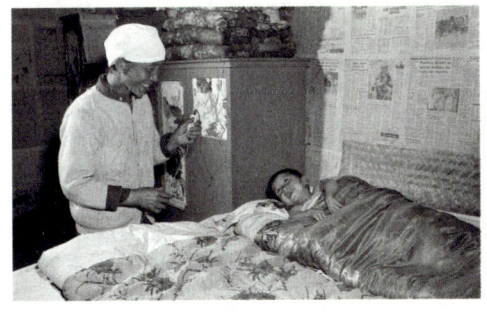

20世纪80年代初用上了电褥子

20世纪80年代末的土坯住房

20世纪90年代初农民用上了电饭锅

20世纪90年代初的灰瓦住房

20世纪90年代末的白灰住房

21世纪初移民搬迁后的村庄

第十三章　物换星移山川变

21世纪20年代初脱贫后的农村住房

21世纪20年代初脱贫户的住房内部

21世纪20年代初西坪移民新村

21世纪20年代初震湖乡李章村

第十四章 城乡映绿春盎然

第一节 文化繁荣 教育优先

1942年,西吉县文化事业由教育科管理,各乡(镇)公所设文化股。新中国成立后西吉县人民政府设教育科兼管文化工作。1956年3月至1957年10月,曾专设文教科,后合并为文化科,1984年2月再设文化科。1990年8月,文化科改称文化局。辖有文化馆、图书馆、文物管理所、文工团、新华书店、电影管理站、25个体电影放映队和26个乡(镇)的文化站。

一、文化繁荣

2017年3月,宁夏"全区农村综合文化服务中心建设启动会"在西吉县震湖乡毛坪村召开之后,西吉县文广局制定了一系列管理措施,西吉县文化建设步入新阶段。西吉被列入全区606个文化扶贫工程的行政村为138个,555个功能提升的行政村为140个,2016年"百县万村"示范村19

西吉县文化艺术中心

西吉博物馆

个,建设任务量占全区任务总量的24%。2020年,先后建成的文化馆、图书馆、博物馆是西吉亮丽的名片;乡镇文化站19个,农村电影院2个,行政村综合文化服务中心295个,引导文化资源向乡镇和农村倾斜。开展多种形式的文艺会演,丰富群众文化生活。加强文化基础设施建设,实施西吉县文化馆、图书馆、展览馆和群众文化活动中心,新建县城影剧院、县广播电视台服务中心,加快乡镇综合文化站建设,新建农民培训、娱乐、电影电视展播、图书阅览为一体的村级文化室,构建覆盖城乡公共文化服务体系。创建西吉文学艺术创作基地,设立文化艺术奖励基金,整理出版西吉文学、书画、史话、旅游、民俗等具有浓厚地域特色精品书籍,保护与传承文化遗产,提升西吉中国"文学之乡"品牌。培育发展文化骨干企业和创意文化产业,实施文化精品创作工程,培育延伸产业链条,打造西吉历史文化、民俗文化展示长廊,是农村群众享受到丰富的精神文化生活。

尤其是西吉博物馆,馆藏古钱币上自商周,下迄民国,历代相连。是目前国内唯一一家县级钱币博物馆。因馆藏钱币多,品种齐全,被海内外专家誉为"华夏古钱币收藏第一县"。

城乡公共体育设施建设和管理。新建西吉室内体育场、标准化田径场、足球场等城乡体育基础设施,实施行政村标准化篮球场建设工程,基本建立覆盖城乡的全民健身服务体系,举办各类运动会,开展群众性体育活动和学校体育运动,开展全民健身运动。加快优秀体育人才培养,参加区、市乃至全国举办的各类体育运动会,发展竞技体育,加快提升体育事业整体发展水平。

(一)村综合文化服务中心建设

2017年,总投资1.2亿元,自治区下拨文化扶贫专项资金2224万元,2017年整合84个销号村,涉农资金2520万元,2018年整合文化扶贫资金840万元,建设缺口资金4300万元由财政筹措解决。制定了《西吉县村综合文化服务中心管理制度》《西吉县村综合文化服务中心设备管理制度》《西吉县村综合文化服务中心专管员岗位职责》等一系列规章制度,做到用制度管事、用制度管人、用制度管设备、用制度管活动的局面。

县文广局与县团委联合公开招聘158名文化专管员,每人每月发放500元生活补贴,对专管员进行2次业务能力培训;同时发挥信息媒体作用,建立了专管员培训学习微信交流群,管理员定期不定期发送有关文化方面政策法规,让这些文化能人在群里互相讨论学习;并在每个村的

杨庄村文化服务中心

文化活动中心醒目位置悬挂免费开放牌，亮出本村文化专管员身份，包括开放项目、开放内容、开放时间、专管员联系电话等，做到村综合文化服务中心建成后有人管、有人用。对村综合文化服务中心配置的各类器材，实行财产登记、专人管理的方式，确保活动器材不外借、不流失、不损坏。

硝河乡文化活动服务中心

乡村丰富多彩的文化娱乐活动

村级综合文化服务中心的建成和使用，完善了农村基础设施，提升了村容村貌，为基层广大人民群众搭建了一个文化交流、开展移风易俗和精神文明建设的平台。在农闲期间，各村群众聚集在新建成的文化活动广场上，在文化专管员的指导下，开展了形式多样的群众文化活动，通过一系列活动的开展，促进群众之间的交流、交往和交融。

(二)广播电视"户户通""村村响"工程

2008年实施广播电视直播卫星工程，发放安装广播电视直播卫星"户户通"设备20672套，2011年国家在自治区开展"户户通"试点建设，全县完成了84128户广播电视直播卫星地面接收设备。2017年争取自治区新闻出版广电局新增"户户通"设备2129户。通过项目实施，使全县农村广播电视综合覆盖率达到100%，解决了全县农村广大人民群众收听收看广播电视难的问题。

新冠肺炎疫情期间,全县295个村广播发挥了重要作用

2017年以来,县文化旅游广电局积极推进应急广播"村村响"工程建设,全县295个村级综合文化服务中心配备了1个村级广播平台、4只喇叭、2个调频音柱,实现了广播"村村响"全覆盖。

2019年,启动实施了应急广播体系建设升级改造工程,建成1个县级平台、19个乡镇平台、303个行政村(社区)村级接收终端设备全部实行联网传输功能。建立了"西吉县应急广播指挥中心"控制系统。

在新冠肺炎疫情防控期间,《宁夏日报》客户端对全县村广播作用做了题为《万众一心抗击疫情,西吉295个村大喇叭响起防疫声》的报道。为了使应急广播系统实行县乡村三级规范管理,便于乡镇统一发布信息、统一监控管理,2020年,在全县19个乡镇建设应急广播系统工作室,增加145套应急广播设备在景区、农家乐、扶贫帮扶村和人口相对集中的自然村建设应急广播工作室。

(三)智慧文化服务乡村振兴战略——"六朵云"服务工程

为充分发挥文化在乡村振兴战略中的引领作用,结合实际,西吉县实施了"六朵云"服务工程,一是对全县现有网络环境、会议多媒体环境及各类信息资源设备进行完善改造,建成集中发布中心。二是配齐音视频及摄录播放等硬件设施,连通全县各乡镇、行政村的视频终端。三是通过电脑、电子显示屏、手机视频等终端设备发布信息。四是参加远程视频会议。五是参加远程视频培训、研讨等活动。六是做到跨地区、跨行业、跨领域联通共享、协作互动和直面交流。这是一种多途径文化服务的新方法,是一项扶贫工作的新举措,是民族团结的创建的新形势,也是综治、党风廉政建设的新平台。"六朵云"服务工程的实施,增加了人民群众与县委、政府的直观交流平台,彻底打通了服务群众的"最后一公里"。2018年,投资120多万元在县文广局、全县19个乡(镇)政府和硝河、兴平、震湖三乡40个行政村开通"六朵云"工作试点工作,建立了三级网络平台建设,实现了远程会议、应急通信、过程调度、业务培训、过程交流等功能。2019年,由县文化旅游广电局筹资600多万元,实现了全县乡镇和行政村的全覆盖。智慧乡村"六朵云"服务平台网络服务费用(每月500.00元,每年每点6000.00元)每年188.4万元由使用平台的乡镇和部门(单位)自行承担并按年缴纳;县财政每年将平台维护和软件升级费用列入县财政预算。

为加快全县"互联网+公共服务"进程,推进智慧乡村建设,助力乡村振兴战略,西吉县制订印发《西吉县智慧乡村"六朵云"服务平台建设管理实施方案》(西党办函字〔2020〕44号)的通知,成立了以县委副书记任组长,分管领导任副组长,县财政、发改等单位负责人为成员的"六朵云"服务平台建设领导小组,明确了工作任务及相关职责。

西吉县因为地理空间跨度大、人口分散、交通不便等因素导致政务公开工作存在短板。充分运用信息技术,建立"六朵云"会议系统意义重大。该系统整合了远程会议平台、统一调度平台、应急指挥平台,具有覆盖范围广、安全稳定的性能,提高了政府工作效率、降低办公成本,推进"互联网+"落地见效。有效破解了西吉县地貌类型复杂多样,境内沟壑纵横,山路崎岖导致信息传递困难等难题,建成了县乡村三级云视频会议,实现了全县295个行政村的面对面交流。

2020年,西吉县利用"云+"会议的形式,先后为全县各乡镇所有行政村授党课多次,举办了安全消防知识培训,开展了文广系统"农民培训教育年""新时代农民讲习所""脱贫攻坚政策"培训等活动,通过"六朵云"

工程送课到全县19个乡镇295个行政村。

（四）"文学之乡"

2001年5月，西吉县文联成立。创办《葫芦河》文学内刊和"西吉文学艺术网"。时有自治区级会员30多人，县级会员150多人，文学业余爱好者400多人。西吉县围绕打造"西吉文学""西吉文工团"品牌，先后举办2届火石寨笔会，编辑出版丛书《爱我西吉》（六卷）和《和谐西吉》（四卷）。西吉文联与《六盘山》编辑部联合举办了"骨干作家座谈会"。先后在《朔方》《黄河文学》《六盘山》《现代生活报》等编发"西吉文学小辑"。花儿歌手大赛，"颂歌唱西吉"征歌，"迎奥运，庆大庆"及"中国·宁夏（西海固）马铃薯节"系列书画摄影活动，震湖之秋文化艺术节等文艺活动的成功举办，为西吉文学艺术的发展营造了良好的氛围。享誉宁夏乃至全国的西吉籍作家屈文焜、火仲舫、郭文斌、马金莲、了一容、尤屹峰、赵炳庭、周彦虎、古原、火会亮等为西吉文学艺术赢得了荣誉。西吉籍作家、诗人、艺术家已有近百人出版了个人专著；有50余人次的各种文艺体裁的作品入编（入展、参演）国家级作品集（展览、会演），有40人次获得了鲁迅文学奖、骏马奖、冰心文学奖、《人民文学》奖、《小说选刊》奖、春天文学奖等文学奖和"兰亭杯"书法奖、全国民运会表演金奖尧全国少儿曲艺大赛206铜奖等艺术奖。有80余人次获得国家级文艺荣誉称号。《曼苏儿》等系列花儿歌舞剧多次参加国内外文艺演出并获奖；现代花儿剧《情暖农家》在宁夏首届艺术节上获得新剧目奖。西吉县已获得全国乌兰牧骑式先进团队、全国文化先进县和中国"文学之乡"殊荣。外界称誉"文学是这片土地上最好的庄稼"。

"文学之乡"牌匾

2011年10月10日，中国作协鉴于

西吉文学事业日益发展壮大,决定将中国作家"走基层、转作风、改文风"的调研会放在了宁夏西吉县。中国第一个"文学之乡"落地宁夏西吉。《大公报》、《新华每日电讯》、《中国文艺报》、新华网、中国日报网、中国新闻出版总署中华网、中国作家网、中国大公网、人民网、京报网、新浪网、凤凰网、黄河网等各大报刊网站做了报道。中国作协创研部副主任彭学明在接受记者采访时说:"'文学之乡'的创建具有里程碑式的划时代意义,它的意义不仅仅是文学层面的,它为全社会做出了文学走群众路线的典范,具有更加深远更加重大的社会意义。西吉文学让我看到了中国文学发展的希望和蓬勃的生命力。"高度概括了西吉作为中国第一个"文学之乡"的中国意义。

二、教育优先

1949年9月,西吉县人民政府设教育科(又称三科),编制4人。教师奇缺,教育落后。1979年以来,普及教育不断发展,教师队伍逐渐壮大。不断加快中小学校基础设施的步伐。2008年,实现了普及九年义务教育,教师队伍不断壮大。2018年,教育教学设施更加完善,实现了教育均衡发展。

(一)改革开放前教育机构

1942年,西吉立县。县政府设教育科。1972年2月,成立文教局。1984年2月,文化分出另设科,文教局改为教育科,重新设置办公室、人事股、普教股、计财股、教研室。1986年,增设招生办公室和卫星电视站。1990年8月,教育科改称教育局。增设教学督导室,卫星电视站改建为电化教育中心。1990年底,教育局共有工作人员50名,其中工人3名。

(二)改革开放前后幼儿教育状况

1958年,西吉县在城南门外创办七一幼儿园,收幼儿17人,分寄宿班、全日班、半日3个班。教师自编教材,开设语文、算术、游戏、唱歌等课程。1960—1966年入园幼儿稳定在30人左右。

1974年,县革命委员会在东街划地5亩,拨款新建幼儿园,建教室13间,宿舍、灶房6间,购置桌凳40套,小床60张。幼儿园迁至新址后,改称"西吉县幼儿园",各机关单位筹集福利款,给幼儿园添置转马、转椅、秋千、儿童篮球等器材。入园幼儿增至72人,有保教员7人。

1976年,又扩建砖木结构教室6间、宿舍6间、库房1间,保教人员增至11人。

1979年9月,县幼儿园被自治区妇女联合会评为先进集体。1981年,根据教育部颁布的《幼儿教育大纲(草案)》。对入园幼儿进行语言、常识、计算、音乐、美术、体育等方面的教育,较好地安排幼儿的生活和卫生防疫。

1981年10月,县幼儿园被自治区托幼工作领导小组评为先进集体。

1982年3月,县幼儿园被自治区政府树立为先进集体。

1983年5月,县幼儿园被全国少年儿童工作协调委员会评为先进集体。

1984年,县人民政府从民族事业费中拨出1.9万元,给幼儿园添置教学设备和玩具,县妇联和县委等单位赠送一批儿童玩具和图书。

1999年底,幼儿园有幼儿睡床97张,课桌凳78套,风琴7架,彩色电视机1台、电动碰碰车2辆,儿童三轮车20辆,荡船、伞形攀登架各1个,幼儿运动垫子20个以及电烤箱、电动压面机、紫外线消毒柜、电冰箱、洗衣机等生活设施。

1959年,幼儿园发展到39所,入园幼儿877人。1960年,农村幼儿园全停办。1978年,兴隆公社高进大队用县上拨给的3000元民族事业费,修缮9间闲房,办起幼儿园,收农村幼儿43人。1982年,共青团宁夏回族自治区委员会少儿部拨给西吉县幼儿园8000元,用于幼儿教育事业费,为高进大队幼儿园购置教学设备和玩具。1984年,县教育科为高进大队配备民办教师1人,开设语言、识字、计算、游戏、唱歌等课程。至1990年,入园幼儿40人,雇佣保育员2人。

(三)新中国成立前后初等教育状况

1919年,甘肃省静宁县单家集(今西吉县兴隆镇单民村)兴办初等小学1所,有教员2人,学生75人。1929年后,将台、三合、新营、沙沟、硝河、西吉滩、兴平等地办起国民小学。1941年,在黄沟村、马家沟、高塬堡、腰巴庄、沈家新堡、偏城堡、高崖、马昌堡各设初小1所。1942年,设立西吉县后,甘肃省教育厅选派教员、拨给经费,在沙沟、陶堡、沐家营、西吉滩、兴平、硝河改建或新建6所省立边疆小学。1944年,在县城内设"穆家营中正中心女校"1所。至1946年,全县有中心小学6所,省立小学6所,保校53所,在校学生2747人,教职工100人。1948年,原省立小学均改为县立中心小学。1949年,全县有完小12所。保校57所,在校学生2800余人,教职工187人。

新中国成立后,县人民政府大抓教育工作的恢复与整顿。1952年,各级小学发展到77所,在校学生2515人,第一个五年计划期间(1953—1957年)。全县小学发展到155所,教职工324人,在校学生10288人,适龄儿童入学率为33%。

1958年,全县掀起办学热潮,小学达到262所,在校学生23520人,适龄儿童入学率为94%。

20世纪70年代的乡村学校

1961年，对全县小学进行调整。至1962年底，保留小学212所，教职工406人，在校学生1.2万人，适龄儿童入学率为50%。1964年，大力推行耕读教育，全县大办耕读学校和简易小学，小学猛增至729所，在校学生增至19821人。

1966—1967年，在农村盲目兴办戴帽初中，小学大批教学骨干调去充任中学教师。削弱了小学教师队伍，挤占小学校舍、设备和经费，小学教学质量下降。

1975年，为扶持社队办学，办起1所小学，补助400元，县上共拨出12.36万元，新办小学309所。党的十一届三中全会以后，西吉县在回族聚居地区开办寄宿制回民小学，发展民族教育。1985年底，全县有小学校479所，教学点72处，小学教职工1812人，其中民办教师776人，在校学生51382人，适龄儿童入学率为76%。

1990年，全县有小学474所，占地2078亩，校舍建筑面积127652平方米，其中教室86035平方米，办公室1310平方米，图书、阅览室33平方米，学生宿舍1350平方米，职工宿舍33121平方米，家属住宅840平方米，食堂1112平方米。有课桌凳25921套。教学点46处，教职工2250人，其中民办教师572人，在校学生61231人，其中女生21320人。适龄儿童入学率为80.8%，适龄女童入学率为64.3%。

（四）新中国成立前后中等教育状况

1944年春，西吉县在何家店子始建初级中学。1945年秋，在全县招收初一学生47名。1948年，该校第一届初中毕业生23人。1956年，教学班增至4个，学生154人。

1958年，西吉县新设兴隆、三合初级中学。新营小学附设民办初中班，白崖小学设戴帽初中班，在何家店子新建农业中学，全县在校中学生发展到443人。1961年，新营民办初中和白崖戴帽初中班被撤销。同时，在西吉初中新增高中部。1964年,贯彻"两种劳动制度和两种教育制度"的精神,在新营、什字、将台等地先后办起半农半读的农业中学13所。因受校舍、设备、师资等条件限制,1966年以后,有的解体,有的改为普通中学。70年代,贯彻"初小不出生产队,完小不出大队,初中不出公社"的办学方针,农村采用小学戴帽的办法,有49所小学增设了初中班,改为7年制学校。并在三合、兴隆、新营、将台、大坪(马建)、白崖的初级中学增设高中班。至1978年,初中发展到46所,学生7855人,完全中学发展到7所,学生1858人。1979年,将城关一小戴帽初中班台并到县第一中学,并在县城开办第二中学。1980年9月,县革命委员会决定,设立西吉县回民中学(寄宿制)。同年,对各个中学进行调整,撤销办学条件不足的大坪、将台两所高中及城关李家沟、新营碱滩、红耀关儿岔、大坪张湾、蒙宜(苏堡)红庄、三合王庆,什字新店、将台西坪、硝河郎岔偏城柳林、沙沟中口、兴隆杨茂12所"戴帽初中"班。1981年,又维修了白崖高中及新营二府营、田坪南岔、三合王坑、平峰金塘、兴平友爱、王民红泰6所"戴帽初中"班。1982年,撤销了白城大窑滩石砚子"戴帽初中"班,另建白城初中;平峰八岔、兴隆单民"戴帽初中"班撤并到本公社中学;城郊大滩"戴帽初中"班微并到县第二中学。1983年,马建土窝子"戴帽初中"班撤并到马建中学。1984年,将台东坡"戴帽初中"班撤并到将台中学。1985年,全县有初级中学26所,在校学生6484人;完全中学5所,在校学生4287人。1986年,白崖乡重建高中。至1990年,西吉县有初级中学25所,在校学生11835人,其中女生3474人;高中6所,在校学生3031人,其中女生787人。中学占地面积共617亩,校舍建筑总面积66367平方米,其中,教室21508平方米,办公室2143平方米,实验室1359平方米,图书阅览室777平方米,学生宿舍10464平方米,家属住宅4856平方米,职工宿舍14568平方米,礼堂600平方米;学生食堂2025平方米,职工食堂88平方米。有课桌椅6713套。中学教职工943人，其中专任教师774人。

1949—1990年，西吉县中等教育成果卓著，为社会主义革命和建设培育了大量人才。1950—1990年，先后为社会输送初中毕业生36583人，高中毕业生9159人。1964年，全县首届高中毕业生13人中，考入大专院校的5人（预科班3人），高中中专4人占毕业生人数的69%。"文化大革命"时期，全县选送工农兵大学生93人。1977年，恢复了高考制度，至1999年全县考入大专院校学生4030人，其中，回族学生648人，女性学生703人；考入高中中专的有158人，初中专19人，考入技工学校的有471人。

新中国成立前，初级中学修业3年。新中国成立后，1969年改为"二二"分段。即初中、高中修业期均为2年，并改秋季始业为春季始业。1974年秋，又恢复为秋季始业。1977年11月，确定西吉中学、兴隆中学、三合中学、新营中学、白崖中学从本年度招收的初中一年级新生起。按初中三年、高中二年分段安排教学计划，其他初级中学及城关一增设的初中班亦同时实行三年制；各大队戴帽初中班，从1978年秋季招收的新生，实行三年制。1982年6月，西吉县第一中学高中改为三年制。经县人民政府决定，从1987年秋季起，新营、三台、兴隆3所完全中学高中部新生实行三年制。

1952年，西吉初级中学改为西吉初级师范学校。同年，招收师范班54人，学制三年。1953年，又恢复为西吉初级中学。师范班于1955年毕业28人。

1958年，为培养小学急需的师资，开办了西吉初级师范学校，学制二年。当年招生107名。1959年招生90名，1960年招生100名。1960年毕业84名，分配给海原县15名、泾源县9名、西吉县60名，充实小学教师队伍。1960年8—9月，兼办1期小学教师培训班，培训在职小学教师68名。由于师资、设备、经费不足，1961年9月，西吉县初级师范学校被撤销，部分学生转固原师范,部分转西吉中学,另一些回农村参加农业生产。

1973年,西吉中学增设1个师范班,招生40名。1974年,又在城关二小增设1个师范班招生40名。2个班的学生经过一年的培训后,分配到小学任教。从1975年起,在县"五七"学校增设一年制师范班,1979年改为二年制。1980年8月,县委决定将县"五七"学校改为西吉县教师进修学校。1984年6月,自治区教育厅批准西吉县教师进修学校为二年制中等专业学校,享受中等师范学校待遇。1973—1990年,全县共培训师范生15届614名,充实小学师资。另外,县教师进修学校曾举办1期在职小学教师进修班,培训33人;开办小学教材教法辅导员培训班5期,培训238人。

(五)20世纪80年代职业教育状况

1982年,西吉二中附设2个林业专业班,招收高中毕业生80名,学制一年。本届学生,为西吉林业发展做出了一定贡献。

1982年前后,职业学校共培养高中毕业生102名,其中二中培养350名,三合中学培养240名,职业中学培养502名。

(六)新中国成立前后西吉民族教育状况

新中国成立前,西吉县民族教育相当落后。新中国成立后,人民政府十分重视发展少数民族教育事业。1951年,在回族聚居地区专设小学13所,学生5600名。1956年发展到28所,学生2万多名。1980年,沙沟、偏城、西津、玉桥、公易5个中心小学附设四、五年级民族班,县城设立回民中学。1981年,白崖、兴平等10个中心小学附设四、五年级民族班。1973年10月,自治区人民政府从统战事业费中一次性给沙沟公社拨款25万元作为文教、卫生事业辅助费,其中15万元用于建设沙沟中、小学校舍和添置教学设备。党的十一届三中全会以后,西吉县把回族地区的校舍建设和教学设备的维修和添置列为重点解决项目。1980年前后,各级财政专项安排民族事业费127万元,用于解决校舍建设添置课桌凳、高低床等设备。

(七)新中国成立前后成人教育状况

1948年前,西吉县政府建民众教育馆1所,办理民众教育事宜。甘肃省教育统计资料记载,民国三十三年(1944年),西吉县有成人教育班60个,毕业1532人。1949年后,县委和县人民政府非常重视成人教育,采取多种形式来提高成人的文化素质。

从1949年冬开始,西吉县政府在农村举办冬季学习班,组织基层干部和青壮年农民学文化。是年,组织130人参加识字学习班。此后,扫盲工作逐年加强,到1952年,全县冬季学习班达189处,学员增至5902人,同年,县上选送4名干部到兰州速成识字教员训练班学习,培训结束回来后,在西吉中学为西吉县培训小学教师97人,办速成识字试验班8个。1955年以后,随着农业合作化的迅速发展,各农业社大办识字组、识字班、农民学校,至1957年,全县参加文化学习的农民达到18412人。1958年,西吉县自编《同音识字》课本,组织农村会计1325人,中、小学教师316人,中、小学学生5365人,农村中识字者达到5622人。教育主管部门采取送字上门、干啥学啥、包教包学等方式,开展农村扫除文盲活动,全县形成"万人教,万民学"的扫盲高潮,全县80%的青壮年能识1500个常用字。1960年,西吉县工农业余教育委员会成立后,组织全县扫盲大会考,有4842人(占青壮年文盲的25.5%)达到脱盲标准。同年,全县16个公社建立业余初等学校181所,业余中等学校4所,有3206人参加各校、班(组)学习。"文革"初期,扫盲工作处于停顿状态,致使农村新文盲大量增加。

1972年,全县扫盲工作会议后,农村以学习毛泽东著作为主,再次掀起扫文盲高潮。当年,办政治夜校827所,参加学习的有40226人。1973年,夜校达1187所,学员7.56万人,占农村青壮年总数的82%。1978年,各公社配备专职扫盲辅导员,进一步摸清农村文盲底数,将全县23个公社分为3类,制定一类公社以扫为主,二类公社扫、堵结合,三类公社以堵为主的扫盲规划。1982年,还规定,农村文盲经过自学,达到会认、会读、会写、会用1500个单字者,付给10元补助费;扫盲专职、兼职教员,扫除1名文盲付给10元报酬;达到脱盲标准的公社奖励2000元,达到脱盲标准的大队奖励500元。达到脱盲标准的生产队奖励200元,推动农村扫盲工作。

全县人口普查时统计,15周岁及其以上文盲半文盲高达136140人(男49202人,女86938人),其中青壮年中文盲66696人(回族42628人,女41227人)。

1954年,县文化馆设女职工识字班,有27人分别参加甲、乙、丙3个组学习。1956年,在县城设职工业余文化学校1所,分设初中、高小、初小3个班,有学员123人,每周学习4次,每次1~2小时。1957年2—7月,在兴隆区单民举办干部扫盲班区、乡和企事业单位的70多名干部通过学习,达到脱盲程度。1959年,县城举办职工红专大学。设3个初小班、3个初中班、1个英语班,参加学习的企事业单位职工188人。1981年,县城设职工业余文化学习班3个,学员80人,此外,农业系统开办西吉县农业广播电视学校,有80人参加学习。1982年,有9个科级单位成立了工农业余教育领导小组,县城举办初中班7个,学员185人;初等文化补习班2个,学员54人。沙沟和什字2个公社也分别举办职工文化补习班,学员50人。

(八)新中国成立初期教师队伍状况

1950年,全县有小学专任教师103人,中学教师6人,多系旧职教员。1953—1958年,甘肃省平凉师范、陇东师范、海原初级师范、靖远初级师范等学校的一部分毕业生以及上海、北京、河南、兰州等地支宁的社会知识青年,经过师资培训班的学习,被充实到小学教师队伍中。60年代,西吉县初级师范毕业生,分配到小学任教。宁夏大学、银川师范、吴忠师范、固原师范等校的毕业生,陆续补充到中、小学任教。70年代,西吉县培养了

20世纪80年代乡村小学教学条件

部分小学教师,中学教师还依赖外地分配补充。80年代,固原师专开始向西吉县输送毕业生,中学教师逐年增加。

1954年开始,陆续吸收农村中的知识青年担任民办教师,至1979年达到1289人,占全县教师队伍的66%。由于民办教师比例过大,从1978年前后,为减少民办教师的比例,经过考试,先后录用了362名民办教师为国家正式教师。

新中国成立初,西吉县公办教师大部分是初中或初师文化程度,民办教师中,小学文化程度者甚多。1960年,县上成立函授站,200多名在职小学教师通过函授学习中师课程,文化素质有所提高。1977年以后,西吉县每年选送中青年教师到宁夏教育学院、宁夏大学、银川师专、固原师专、北京师范学院、中央民族学院、陕西师范大学等院校进修。1979年前后,全县在外地代培教师415人。

新中国成立初,教职工以领取黄米、小麦为薪金,中学教师每人每月为135~180公斤,小学教师每人每月为70~125公斤。实行工资计分制后,小学校长为130~165分。教师95~130分。1954年7月起,实行工资制。1956年工资改革后,全县教职工平均月工资为51.1元。1963年,教师中有145人(占总数的44.4%)提升为一级工资。1971年,对少数教龄长、工资低的教职工工资做了一次调升。1977年,40%的教师晋升一级工资。1978年,为20%的教职工工资晋升一级。1979年,有534名教职工的工资得到了调升。同年,中小学试行班主任津贴,中学每人每月为5~7元,小学每人每月为

4~6元。1982年,有1219名教师升(靠)级,平均每人每月增加7.4元。

(九)十八大以来教育发展情况

党的十八大以来,西吉教育始终坚持"守好一段渠,尽好教育责;种好责任田,教育做保障;打好总攻战,教育做贡献;做好考试卷,兑现军令状"认真贯彻落实好教育发展工作。

西吉县现有各级各类学校525所,其中普通中学21所,九年一贯制学校9所,小学105所,教学点201所,职业中学1所,特殊教育学校1所,幼儿园223所(其中民办15所)。在校学生82670人,其中小学生34248人,初中生21192人,普通高中学生8680人,职业高中学生4295人,幼儿园(含学前班)在园(班)儿童14255人。在校学生中农村留守儿童574人;2019年有中小学在编在职教职工5168人(其中党员1389人,特岗教师335人)。其中:幼儿园30人,小学2311人,初中1915人,高中664人、职业高中233人,特殊教育学校15人,小学、初中专任教师任职资格率均为100%,学历合格率分别为99.96%、99.88%,高中专任教师学历合格率为94.58%。

2015年,西吉县委、政府深入贯彻落实教育优先发展战略,紧扣"发展教育脱贫一批"基本方略和教育系统"11236"工作思路,科学谋划,精准施策,坚定不移补齐教育短板弱项,全力推进教育脱贫攻坚。2016年以来,累计投入22.24亿元,大力实施农村薄改,推进义务教育均衡发展,新(改)建校舍79.95万平方米,办学条件明显改善,义务教育基本均衡发展如期通过国家督导评

现代教学条件

全面推进义务教育均衡发展

估认定。建立教、研、训、测、评一体化机制,县财政每年筹措资金300余万元,对全县义务教育阶段一至八年级74个所有学科进行统一质量监测。2018年,承担国家义务教育质量监测工作并荣获全国优秀组织奖,各科监测科目成绩均处于全国中上等水平。教育质量稳步提升,教育已成为绝大多数贫困家庭拔掉穷根的最重要途径。西吉县被教育部等五部门认定为第四批国家级农村职业教育和成人教育示范县。控辍保学扎实推进,认真落实县级领导包乡和乡镇、部门(单位)"三保四包一帮"双线和县、乡、村、组"四级",县长、局长、乡镇长、校长、村长、家长"六长"控辍保学责任制。坚持精准建库、精准建卡、精准帮扶、精准联动、精准施策,先后开展四轮"千名教师进万名学生家庭"大走访、大调研活动,建立网格化包抓责任机制,实现全县295个行政村1854个村民小组和8个社区全覆盖,完成0—18周岁人口信息库、建档立卡家庭子女信息明细数据库、建档立卡贫困学生帮扶对接数据库、在校学生信息数据库的"四库"建设。建立辍学学生劝返复学、辍学学生登记和书面报告制度,严格落实3天不到校无理由上报制度,坚持温馨保学,建立留守儿童、建档立卡贫困家庭子女和进城务工人员随迁子女关爱机制,健全残疾儿童就学保障机制,全力落实控辍保学各项工作任务,实现了控辍保学动态清零目标。惠民政策全面落实,建立并全面推行"123456"教育精准扶贫攻坚模式,2016年以来,各学段累计资助学生57.017万人次9.279亿元(建档立卡21.89万人次),下沉12个生源地助学贷款代办点,办理生源地助学贷款9919人(建档立卡2838人),贷款额达5823万元,高效率、高质量圆满完成网上受理工作;社会团体和个人捐助2159人531.7万元(其中西吉县教育扶贫基金资助400人60.4万元),资助体系日臻完善,确保了"不让一个学生因贫困而失学"。2019年底,《下沉学贷办理 助推精准扶贫》成功入选全国教育扶贫典型案例。从2019年开始,全县义务教育阶段学校全部实行"一荤两素"餐盘供餐模式,实现了营养改善计划供餐从"吃得饱"到"吃得好"的升级换代。

2019年,西吉县有各级各类学校513所,普通中学18所(高级中学1所,完全中学2所,初级中学15所),就能九年制学校9所,小学118所,教学点146个,职业中学1所,特殊教育小学1所,幼儿园220所(其中民办13所)。在校学生82349名,其中小学生35830名(特教学生72名),初中生20849名,普通高中生7734名,职业高中学生4004名,幼儿园在园儿童13932名。

公共体育普及工程等重点项目,不断优化整合教育资源,新增校舍面积33.85万平方米,新建体育场(馆)面积4.06万平方米,进一步改善全县教育教学条件和体育基础设施滞后状况,加快推进教育体育事业发展。

1981—1990年,西吉县获地区级以上金牌56枚,银牌77,铜牌66枚,52名运动员打破75项地区和自治区田径、射击纪录。34名运动员代表宁夏参加全国性竞赛,有6人取得名次,为宁夏体工队输送运动员5名。1986年,西吉县被国家体委、民委授予少数民族体育先进县。1999年,西吉县获"全国体育先进县"荣誉称号。

第二节　医疗保障　全民健康

1952年，西吉县的卫生机构有2个，1978年发展到26个，2019年发展到371个；医务人员1949年2人，1978发展到280人，2019年1790人。[①]医疗卫生事业机构把县、乡、村三级医疗服务网络和提高公共卫生服务水平作为主要方向，逐步建立以县级医疗机构为龙头、中心卫生院为枢纽、乡镇卫生院为重点、村卫生室为补充医疗卫生网络点。

一、医疗保障

（一）1978—2019年西吉医疗发展历程

30多年来，我国医疗卫生领域发生了巨大变化。西吉县卫生工作，以维护人民群众健康权益作为各项卫生健康工作的出发点和落脚点，为社会发展提供保障。全县医疗卫生健康事业获得了显著成绩，人均期望寿命由新中国成立前的35岁提高到目前的71岁，居全区前列。从缺医少药的岁月，到现在全县拥有医疗卫生计生机构总数334个，其中县直医疗卫生计生机构5所，乡镇（中心）卫生院25所，社区卫生服务站4所，民营医疗机构3所，村级卫生室297所。拥有区重点学科4个，县级重点专科6个。

医疗服务质量大幅提升，医疗服务体系日趋完善，极大地改善了医疗条件，就医难、看病难的现象，已经一去不复返了。医疗条件差、就医环境不好这些在过去谈起来让我们唉声叹气的难题，正在渐行渐远。标准化村卫生实现全覆盖，基本医疗设备配置得日益齐备，县域医共体建设

[①]西吉县统计局《西吉县经济要情手册》2019年，第142—143页；西吉县志编纂委员会《西吉县志》，宁夏人民出版社1995年版，第489页。

趋于成熟。

30年的风雨历程,全县医疗卫生从"赤脚医生"到接受高等教育的医护专业人员,从"望闻问切"到高科技大型诊疗仪,从破旧、低矮的老建筑到花园式、宾馆式医院,无论是医疗环境还是医疗手段,都发生了跨越性的变革。如心脑血管疾病、癌症、慢性呼吸系统疾病、糖尿病等重大慢性病发病率上升趋势得到遏制,重点传染病、严重精神障碍、地方病、职业病得到有效防控,致残和死亡风险逐步降低,重点人群健康状况显著改善。

1. 缺医少药看病难(1978—1985年)

西海固地区地处宁夏南部六盘山区,干旱少雨,交通不便。西吉又处在西海固地区西南一隅,气候更加干旱,交通更加偏僻,经济更加落后。1970年兰宜公路(兰州—宜川备战公路)建成通车。在此之前,西吉县没有一条公路,交通极为不便。西吉本地人很难走出去,外边的人也很难走进西吉县。

1978年,全国各地已吹响改革开放的号角,一些地方生产力已得到极大提高,经济已经有长足发展。但1978年的西吉县,许多农村人出门没有一件像样的衣服,有的遇到旱灾就得出外乞讨。那时候西吉县财政极度困难,广大农村地区医疗卫生条件十分薄弱,卫生费用特别紧缺。医疗卫生队伍薄弱,导致医生、护士不分,没有护理人员,医疗专业人员知识陈旧老化。布病、包虫病等地方疾病多发,卫生状况差。医疗条件差,导致看病难、治病难、突发事件解决难,得肺炎、哮喘辞世的人很常见。

1981年3月,卫生部下发《医院经济管理暂行办法》和《关于加强卫生机构经济管理的意见》,开始扭转卫生机构不善于经营核算的局面。在此基础上,1982年卫生部颁布了《全国医院工作条例》,以行政法规形式明确了对医院相关工作要求。在加强对医院管理的同时,也开辟了医疗主体多元化的先河。

2. 赤脚医生遍山川（1986—1993年）

"赤脚医生"是指一般未经正式医疗训练、仍持农业户口、一般情况下是"半农半医"，这是农村合作医疗制度的产物。"赤脚医生"出诊时就挎个小药箱，箱子里装的是针筒、针头、体温计，还有青霉素、链霉素、甘草片和氨茶碱等最简单的药品。"赤脚医生"队伍是为弥补医务人员紧张的问题而在各村组建的，为群众提供简单的卫生防疫宣传和医疗服务。1991年，全国人大第七次会议提出了新时期卫生工作的方针："预防为主，依靠科技进步，动员全社会参与，中西医并重，为人民健康服务，同时把医疗卫生工作重点放到农村。"这可以看作是对这一阶段卫生政策的高度总结。

70年代走乡串户的赤脚医生

3. 医疗服务体系初步形成（1994—2000年）

1996年底，党中央、国务院召开了新中国成立以来第一次全国卫生工作会议，确定了新时期卫生工作奋斗目标、工作方针和基本原则。强调坚持为人民服务宗旨，坚持把社会效益放在首位；强调以人民健康为中心，优先发展基本卫生服务；强调从国情出发，合理配置资源，注重质量和效益；强调加强农村卫生、预防保健和中医药工作，逐步缩小地区差距；强调举办医疗机构要以国家、集体为主，社会力量为补充；强调加强职业道德建设，提高思想道德素质和技术服务水平。1997年，中共中央、国务院做出《关于卫生改革与发展的决定》，明确我国卫生事业的性质是社会公益事业,政府负有重要责任,强调卫生事业发展必须与国民经济发展相协调,人民健康保障必须与经济发展水平相适应。1998年12月,国务院做出《关于建立城镇职工基本医疗保险制度的决定》,城镇职工基本医疗保险制度建设在全国稳步推进,西吉县医疗服务体系初步形成。

4. 医疗保障完善(2001—2012年)

医疗保障日趋完善2002年,中共中央、国务院做出《关于进一步加强农村卫生工作的决定》,提出加强农村卫生服务体系建设,建立新型农村合作医疗制度等重大战略部署。2003年,国务院批准实施公共卫生体系建设三年规划,国家累计投入276亿元,基本建成覆盖城乡、功能比较完善的疾病预防控制和应急医疗救治体系,防治传染病流行和应对重大突发公共卫生事件的能力明显提高;国务院还批准实施《农村卫生服务体系建设与发展规划》,国家投资217亿元,改善农村三级医疗卫生服务条件。大力组织城市卫生支援农村,实施万名医师支援农村卫生工程;国务院制定颁布《关于发展城市社区卫生服务的指导意见》,加快城市社区卫生服务体系建设,努力构建以社区卫生服务为基础的新型城市卫生服务体系。从2003年开始,国家组织建立新型农村合作医疗制度。坚持以政府投入为主,农民自愿参加,重在解决因病致贫、因病返贫问题。同时,建设城乡医疗救助制度。2006年6月,国务院决定启动深化医药卫生体制改革研究,《关于深化医疗卫生体制改革的意见（征求意见稿）》已公开向社会征求意见。改革方案紧紧围绕建立基本医疗卫生制度,实现人人享有基本医疗卫生服务的宏伟

上门巡诊

战略目标，突出公益性质，强调政府为主，坚持公平效率统一，充分发挥全社会力量，努力推进公共卫生、医疗服务、医疗保障和基本药物保障体系建设，为群众提供安全、有效、方便、价廉的基本医疗卫生服务。2007年下半年，国务院启动城镇居民基本医疗保险试点，为城市非就业居民建立基本医疗保障制度。商业健康保险也有了较快发展，为群众提供多层次医疗服务。

（二）十八大以来医疗卫生成就显著

1. 综合性医改取得突破性进展

截止到2019年，分级诊疗制度逐步完善，县人民医院、县中医医院与全县28家基层医疗卫计单位建立医疗联合体，基本形成以县直两院为枢纽、中心卫生院为补充的东西部县乡一体化医疗联合体。家庭医生签约服务全面推开，常住人口、重点人群签约率分别达到47.3%、78.90%，县域内就诊率达到90.32%。精心打造以信息系统为支撑、业务流程为导向、数据共享为核心的现代化医院管理模式，加快推进智慧医院建设步伐，充分运用"互联网+医疗健康"，创新医疗服务和卫生健康管理模式，构建医疗服务新格局，在县直两院建设了影像诊断中心、心电诊断中心、病理诊断中心、远程会诊平台、"掌上医院"APP支付平台和互联网门诊建设，打通了与区内外三级医院联合诊治渠道。同时，县域所有基层医疗机构全部纳入远程诊断体系，充分运用远程诊疗解决群众看病难和看病贵的问题。重点对社会办医、大处方、欺诈骗保、药品回扣等领域加强综合监督管理，切实维护了群众的健康权利，初步实现综合医改预期目标。

2. 服务体系不断完善

2016—2019年，西吉县总投资4.3亿元。先后完成了县人民医院、中医医院、妇幼保健院迁建项目，新建急救中心、县人民医院妇儿综合大楼、妇幼保健计划生育服务中心住院部大楼，15所乡镇卫生院门诊和住院部改扩建及5所社区卫生服务站新建（其中1所正在建设中）等项目，完成289所标准化村卫生室建设项目，实现了全县标准化村卫生室全覆盖。陆续

标准化的乡村卫生院

更新添置了百万元以上的大型医疗诊疗设备12多台，改善了群众就医条件。投入1205万元创建群众满意卫生院19所，社区卫生服务站2所、村卫生室76所，有3所乡镇卫生院获国家群众满意乡镇卫生院称号；投资385万元建成乡镇卫生院中医馆22所，配齐了常用治疗设备和预防接种冷链设备，基层医疗卫生计单位基本医疗设备、救护车等基本能够满足当前工作需求。

3. 服务均等化显著提升

2020年，突出工作重点，提高儿童、孕产妇、老年人等重点人群的健康管理水平，全县城乡居民电子健康档案累计建档率达95.38%，国家免疫规划疫苗预防接种率达到98%，高血压和糖尿病患者规范管理率分别为85.68%、89.42%，孕产妇和7岁以下儿童系统管理率分别为97.85%、97.9%，住院分娩率99.85%。传染病疫情和突发公共卫生事件得到有效控制，全年传染病报告发病率为278.02/10万，5岁以下儿童、婴儿死亡率分别为11.12‰、9.89‰，人均50元服务经费全部落实到位；推行先住院、后付费，先诊疗、后付费，住院费用实行"一站式"结算报销、优质护理、远程医疗、检验检查结果互认等多项便民惠民措施；抓实"爱国卫生日"活动，创建无烟学校20家，无烟企业5家，每年春夏秋季科学开展病媒生物消杀活动，加强"四害"孳生地的治理。群众满意度逐年提高。

西吉县医院门诊楼

4. 妇幼保健全面优化

全面两孩政策平稳实施,流动人口均等化服务覆盖面进一步扩大。2017年,出生缺陷发生率57.76/万,孕产妇系统管理率96.05%,高危产妇管理率100%,产前检查率98.04%,7岁儿童保健覆盖率94.45%,3岁儿童系统管理率92.49%。5岁以下儿童死亡11.12‰,婴儿死亡率9.0‰;有效落实6—24月龄儿童营养改善项目、新生儿48种先天遗传代谢性疾病免费筛查、婚前医学检查、妇女"两癌"筛查、50岁及以上老年人免费体检、艾滋病、乙肝、梅毒母婴传播项目等民生工程。

5. 健康扶贫扎实有效

2019年,建立"一免一降四提高一兜底"的综合医疗保障机制,构建"健康扶贫一站式"结算平台系统,通过"三个一批"实施分类救治贫困患者,使贫困患者住院费用实际报销

先看病、后付费报销窗口

比例达到了90%,切实减轻贫困患者的就医负担。

6. 基本医疗保障

(1)医疗保险。2020年以来,西吉县城乡居民基本医疗保险实施了市级统筹,实现了统一政策、统一标准、统一管理,共享信息平台,建立了"一制三档"缴费制度。由"一制三档"变为"一制一档"。普通人群缴费280元,特困人员、二级以上重度残疾人员、未参加职工医保的离休干部

遗孀为"0"缴费,低保户、老龄老人、建档立卡户、优抚对象缴费金额为30元,三级残疾人员缴费金额为64元。自2014年实施健康扶贫政策以来,西吉县不折不扣落实自治区建档立卡户、低保户、二级以上残疾等特殊群体缴费政策,参保率为100%、普通人群参保缴费均达到95%,完成了自治区下达的征缴任务,且城乡居民个人基本医疗保险县级财政补助、代缴费用等每年按时足额核算划拨到位。2020年按户籍人口缴费,参保缴费人数为42余万人。

(2)政策待遇全面落实。2019年建档立卡户建立了基本医疗保险、大病保险、大病财政补助、扶贫保、医疗救助、财政兜底六层保障,使因病致贫、因病返贫的建档立卡户住院实际报销达到90%或5000元以下;农村非建档立卡人员在享有基本医疗保险、居民大病保险的基础上,享受固原市商业健康保险。城乡居民基本医疗保险和居民大病保险零星报销统一纳入医保大厅管理,建立合署办公,实行"一站式"服务。县内协议医疗机构将基本医疗保险、大病保险、城乡低保等医疗救助对象统一联网,实现一站式结算。117种单病种付费网络上线全面启动实施。门诊建立乡村两级普通门诊和30种大病门诊。

(3)异地就医有序推进。2019年为方便外出务工人员就医和居民转诊转院,西吉县创新管理服务模式,将门诊大病审批办理和续审、转诊转院、异地居住就医备案等经办服务,移至县人民医院、县中医医院办理,减少了群众跑路、垫资问题。充分利用宁夏社会保险数据统一集中管理优势,加快推进掌上12333、手机APP、自助服务一体机、微信、公共服务平台的应用,探索应用社保大数据资源共享功能,推进医疗保险网上申报经办和不见面审批办理医保业务进程。

(4)基金管理规范。2017年城乡居民基本医疗保险制度实行了总额控制下的以按病种分值付费为主、单病种付费、生育医疗费用包干等相结合的付费方式;普通门诊按照人头45元/年控制;异地就医结算、清算工作如期进行,做到同步运行。建立内控稽核制度,定期开展医疗服务巡查和大病外伤调查,确保基金安全。2018年打击"诈骗保"工作开展以来,检查医药机构70余次、215家,追回违规基金2076333.44元和违约基金534414.52元。

二、全民健康

城乡居民医疗保险基金年增长率达13.26%。

(一)基金支出总额

a. 2014—2019年度基金收入总额(亿元)

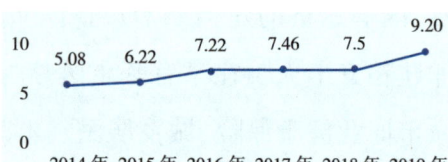

b. 2014—2019年度基金支出额(亿元)

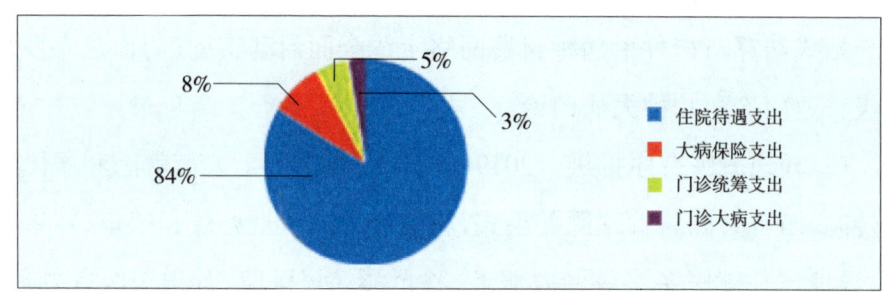

c. 2019年基金支出构成情况

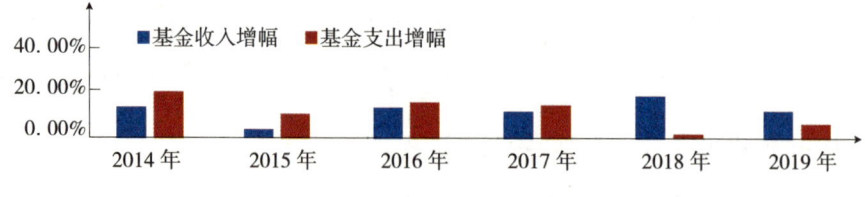

d. 2014—2019年收入支出增幅

2014—2019年城乡居民医疗保险对比图

2016年，随着城乡居民医保政策体系的完善，特别是实施城乡居民普通门诊统筹、门诊大病统筹、大病保险、取消药品零差率实施医保基金补偿、实施普惠性健康体检及各项待遇水平逐年提高等，使城乡居民医疗保险基金支出增幅明显，2019年基金支出较上年增长23.86%，基金运行平稳。

(二)基金收支增幅

2019年，从基金支出项目看，住院医疗费用支出占总支出的84%，大病保险基金支出占总支出的8%，门诊统筹支出占5%，门诊大病支出占3%。

(三)住院享受人数

2019年，全面落实自治区《关于推进健康扶贫若干政策的意见》，通过政府兜底保障等措施，确保贫困患者年度内住院医疗费用报销比例不低于90%或当年住院自付费用累计不超过5000元。在此基础上，固原市委、政府出台《关于提高全市农村居民医疗保障水平巩固脱贫成果的意见》，将自治区对建档立卡贫困患者提高医疗待遇水平的政策普惠到农村所有居民，按照政府、个人和保险机构责任共担的保障模式，实现兜底保障目标，确保其年度内合规住院医疗费用实际报销比例达90%。政策出台后，积极与卫计、财政、民政和扶贫、商业保险公司等部门(单位)对接，做好数据推送、衔接和共享，推行健康扶贫医疗保险"一站式"结算，确保普惠性政策落到实处，使参保人员医疗需求得到较大释放和较好满足，表现在2019年住院人次和住院率较上年小幅增长。

(四)住院费用变化

随着经济发展，城乡居民人均可支配收入不断增加，城乡居民用于健康方面的支出也不断增长，同时受医疗卫生价格上涨、卫生部门要求住院人员在医疗机构必查项目增多、各种大型先进设备的应用，以及医保控制措施不力等因素影响,推动了城乡居民医保次均住院费用的连年上涨,2019年次均费用较上年增长13%,主要原因是统计方式的变化及医疗耗材等费用的上涨。

表14-1 住院次均费用变化情况表

年份	2014年	2015年	2016年	2017年	2018年	2019年
次均住院费用	5329元	5685元	5860元	5859元	5900元	6667元
次均住院床日	10.9天	10.8天	10.6天	10.1天	10.2天	9.26天
次均床日支出	489元	526元	553元	582元	578元	719元

(五)住院报销比例

随着自治区级统筹制度的实施,以及加大稽核检查力度,促使协议医疗机构降低医保目录外费用等措施,使全市城乡居民医保住院待遇水平不断提高,2019年度城乡居民住院医疗费用平均报销比例较上年下降了2.03个百分点,政策范围内住院费用报销比例下降0.61个百分点。

(六)医疗费用变化

受物价水平、转院率、全区各级医疗机构次均费用的上涨,以及统计方式口径的变化,使城乡居民次均费用整体涨幅明显,2019年由于统计方式方法的变化和统计报表结构的变化,使各医疗机构次均增幅较大,较上年下降13%。

(七)典型案例

案例一:享受自治区健康扶贫政策实例。西吉县李营村刘某,时年9岁。2018年先后6次因黄疸、肠系膜淋巴结炎、再生障碍性贫血在宁夏医科大学总医院感染疾病科、宁夏新安康医院、北京京都儿童医院等就医共花费871228.39元,经城乡居民基本医疗保险报销82956.22元、城乡居民大病保险报销407077.07元、扶贫保报销92676.71元、大病保险财政补助报销31656.45元、民政救助68809.63元、财政兜底报销180701.12元后，个人自负共5000元。

案例二：享受自治区健康扶贫政策实例。西吉县陈阳村杨某某，时年58岁。2018年3月因帕金森病在西京医院就医共花费271820.42元，经城乡居民基本医疗保险报销35461.97元、城乡居民大病保险报销6676.71元，扶贫保报销26921.47元，大病保险财政补助报销3666.55元，民政救助1845.44元，财政兜底报销192248.28元，个人自负5000元。享受自治区健康扶贫政策实例。

案例三：大病救助实例。西吉县新营乡万达川村韩某某，时年50岁。2019年至今先后5次因盆腔炎性肿物、子宫内膜原位癌、手术后恶性肿瘤化学治疗、胫骨平台骨折等疾病分别在宁夏医科大学总医院、宁夏回族自治区人民医院、宁夏新安康医院、西吉县吉强镇卫生院就医共花费111937.08元，经城乡居民基本医疗保险报销45510.97元、城乡居民大病保险报销17214.52元、扶贫保报销16860.66元、大病保险财政补助报销7898.33元、民政救助2262.92元、财政兜底报销12189.68元后，个人年度内自负均5000元整。①

---

①数据来源：

  a.《自治区社保局关于做好建档立卡贫困人口城乡居民大病保险"一站式"结算工作的通知》(宁社保函〔2017〕90号)。

  b.《关于印发〈健康扶贫医疗保障"一站式"结算经办规程（暂行）〉的通知》(宁卫计发〔2017〕290号)。

  c.《关于跨省异地就医直接结算建档立卡贫困患者健康扶贫"一站式"结算报销有关事项的通知》(固人社函〔2018〕70号)。

第三节 乔迁新居 老有所养

一、乔迁新居

(一)"十二五"生态移民搬迁

2015年,西吉县内移民建成了吉强镇万崖等21个生态移民安置区和民生家园及惠泽苑2个劳务移民安置区,共搬迁安置生态移民2923户1.36万人,民生家园、惠泽苑共搬迁劳务移民1476户0.78万人;县外移民共搬迁安置生态移民6287户3.09万人,劳务移民3788户1.81万人。

通过生态移民的实施,极大改善了贫困片带移民居住、交通、饮水条件,为加快移民脱贫致富步伐奠定了坚实基础,也为新农村建设和整村推进提供了示范样板。

一是移民居住条件得到了改善。搬迁前,居住房屋大部分为上世纪八九十年代建造的土木或土砖木结构房屋,面积小,抗震性能差,每逢雨季,部分房屋就会出现裂缝甚至倒塌,严重威胁着群众的生命财产安全。通过实施生态移民工程,移民搬进了质量可靠、居住安全的砖木结构瓦房,居住条件和村容村貌得到了极大改善。二是移民出行困难问题得到解决。搬迁前,大部分移民居住在沟道内或梁峁上,山大沟深,交通不便,农业生产资料的运进和农副产品的运出都

移民搬迁车队

很困难,行路难成为制约当地群众脱贫致富的瓶颈。通过实施生态移民工程,新建成的移民安置点全部布设在乡村主要公路沿线或集镇周围,距离迁出区一般不超过2公里,方便了移民出行和子女上学,同时也便于移民进行农业生产或为移民在集镇务工、创业提供了便利。三是移民饮水条件得到了改善。搬迁前,由于移民居住分散,加之居住地形高,不便于集中供水工程建设,移民饮水全部为沟道泉水或土园井水,水质差、水量小、取水困难。每逢干旱年份,沟道泉水和土园井干涸,群众要到几公里甚至十几公里之外的地方去拉水,每户每年用于拉水的费用在1000元左右。多数农户常年有一个劳力为吃水奔波,群众为吃水受尽了艰辛。移民安置区建成后,户户通上了自来水,水量有保障,水质条件好,移民不再为吃水发愁,全身心投入到农业生产和务工创收之中。四是农业用电得到保障。搬迁前,居民供电线路老化,时断时续安全无保障,农业生产用电未覆盖全部村组,影响了农业生产。搬迁后,安置区全部架设了动力和照明线路,供电保证率得到了提高,也为农业生产提供了电力保障。五是增收致富步伐加快。生态移民搬迁后,每户建成30平方米养殖圈舍或集中养殖园区,为移民发展畜牧养殖业创造了条件;劳务移民搬迁后,通过技能培训,制订帮扶计划,移民在县城务工、创业,拓宽了增收渠道,加快了脱贫致富步伐。

(二)"十三五"生态移民搬迁

2016年,西吉县内移民建成了81个就近安置点,共搬迁安置建档立卡贫困户1715户7128人,劳务移民在城区13个商住小区回购商住房2466套,共安置建档立卡贫困户2466户13256人,已全部组织搬迁入住;县外移民共搬迁安置2070户9561人(其中金凤区585户2726人,兴庆区312户1267人,灵武市300户1460人,平罗县282户1440人,宁东镇300户1169人,青铜峡市252户1300人,同心县39户199人)。

"十三五"期间,搬迁至银川市金凤区的原西吉县白崖乡半子沟村移民就业基地

2017年8月,西吉县白崖乡半子沟村向银川市金凤区润丰村共搬迁安置327户1338人。属"十三五"易地扶贫搬迁整村移民迁出区。移民迁出后,西吉县及时对迁出区土地进行了生态修复,成效显著。

"十三五"期间,西吉县全面贯彻落实习近平总书记关于扶贫开发重要论述和来宁视察时的重要讲话精神,把易地扶贫搬迁作为脱贫攻坚的重中之重,全力推进,狠抓落实,积极实施易地扶贫搬迁工程,通过"挪穷窝,换穷业,拔穷根",确保建档立卡搬迁群众实现"搬得出,稳得住,能脱贫",如期脱贫奔小康。

1. 目标

西吉县"十三五"期间按照"易地扶贫搬迁脱贫一批"的目标,在县内搬迁安置的建档立卡贫困人口4181户20384人,搬迁一户、脱贫一户,确保到2020年移民群众实现"两不愁三保障"脱贫目标,与全国全区同步全面建成小康社会。

2. 经验

(1)搬迁对象。在已有的建档立卡贫困户信息基础上,坚持因地制宜、实事求是的原则,组织力量入户走访,对居住在沟壑梁峁、大山深处不具备基本发展条件、生态环境脆弱、地震断裂带、地质灾害点的有搬迁愿望的建档立卡贫困户实施易地扶贫搬迁。对已确定的搬迁对象中因其他原因有不愿搬迁的,根据家庭人口数,按照"进一退一"的原则,由乡镇申报进行调整。

(2)编制方案。在认真分析、总结区市相关政策文件精神的基础上，结合实际，研究制订《西吉县"十三五"易地扶贫搬迁方案》《西吉县"十三五"县内劳务移民回购房实施方案》和《西吉县"十三五"易地扶贫搬迁县内劳务移民回购房项目方案》等规范性可操作性文件，保证易地扶贫搬迁工作规范有序推进。

(3)搬迁脱贫。结合西吉县实际，统筹考虑水土资源条件，因地制宜，结合整村推进、美丽乡村等项目建设，对不愿进城的贫困户对象采取就近安置，实现"有土"移民，每户移民在建设住房的同时，配套建设院落围墙、大门、厕所、厨房、养殖圈棚等附属设施。利用现有土地，发展种养殖业，并给予产业扶持补贴，依靠产业培育确保稳定脱贫。县内劳务移民回购房为城区现有的商住房，并依照设定标准进行简易装修，利用县内闽宁产业园区、相关企业和政府提供一定的公益性岗位，大力开展劳务技能培训，积极引导移民就业，鼓励移民自主创业，提供创业贷款扶持，实现"离土"移民稳定收入。

(4)资金管理。制定出台《西吉县"十三五"易地扶贫搬迁资金管理办法实施细则》，对于搬迁结余资金，做到统筹使用、渠道不乱、专户不变、分账管理、专款专用，最大限度发挥资金效益，切实保障易地扶贫搬迁群众后续发展。

(5)政策红线。在"十三五"易地扶贫搬迁过程中，县委、政府将"五严"充分体现在全过程中。一是严格落实界限标准。根据"先定地域范围后定人"的原则，落实"一方水土养不起一方人"和"搬迁对象必须为建档贫困户"的界限标准，在确定的迁出区域和迁入安置区内，严格按照程序核定搬迁对象。二是严格落实集中安置要求。根据建档贫困户意愿和家庭实际情况，统筹考虑资源禀赋和区域产业优势，科学论证，因地制宜，因户施策，采用就近安置生态移民和县城安置劳务移民两种方式，全面进行集中安置。三是严守住房面积政策"红线"。坚决执行建档贫困户人均住房面积不低于15平方米,不高于25平方米的国定标准,严守住面积不超标的政策"红线"。四是严守搬迁不举债"底线"。严格落实搬迁户自筹资金人均不超过3000元的政策"底线",杜绝搬迁户因安置住房面积超标、自筹资金过多造成新的举债和负担。五是严格规范回购程序。扶贫办聘请第三方,全程参与"回购房",充分做到公开透明、公平公正,全面接受社会监督。根据市值评估和成本审计,参考商住房区域市场利润空间值,通过政府谈判、企业让利于移民、低于当地市场价格的方式采购劳务移民住房2466套227482.25平方米。

(6)坚持原则。坚持以"自然修复为主,封育管护并举,生态效益优先"为原则,加大移民迁出区整治和修复保护力度。一是拆除迁出区旧庄。移民搬迁后,按照"一户一宅"原则,对迁出区6242套旧庄院房屋及附属设施计划进行拆除复垦,恢复生态。二是进行生态修复。完成白崖乡半子沟村整村生态移民迁出区生态修复1.58万亩,采取"封、造、育、管"等措施,选择耐旱且适宜当地生长环境的当地适生树种,进行全面栽植修复,进而恢复生态。三是落实补助政策。为鼓励移民积极搬迁,西吉县采取原宅基地由移民户按"十三五"易地扶贫搬迁拆旧复垦标准自行拆除复垦,每户拆除复垦补助2000元,增加了移民转移性收入,进一步增强了移民搬迁新居的积极性,使拆旧复垦工作顺利开展。

(7)后续扶持。围绕"搬得出,稳得住,能致富"的移民工作目标和实现"两不愁三保障"的贫困户脱贫标准,县委、政府研究出台《西吉县"十三五"易地扶贫搬迁后续扶持发展实施方案》,对于81个就近安置点,根据移民户种养意愿进行全产业链扶持补贴,发放政府贴息小额扶贫贷款,用于发展壮大产业,增加移民群众收入。结合全县精准脱贫能力培训政策,加强对移民的就业技能培训,提高就业创业能力,鼓励移民发展多种经营,拓宽增收渠道,对吸纳移民就业的载体进行政策扶持奖励,对移民务工收入、自主创业等进行扶持补贴,在公益性岗位方面向移民倾斜,让移民通过自身努力和政府的政策扶持,拓宽移民增收渠道,尽快融入新环境,实现脱贫奔小康。

3. 机制

"十二五""十三五"易地扶贫搬迁项目,扶贫开发成效显著,从2001年新一轮扶贫开发开始,全县大力实施整村推进、"双到"扶贫攻坚工程、闽宁对口帮扶及社会扶贫和产业扶贫。从2005年到2010年,全面完成了160个贫困村整村推进扶贫开发任务,2013年启动实施了第二批110个整村推进扶贫开发计划,2016年完成了第三批45个整村推进扶贫开发计划,实现了由过去分散式扶贫向集中连片整村推进扶贫的转变,贫困村群众生产生活条件明显改善,扶贫开发取得了阶段性成效。

二、老有所养

西吉县下辖四镇十五乡295个行政村,8个城市社区,总人口49.6万人。60岁以上老年人6.18万人,占全县总人口的12.5%。强化农村老饭桌运营,提高养老服务水平,妥善解决农村贫困、空巢、留守、独居等老年人养老实际困难已成为当前急需解决的问题。田坪乡黄岔村老饭桌率先走在了全县前列,为农村老饭桌运行起到了样板作用。

近年来,西吉县民政局不断整合各类资源,拓展农村敬老养老资金来源,从建立健全各项管理制度等方面着手,先后投入资金1000余万元,新建农村老饭桌40个,设置餐厅、休息室、储物室、灶房等服务设施,配备5万元厨用设备,每年为每个农村老饭桌拨付1万元运行经费。目前已全部投入运行,服务于农村孤寡、空巢、独居和留守老人等特殊困难群体,有效解决了农村留守老人最基本的"吃饭问题",让他们感受到家的温暖和幸福。

（一）加强老年饭桌规范化管理

历届党支部、村委会十分重视村老年协会建设，成立了由村党支部书记任协会会长，推举德高望重、处事公平的村民担任协会副会长的老年协会工作机构，坚持把巩固和发展老年协会摆上工作日程，并将其作为一项重要工作抓紧抓好。目前，协会组织机构健全，制度完善，活动正常，有专人负责老龄工作。

为了办好老年食堂这件"民生关键小事"，黄岔村"两委"在推进党的群众路线教育实践活动过程中，主动靠前，积极争取，先后多次进行细致的摸底调查，召开村民代表大会广泛征求意见，提出了老年饭桌运作的初步设想。针对全村窝巢老人一日三餐的"买洗烧"问题，2015年，田坪乡党委、政府经过多次考察和研究，同时在县民政局的大力支持下，黄岔村"两委"利用村部附近一处废弃闲置的校舍，打造出200平方米的老年饭桌场所，有效方便全村老年人就近活动和就餐。在运行过程中，村老年协会逐步探索确立了老年饭桌运行原则，一是坚持以人为本的原则：重点针对老年人、残疾人提供就餐服务，解决就餐难的问题。二是坚持属地管理原则。以行政村为单位，采取"就近建设，集中就餐，自我保障，自我服务"原则，由村委会具体负责老年饭桌日常的管理。目前，老年饭桌厨灶设施、就餐用具、餐厅桌椅等设施、休息床位、建章立制"五到位"，平均日就餐人数40多人次。协会同时还设立了老年活动室、图书阅览室、健身广场等场所，电脑、电视、麻将桌、棋牌桌、健身器材等服务设施配置一应俱全，较好地为老年人提供了居家养老、读书看报、健身休闲、文化娱乐等服务。协会的活动及运作经费由村委会通过各种形式给予保障和支持。

(二)扎实为老年人做实事

老年协会本着重在参与、重在健康、重在快乐的宗旨,紧紧围绕"老有所养,老有所乐,老有所为,老有所安"的工作目标,组织开展了一系列尊老敬老、关爱关心等各种教育活动,弘扬社会正气,倡导精神文明。每逢元旦、春节及其他重要节日,在乡政府、村委会的支持下,对本村生活困难的老年人、特困户和残疾人员送上大米、食用油、棉被等生活用品;对80岁以上及常年患病老年人进行慰问,营造了良好的社会敬老氛围。同时,协会成员充分发挥余热,当好基层干部的参谋助手。围绕脱贫攻坚政策宣讲、农村环境整治、平安村创建、拒绝毒品、移风易俗、维稳法制等当前热点重点,通过各种形式,积极配合村"两委"开展社会公益宣传工作,关心下一代教育工作,为贫困家庭送温暖、为脱贫攻坚政策做宣讲、为青少年健康成长做引导、为好人好事做宣传,充分发挥干部和群众之间的桥梁纽带作用,密切干群关系,赢得广大干部群众的称赞。

(三)丰富老年人精神生活

为丰富老年人的文化生活,增强协会组织的吸引力、凝聚力和战斗力,老年协会积极争取社会各界热心人士的支持,不断创新活动内容和形式,一改过去内容枯燥、形式单一、人员封闭的问题,创新开展了以秦腔、秧歌、象棋比赛等形式搞好文娱活动,形式活跃、喜闻乐见,深受群众好评。每年元旦、春节期间都搞一次联欢会,为老年人表演一台精彩节目,丰富老年人文化生活。目前,全村上下民风淳朴,

老有所养

老年人得到应有的尊敬,老年饭桌不仅是全乡开展居家养老的一次积极尝试,更让广大群众感受到了村委会工作的新气象、新变化,进一步提升了村民的归属感和幸福感,打通了村级为民服务的"最后一公里"。

第四节　依法治县　兴邦民安

一、法治谨严

中共西吉县委政法委员会是中共西吉县委领导政法工作的职能部门,内设综合岗、国家安全岗、综合治理岗、执法监督和法治建设岗等;县委国家安全委员会办公室设在县委政法委。

(一)公安局

1949年9月,西吉县人民政府设立公安局,内设侦查股、治安股、预审股、秘书股和看守所。

1979年,西吉县公安局设行政拘留所。1980年,设内保股、刑侦队,始设消防中队,有消防水车1辆。

2019年,西吉县公安局核定编制289人,在职在编民警275人,事业编警务人员49名,辅警249民,工勤人员1名。

2019年,西吉县公安局牢牢把握维护国家安全和社会稳定这总要求,履职尽责,攻坚克难,在维护社会稳定、打击违法犯罪、服务保障民生、强化队伍建设等方面取得了显著成效,有力维护了全县社会治安秩序持续稳定。

(二)检察院

1950年10月,西吉县人民检察署成立。1954年,西吉县人民检察署改名为西吉县人民检察院。

1979年,设西吉县监察委员会。1980年1月起,设审查批捕起诉组、经济检查组、法纪检察组和办公室。

2019年,西吉县人民检察院下设5个职能部门,即第一检察部、第二检察部、第三检察部、政治部、办公室。全院有政法编制42人,其中,员额检察官14人,检察辅助人员15人,司法行政人员8人,司法警察5人。事业编制2人,聘用制书记员4人。具有全日制研究生学历3人,在职研究生1人。

(三)法院

1949年12月5日,成立西吉县人民法院。

1978年,西吉县人民法院设审判委员会。1984年,设经济审判庭。

2019年3月,根据自治区高级人民法院《关于西吉县人民法院内设机构改革方案的通知》,县法院内设机构由原来的11个职能部门调整为立案庭、刑事审判庭、综合审判庭、执行局、法警大队、政治部、审判管理办公室(研究室)和综合办公室8个,派出兴隆、白崖、新营、震湖4个人民法庭。全院干警总编制86人;聘用书记员27人。2019年,共受理各类案件6721件,同比增长12.17%;审(执)结6448件,结案率99.94%,连续四年名列全区基层法院第一。

(四)司法局

新中国成立后至1980年,西吉县司法行政工作由县人民法院兼管。

1980年11月13日,西吉县司法局成立。

2019年,西吉县司法局设办公室、普法与依法治理室、法制工作室社区矫正管理与帮教安置室、公共法律服务管理室、人民参与和促进法治室6个科室,下辖19个乡镇司法所(副科级)。核定政法专项编74人,后勤服务编2人,公证事业编4人。现有干部职工76人,政府购买服务专职人民调解员60名。

二、国防组练

(一)国防

1949年9月,西吉县人民政府组建45人的县警卫大队,并在6个区建立79人的武装工作队。

2019年,西吉县国防动员委员会共设置7个专业办公室,编配19人,各办公室有牌子、有办公室、有桌椅、有电脑等办公设备设施,有制度牌有资料柜,做到了机制健全、专人专管、高度融合。先后2次修订了国防动员、兵员动员、经济动员、人民防空、交通战备政治动员等6类动员方案,做到了与上级动员方案相配套。

(二)安全保卫

1. 武警支队

1949年9月,西吉县人民政府组建县警卫大队,编制45人[①]。原中国人民解放军西吉县中队,1983年8月改编为中国人民武装警察部队西吉县中队。主要担负西吉县看守所看守勤务,中队设哨位,按照"封闭警戒、守线控点,联管联控、联动处置"的原则,实施正常、加强和特殊部署。

2. 消防支队

1981年1月,西吉县始设消防中队,归西吉县公安局领导,时有消防水车1辆。

1982年,西吉县消防中队归固原地区消防支队和西吉县公安局双重领导。西吉县消防中队主要担负西吉县的消防教育培训、普及消防知识,及时消除火灾隐患,排查各大商场及单位的安全隐患。

---

① 1949年9月,西吉县组建的警卫大队45人,兼西吉县国防保卫与本地治安两种职能。

第五节 劳务输出 就业增收

一、劳务输出

2014年脱贫攻坚战略实施以来,就业中心作为重要的民生部门,全面实施积极就业优先政策,着力安置城乡劳动力,提升技能水准,加大援助力度,稳定就业岗位,强化社会保障,有力助推脱贫攻坚工作。

(一)安置劳动力,增加收入

1. 就业稳步扩大

把安置农村劳动力作为脱贫攻坚的主导产业来抓,不断拓宽就业渠道,加大就业力度,2018年农村劳动力就业11.57万人;2019年农村劳动力就业11.59万人;2020年农村劳动力就业13.1884人,其中建档立卡户劳动力就业34297人。

2. 务工收入增长

劳务收入是增加农民收入的主要来源,是人均可支配收入的重要组成部分,务工收入呈逐年增长势态,占比逐渐稳定在30%左右。2015年农民人均工资性收入2558.13元,占农民人均可支配收入的37%;2016年农民人均工资性收入2845.56元,占农民人均可支配收入的38%;2017年农民人均工资性收入3120元,占农民人均可支配收入的37%;2018年农民人均工资性收入

在福建的西吉务工人员

2856.3元，占农民人均可支配收入的30.7%；2019年农民人均劳务纯收入3099.1元，占农民人均纯收入的29.8%，同比增加242.8元，增长8.5%；2020年前三季度农民人均劳务纯收入2342.6元，占农民人均纯收入的32.6%，同比增加121.3元，增长5.5%。

3.就业补贴增加

从2018年起，实施就业补贴政策，促进稳定就业。2018年，为7006名建档立卡户外出务工劳动力发放转移就业补贴350.3万元。2019年，为803名建档立卡户外出务工劳动力发放交通补贴46万元，发放转移就业补贴1068人194.3009万元，发放赴福建建档立卡户劳动力就业补贴348人151.8万元，发放县内闽籍企业务工的建档立卡户劳动力就业补贴317人123.6万元，发放职业中学赴福建建档立卡户顶岗实习生交通生活补贴252人76.5万元。2020年，县内闽籍企业建档立卡户劳动力转移就业补贴已申报482人，应发放227.8万元。赴福建建档立卡户劳动力转移就业补贴已申报277人，应发放132.5万元。

(二)技能培训提升能力

1.培训范围不断扩大

加强职业技能培训，带动农民工队伍技能素质全面提升，是提高农民工就业能力和就业水平的主要途径。2018年来，以市场用工需求，产业发展和群众意愿为导向，以建档立卡贫困户为重点，采取订单、定岗、定向式等培训模式，紧紧围绕"西吉餐饮、西吉刺绣、西吉家庭服务、西吉工程机械"等劳务品牌选择工种开展培训，集中力量开展到户、到人、到业的"订单式"精准培训。2018年，职业技能培训14680人（培训建档立卡户劳动力8533人）。2019年，职业技能培训8627人（培训建档立卡户劳动力2749人）。2020年，已开展职业技能培训12339人（其中建档立卡户劳动力6069人）。同时，加大驾驶员培训、"两后生"培训和企业职工岗位技能培训等各类培训,其中"两后生"50人,企业职工岗前培训1702人,以工代训1190人。培训范围不断扩大,培训层次不断拓宽,培训人群不断增加,农民工技能素质和就业水平得到全面提升。

2. 培训补贴不断增加

2019年,兑现建档立卡户培训费2250人175万元,兑现建档立卡户职业技能培训生活补贴2261人143.82万元(其中兑现建档立卡户"两后生"培训生活补贴11人3.3万元),兑现建档立卡户驾驶员培训补贴4275人1353.10万元。2020年,兑现建档立卡户培训费1691人120.21万元,建档立卡户职业技能培训生活补贴886人36.165万元,建档立卡户驾驶员培训补贴1819人576.9万元。

(三)创业效应倍增

1. 创业园区带动就业

创业园区是返乡创业者的主要平台,是城乡劳动者就近就业的主要载体,目前已建成各类示范性创业园区10家(其中自治区级示范性创业园区2家,固原市级示范性创业园共1家,县级创业园区7家)。全县已入驻创业园区的创业实体870家,带动就业4705人。

创业园区服饰加工

2. 创业贷款破解难题

累计注入担保基金2217万元,不断简化放贷程序,扩大放贷比例,不断探索创业贷款和扶贫贷款相结合的模式,加大建档立卡户种植养殖等创业放贷力度。2015年发放创业贷款2774万元;2016年发放创业贷款2636万元;2017年发放创业贷款2134万元;2018年发放创业贷款3461万元,其中建档立卡户220户贷款1235万元;2019年发放创业贷款3625万元,其中建档立卡户99户贷款677万元;2020年已发放创业担保贷款4547万元,有效解决创业者的融资难题。2015年兑付贴息资金971.24万元;2016年兑付贴息资金197.41万元;2017年兑付贴息资金723.88万元;2018年兑付贴息资金813.40万元;2019年兑付贴息资金323.80万元;2020年兑付贴息资金474.14万元。

(四)增设岗位保障就业

不断加大就业援助力度,通过开发公益性岗位重点安置"无法离乡,无业可扶,无力脱贫"的贫困劳动力就近就地就业。安置在岗位的农村公益性岗位3048人(其中,2017年529人,2018年602人,2019年1177人,2020年740人),开发农村社会事业服务岗2000人,购买800个"十二五""十三五"移民公益性岗位。自然资源局开发乡村护林员1560人,农牧局开发乡村保洁 员1656人。

剩余劳动力输出

(五)全面落实就业政策

1. 加大援企力度

加大失业保险金返还力度,支持企业稳岗增岗。2019年,共计返还企业失业保险金72.4万元。

2. 发挥保险救济

2019年，享受失业保险金186人161.04万元，发放临时物价补贴3.8万元，充分发挥了失业保险金的救济兜底作用。

3. 落实就业政策

灵活就业人员社会保险补贴应补尽补。2019年，审核发放灵活就业人员社会保险补贴861人320.6364万元。

4. 促进学生就业

2019年，招考公务员43人，事业编77人，"三支一扶"210人，西部计划志愿者58人，西吉县脱贫攻坚事业编28人。接收托管高校毕业生档案3146份，截至2000年2月，离校未就业高校毕业就业率达90%。

5. 扩大城镇新岗

城镇新增就业1889人，其中城镇失业人员再就业789人，就业困难人员实现就业128人，公益性岗位就业3048人。

6. 推进庄稼参保

积极宣传动员农村劳动力转移就业人员、劳务中介组织和劳务经纪人进行参保，超额完成"铁杆庄稼保"目标任务51500的107%。

新冠肺炎疫情期间，西吉县政府包机输送务工人员协作福建复工复产

大学生进园区带领群众创业

村口课堂的就业培训

7. 实施技能培训

指导企业、培训机构自主选择线上技能培训平台,企业职工和各类劳动者参与线上培训39期1950人。

8. 扩大代训范围

积极支持外贸、住宿餐饮、文化旅游、交通运输、批发零售行业的企业在岗职业开展以工代训,以工代训1190人。

二、再就业

(一)闽宁协作助推脱贫

认真落实东西部扶贫协作精神,不断深化闽宁劳务协作,加强与对口单位的劳务输出合作。

一是加大转移就业力度。2019年,向福建转移就业1360人,建档立卡贫困户779人。2020年,向福建包机3次输送355人,包车5次输送156人,共输送511人(其中建档立卡贫困户428人),主要安置在厦门天马微电子有限公司、厦门三安光电有限公司,厦门通达集团和莆田华兴玻璃厂等福建各地。

二是两地联合举办专场招聘会。2019年,两地联合举办闽宁劳务协作就业扶贫专场招聘会6场,达成意向性就业协议260人。2020年,举办"稳就业保就业"闽宁劳务合作招聘会6场,"西吉县2020年,就业创业服务攻坚季行动暨闽宁劳务协作招聘会"2场,累计提供各类就

在福建莆田县经卫高有限公司打工的西吉姑娘们

业岗位2500多个,达成就业意向465人,有力促进劳动力向福建转移就业。

三是两地建立联系协调机制。2020年,莆田市涵江区在西吉县成立劳务管理站,两地实现了设站管理,完善了联系协调机制,开展用工信息的宣传,组织转移就业、技能培训、务工人员安置及维权服务等工作。

四是加大闽宁劳务协作就业补贴。2019年,县内闽籍企业建档立卡户劳动力转移就业补贴317人123.6万元,赴福建建档立卡户劳动力转移就业补贴306人138.4万元。2020年,闽宁资金购买农村公益性岗位575名,每人每月工资796元,稳步增加农民收入,全力助推脱贫攻坚。

(二)多措并举完成目标

为切实解决农村转移就业人员外出打工的后顾之忧,西吉县全力落实"铁杆庄稼保"购买工作,全县购买"铁杆庄稼保"55096人,保额275.48万元。超额完成区、市下达的51500人目标任务的107%。

一是积极动员安排部署。西吉县委、政府高度重视"铁杆庄稼保"购买工作,召开县就业创业工作领导小组成员单位、各乡镇及中介组织参加的专题动员部署会,统一思想,提高认识,明确目标任务和完成时限,制订详细的工作方案,确保购买"铁杆庄稼保"取得预期效果。

二是进村入户扩大宣传。结合西吉县工作实际,积极动员各乡镇劳务站和劳动保障协理员深入到各行政村,利用广播、微信群、发放传单等方式,扎实开展"铁杆庄稼保"宣传,提高广大农民群众对"铁杆庄稼保"的知晓率,提高群众参保的自觉性和主动性,营造"铁杆庄稼保"工作的良好氛围。

三是摸清底数提供保障。为确保购买"铁杆庄稼保"工作取得实效,西吉县严格按照目标任务,各乡镇将辖区凡具有当地户籍、离开居住地的法定劳动年龄内农村外出务工人员进行全面摸底,掌握务工实际,为

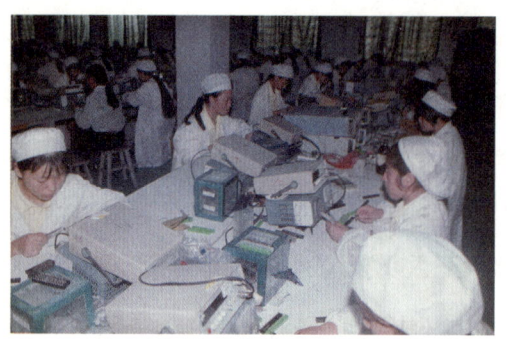

劳务输出成了农民增收的亮点

开展购买"铁杆庄稼保"工作提供了有力的数据保障。

四是多方协作形成合力。按照县委、政府要求,形成由人社局牵头,各乡镇劳务站站长负责提供务工人员信息,劳务经济中介组织负责核实,保险公司现场进行签订保单购买的"一站式"服务模式,分7个组赴各全县19个乡镇295个行政村,开展购买"铁杆庄稼保"工作,超额完成全年目标任务。

西吉县通过不断抓好就业扶贫工作,不断巩固脱贫成效,积极防止返贫,充分发挥好就业部门"稳站就业保民生"的职能,保障全县城乡居民和全国人民一同实现小康生活。

第十五章　七十年间三顾盼

第一节　农业丰产　畜牧盛蕃

一、农业丰产

1942年，西吉县成立，设建设科，负责农、林、牧生产。1942年，西吉全县共有耕地742076亩，其中，川旱地138082亩，占18.6%；山旱地603994亩，占总耕地面积的81.4%；农业人口每户平均有耕地76亩，人均有耕地11.5亩。

1949年8月，西吉解放后，人民政府设建设科，分管全县农业生产。全县耕地面积1389103亩，人均增至16亩。1954年土地改革后，全县总耕地2031914亩，农业人口人均13.8亩。

1956年，西吉县建设科更名为农业科。全县耕地总面积为2145109亩，农业人口人均占有耕地13.4亩。

1958年4月，农业科改农业建设局。

1959年2月，农建局撤销，成立农林水牧部。

1962年5月，恢复农业科。

1968年，农业科撤销，县革命委员会生产处设农业组，负责全县农业生产。

1971年10月，农业局成立。

1976年2月，农业局、林业局合并为农林局。

1979年1月，农林局分设，恢复农业局。1980年，实行生产责任制期间，全县共有耕地1930163亩，其中水浇地101516亩，占耕地总面积的5.3%。农业人口人均占有耕地7亩。1979年，全县共修水平梯田130536亩，洪漫地25298亩，平整水浇地101516亩。

80年代后，推广机械修造反坡梯田和人工平田整地相结合。1982年后，调整农业结构，实行退耕还林还牧。1990年末，全县总耕地面积为1098729亩，农业人口人均3亩。

到1990年，全县累计修建基本农田47万亩，为境内农业生产创造了新条件。至1990年，全县共建设水浇地16.2万亩占总耕地的14.5%。已形成城郊、马莲、将台、兴隆、玉桥、什字6个万亩灌区。水浇地的小麦平均亩产200~250公斤，有的高达500公斤。水地粮食产量约占全县粮食总产量的30%左右。

2014年，科技局与农牧局合并，挂"西吉县农牧局、西吉县科技局"的牌子。

2019年1月29日，西吉县农业农村局挂牌成立。西吉县原农牧局于2002年12月底由原农业局、畜牧局和乡镇企业管理局合并组建成立。2019年1月29日因全县机构改革，原农牧局更名为农业农村局，是西吉县政府职能部门，主要负责全县农业特色产业发展，农村土地经营管理，农村产权制度改革，指导粮食和畜禽等主要农产品生产，农村人居环境整治，高标准农田建设，农产品质量安全，农业生产资料市场体系建设，动植物防疫和检疫体系建设，监测、发布农业灾情，组织实施农业和科技项目，指导农用地、渔业水域宜农滩地以及农业生物物种资源的保护和管理、农村可再生能源综合开发与利用等方面的工作。下辖11个事业单位：

表15-1　西吉县1980年农田基本建设任务分配表　　（单位：亩）

公社	水平梯田	洪漫地	整修梯田	复平水地	合计
玉桥	70		200	1200	1470
兴隆	70		100	1800	1970
什字	70	100	400	1600	2170
马莲	100	60	400	1200	1760
将台	70		250	2400	2720
硝河	270	100	500	1200	2070
夏寨	80	100	300	700	1180
新营	600	180	1850	900	3530
白崖	460	100	1250	200	2010
沙沟	220	50	600	500	1370
偏城	500	100	1250	100	1950
火石寨	420	50	1000	100	1570
公易	230	50	750	100	1130
王民	280	100	850	300	1530
红耀	370	100	900		1370
大坪	600	140	1400	200	2340
蒙宣	700	140	1700	100	2640
三合	400	120	900	100	1520
平峰	530	120	1200	200	2050
兴平	610	80	1200	150	2040
城关	360	180	1200	1800	3540
田坪	560	80	1100		1740
西滩	370	50	700	50	1170
合计	7940	2000	20000	14900	44840

注：摘自西吉县革命委员（西革发〔1980〕78号）文件。

农业技术推广服务中心、动物疾病预防控制中心、农业机械化技术推广服务中心、农村合作经济经营管理站、畜牧水产技术推广服务中心、马铃薯产业服务中心、农业机械安全监理站、农村能源工作站、农业综合开发办公室、农业综合行政执法大队、动物卫生监督所和19个乡镇农牧技术服务中心,其中农业技术推广服务中心、动物疾病预防控制中心、农业机械化技术推广服务中心和农村合作经济经营管理站为副科级单位,全系统干部职工共计编制395人。2019年,全县完成农作物播种223万亩,其中,粮食作物157万亩,总产量50.6万吨。夏粮24万亩,总产3.881万吨;秋粮133万亩(马铃薯85万亩,总产量150.28万吨;籽粒玉米20万亩,总产11.5万吨;小秋杂粮28万亩,总产5万吨)。经济作物33万亩(蔬菜15万亩,总产69万吨;油料18万亩,总产1.2万吨);饲草30万亩,其他3万亩。牛、羊饲养量分别达到40万头、100万只,肉类总产量6.6万吨。全年实现农业总产值达44.4亿元,农业增加值增长3.9%。

(一)农产品

1. 马铃薯

2019年,西吉马铃薯成功入选"全国名特优新农产品",西吉马铃薯

马铃薯标准化生产基地

被认定为"中国农业品牌"。西吉县大力开展特色优质农产品宣传推介会促成,积极组织特色农产品生产加工企业(合作社)参加陕西杨凌农产品洽谈会、内蒙古鄂尔多斯农产品展销会、"三区三州"农产品交流会、第二十二届中国农产品投资贸易洽谈会、第十七届中国国际农产品交易会等推介活动。"伊香伊农"牌马铃薯饼干、"向丰"牌西吉三粉荣获优质产品。

2019年,西吉县成功举办第二届中国农民丰收节,为新注册涉农商标及农产品流通企业、农民专业合作社农产品生产加工企业,在全国一、二、三线城市建立西吉农产品直销店或在大型连锁超市,设立西吉特色农产品专柜(专销区)给予扶持奖励,进一步提升西吉特色农产品品牌知名度和影响力。

马铃薯产业是西吉县的支柱产业。针对马铃薯产业,制定"提档增质"一系列措施,按照"种薯繁育,鲜薯外销,淀粉生产,主食开发"并进的路子,推动马铃薯产业提档增值,继续加大种薯繁育基地建设,推广马铃

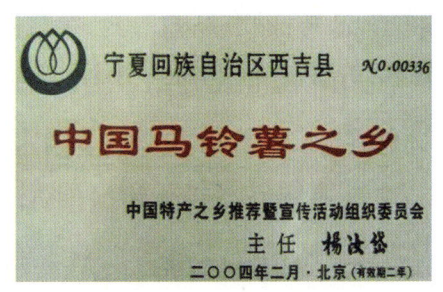

"中国马铃薯之乡"牌匾

薯脱毒种薯"农户自繁自用,企业繁育供种"模式,采购原原种5317.9万粒,向建档立卡户免费发放3000万粒,覆盖全县19个乡镇284个行政村3万建档立卡贫困户,受益贫困人口13.7万人。建设马铃薯原原种繁育基地1.3万亩、一级种基地10万亩,脱毒种薯应用率达90%。建成马铃薯主食化专用品种基地697.6亩,马铃薯技术集成示范园150亩,推广马铃薯宽幅间作,玉米复合种植2万亩。

2. 产业融合,全力发展

加大对伊香蛋糕、佳立薯业等农产品加工企业的扶持,全县有万吨以上淀粉加工企业6家,年加工马铃薯50万吨,生产精淀粉7.14万吨;有

杂粮（油料）加工企业8家，年加工转化杂粮1.2万吨，产值360万元；建成蔬菜冷藏200平方米的设施区间。发挥农民教育培训基地、农民田间学校资源优势，举办劳动力素质提升工程培训班6期，培训结业农民300人，完成农村实用技术培训5000人，新型职业农民550人（其中新型经营主体带头人150人，致富带头人400人）。

3. 绿色生态循环发展

为落实"一控两减三基本"绿色生态，推行农业循环发展生产方式；推广高效节水技术，水肥一体化和覆膜保障旱作农业技术。

2018年，西吉县完成覆膜面积55万亩。推进化肥、农药减量行动；推广有机肥替代化肥的示范，测土配方施肥、高效缓释肥、秸秆还田的绿肥种植；低毒低残、高效农药、绿色防控技术。

2019年，化肥使用量为8.09万吨，较上年减少0.80万吨；农药使用量为9.8吨较上年减少0.2吨；测土施肥技术覆盖率为29.2%；农作物统防统治覆盖率为40%；农作物绿色防治率为13%。

不断加快农业废弃物资源利用，加大秸秆禁烧督查力度，大力推广农作物秸秆打捆利用技术，农作物秸秆利用率达到85%。

加强畜禽粪污资源利用，新建1万平方米畜禽粪污发酵腐熟堆粪棚，规模养殖场粪污处理设施装备配套率达80%。全县畜禽粪污资源利用率达80%。

加大农用残膜回收利用，按照"谁供膜、谁回收，谁污染、谁治理"的制度，推行"以旧换新"规则。回收残膜5183吨，残膜回收利用率达95%，有效控制了农业面源污染。

4. 蔬菜

蔬菜产业是西吉县的又一支柱产业。按照"突出主导，多元互补，订单种植，错季销售"的发展思路，重点打造以硝河、将台为核心的万亩现代农业冷凉蔬菜示范园。建成24个蔬菜标准化种植基地2万亩,辐射带动周边农户种植蔬菜2.1万亩。特别是引进了广州臻品农业发展有限公司,建成了马莲乡张堡塬向丰臻品冷凉蔬菜标准化基地,种植迟菜心600亩,圆叶菠菜300亩,龙牙和大芥蓝等其他

"中国西芹(产业)之乡"牌匾

特色蔬菜100亩,切实转变了农民的观念,增加了种植效益,促进了全县蔬菜产业质的提升。全县共种植各类蔬菜15万亩,其中,芹菜6万亩,胡萝卜3万亩,蒜苗复种0.5万亩,辣椒1.5万亩,甘蓝0.8万亩,蔬菜产量达69万吨,提供农民人均可支配收入530元。

5.杂粮

杂粮产业增效升值。西吉县农业农村局鼓励农民,大面积种植杂粮。按照"标准化科植,精细化加工,差异化营销"的思路,推进杂粮产业快速发展。全县共建成43个500亩以上标准化杂粮种植基地。种植各类杂粮

杂粮——谷子

(油料)50万亩,其中,油料18万亩,谷子8万亩,糜子10万亩,荞麦7万亩,裸燕麦3万亩,豆类4万亩。总产量6.64万吨,总产值2.2亿元,提供农民人均可支配收入398元。

(二)农业执法

2012年以来,西吉县结合"绿剑护农""专项整治"行动,发放宣传资料3.65万份,检查农资生产和经营个体346家,农资市场20个。开展蔬菜农药残留定量检测317个。做好拖拉机(联合收割机)注册登记、安全技术检验驾驶员培训等工作,完成拖拉机(联合收割机)注册登记615台(辆),安全技术检验8864台(辆),培训驾驶员2542人,创建10个"平安农机"示范村,示范户200家。落实"管行业必须管安全,管业务必须管安全,管生产经营必须管安全"要求,抓好农业安全生产。

(三)高标准农田

2012年—2020年,西吉县大规模推广机耕田农业生产技术。开展土壤改良,生态环境保护,实施节水灌溉,建成国家高标准农田5.21万亩,占自治区下达任务的87.4%。

大自然的调色板

二、畜牧盛蕃

西吉革命老区70年来的发展变化是天翻地覆的。70年历经了三个重要阶段：新中国成立初期、开放时期与新时期。这里选取1949年、1979年和2019年三个历史维度做视角节点，来反映西吉县畜牧业发展的巨大变化。

表15-2　1949年、1979年、2019年大牲畜存栏对比表　（单位：匹、峰、头、只）

年份	大牲畜存栏	其中					羊只存栏	其中		生猪存栏
		牛	马	驴	骡	骆驼		山羊	绵羊	
1949	29.693	17.225	312	11.883	273	0	51.864	9.422	42.442	2.287
1979	57.662	24.521	3.611	23.903	5.627	0	160.674	40.839	119.835	38.796
2019	183.008	169.865	31	12.506	603	3	248.000	58.266	189.734	44.700

西吉地处六盘山区，历史上六盘山区草长林密。六盘牧场最初是义渠戎的草场。《史记·匈奴列传》载："秦昭王时，义渠戎王与宣太后乱，有二子。宣太后诈而杀义渠戎王于甘泉，遂起兵伐残义渠。于是秦有陇西、北地、上郡，筑长城以拒胡。"电视剧《芈月传》讲述了此事。六盘山南北温差较大，山南的平凉市气温较热，山北的固原市气温凉爽，夏季气温多在23℃左右。人的体温为37℃，人体感觉最舒适的温度是23℃（即37×0.618≈23）。夏季清凉的六盘山区曾经是成吉思汗的避暑夏宫。今天，我们依然可透过历史文献看出秦人驯马以及陇山植被情景。《史记·秦本纪》载，秦人先祖大费"佐舜调训鸟兽，鸟兽多驯服，是为柏翳。舜赐姓嬴氏"；秦人先祖"造父以善御幸于周缪王，得骥、温骊、骅骝、騄耳之驷，西巡狩，乐而忘归"；周孝王时秦人另一先祖"非子居犬丘，好马及畜，善养息之"，被周孝王封在秦地。秦始皇时，安定郡乌氏县的"乌氏倮畜牧，及众，斥卖，求奇绘物，间献遗戎王。戎王十倍其偿，与之畜，畜至用谷量马

牛。秦始皇帝令倮比封君,以时与列臣朝请"。汉武帝时为伐匈奴大量养马,关中地区不足,就调集附近郡的马匹。古代的六盘山区不仅畜牧业繁盛,人近戎狄,多善射猎。

西吉县的月亮山、南华山在古代是牧场,牛羊满山,骏马驰骋。

新中国成立初期,马、驴存栏数比较大。

1979年改革开放时期,交通不便,做运输的马匹、驴子存栏达到了70年间最盛期。

2012年,随着交通和交通工具的改善。西吉县畜牧业主要以牛、羊养殖为主,增效增收。牛和羊的存栏数急剧上升。交通发达,马、骡、驴不再承载交通运输,故而存栏数急剧下降。

2019年,西吉县草业、畜牧增量提质。实行"家家种草、户户养畜,小群体、大规模"的措施;推广标准化规模养殖。实施"一棵草"示范工程,在什字乡玉丰村建成1个3000亩青贮玉米试验示范展示园。建成5个千亩优质高产苜蓿基地;建成5个千亩全株玉米示范点。带动全县种植青贮玉米30万亩、紫花苜蓿3万亩。新建青贮池6619座,共调制饲草110万吨。繁育优质牛犊5.5万头。扶持新建养殖示范村64个,发展养殖示范户3701家。

向丰养殖基地

全县肉牛饲养量达40万头，肉羊饲养量达100万只，生猪饲养量达10万头，家禽饲养量达150万羽。

西吉县草畜产业总产值达18.1亿元，提供农民人均可支配收入2024.1元，同比增加25.9%，成为农民增收的支柱产业。

第二节　工业兴旺　企业发展

一、工业兴旺

2012年，宁夏回族自治区人民政府批准建立自治区级工业园区——宁夏西吉工业园区。园区位于西吉县吉强镇水泉村和袁河村，规划占地面积2.085平方公里。完成开发建设面积1500亩。

西吉工业园区供水工程建设

通向工业园区的闽宁大道、滨河路、秀山路等主干道及水泉路、水云路、永强路、安强路、祥强路、永祥北路等次干道已全面建成通车，园区一期及二期东区配套给排水、通信、供热、天然气管网等基础设施均已完成并投入使用。完成固定资产投资13.3亿元。

2012年入园企业20家，工业企业19家（国圣食品2019年底申报停产），投资担保企业1家。配套发展物流、商贸等服务型产业。

产业发展定位为农副产品加工和轻工产品制造。

发展马铃薯系列产品、亚麻籽油、西芹汁、艾草制品、中药材制品等特色农副产品精加工、深萃取。

2019年,宁夏西吉工业园区实现工业总产值2.89亿元,同比增长40%;实现工业增加值0.87亿元,同比增长43%。实现工业销售总产值2.24亿元,同比增长41.5%;实现利润总额4149万元,带动就业1200余人。

2019年,园区18号厂房及晾晒场建设投资442万元,已建成使用;东区15号、16号、17号厂房建设投资1396.94万元,完成招标;闽宁产业园消防供热改造投资580万元。消防管网和厂房内的供热管道和散热片已完成改造,消防泵房和消防水池已建成。

闽宁产业园1—6号厂房维修改造工程和闽宁产业示范园维修改造工程(二期)全部竣工。园区一般工业固废收集站投资195.87万元;闽宁产业示范园110kVA箱式变电站配电工程、1号厂房250kVA箱式变电站配电工程和14号厂房箱变工程全部竣工并使用。

2019年,有12家填土企业(个人)领取了填土费用,按实际审计价格的70%支付。

二、企业发展

西吉县在"百企帮百村"行动中,共90家民营企业帮扶64个贫困村,实施帮扶项目107个,累计资金737.648万元。

(一)县外民营企业帮扶

45个县外民营企业帮扶41个贫困村,实施帮扶项目77个,累计资金606.098万元:2016年16个企业帮扶10个贫困村,项目资金154.4万元;2017年10个企业帮扶10个贫困村,项目资金210.3万元;2018年8个企业帮扶8个贫困村,项目资金24万元;2019年11个企业帮扶13个贫困村,项目资金

217.398万元。

(二)本县民营企业帮扶

共45个本县民营企业帮扶23个贫困村,实施帮扶项目30个,累计资金131.55万元:2016年5个企业帮扶5个贫困村,项目资金11.2万元;2017年7个企业帮扶6个贫困村,项目资金15.4万元;2018年6个企业帮扶6个贫困村,项目资金16.1万元;2019年5个企业帮扶5个贫困村,项目资金3.85万元;2020年22个企业帮扶什字乡黄沟贫困村,项目资金85万元。

(三)招商民营企业帮扶

2019年,种植养殖产业扶贫方面,民营企业累计投入资金103.688万元,帮扶措施有建设养殖圈棚、购买树苗和黑膜、对养殖黑猪、黑山羊的农户进行补助等。

吉强镇套子湾村现代化养羊基地

就业创业扶贫方面,民营企业累计投入资金8万元,帮扶内容有农民工技能培训、驾驶员培训等。

教育扶贫方面,民营企业累计投入资金132.67万元,帮扶措施有捐赠校服、学习用品、资助贫困学生等。

发展壮大村集体经济方面,民营企业累计投入资金178.9万元,帮扶措施有购买农业机械、成立农机合作社等。

基础设施建设方面,民营企业累计投入资金247.8万元,帮扶措施有维修道路、安装太阳能路灯等。

公益捐赠扶贫方面,民营企业累计投入资金61.59万元,帮扶措施有捐赠办公设备、慰问贫困户、援助贫困户建房等。

健康扶贫方面,民营企业累计投入资金3万元,帮扶措施有组织专家会诊,为村民发放智能调焦老花眼镜、护眼贴、血压计等。

消费扶贫方面,民营企业累计投入资金2万元,帮扶措施有建立共享平台,促销农产品销售。

(四)民营企业选村结对帮扶

宁夏宝丰集团有限公司、宁夏川渝总商会、宁夏鲁亿能源科技有限公司等企业,采取"一企帮一村"。

宁夏浙江商会、宁夏华祺集团、宁夏湖南商会、宁夏陕西商会、宁夏福建总商会、宁夏黄金协会、宁夏佳立生物科技有限公司、宁夏产权交易所等8个企业多次参与帮扶行动,连续几年帮扶多个贫困村。

宁夏燕宝慈善基金为白崖乡鹞子川援助的玉米收割机

宁夏德智慧建设项目管理咨询有限公司、宁夏吉兴建筑工程有限责任公司、宁夏天下金盾保安服务有限公司、西吉县明星客运汽车出租有限责任公司、宁夏大维广告文化传媒有限公司、西吉县单家集医院、宁夏西吉县马兰刺绣有限责任公司、宁夏向丰农牧业开发有限公司等20多家民营企业联合帮扶一村——什字乡黄沟村。

2019年,西吉县定期召开"百企帮百村"村企对接会。帮扶企业与乡镇、贫困村面对面交流、探讨,确保帮扶项目落到实处。

(五)企业帮扶见成效

1. 美丽建设乡村

2017年,宁夏鲁亿能源科技有限公司出资92.3万元,为将台堡镇西坪村安装路灯135盏(6米高),在主干道和村部安装路灯163盏(8米高)。

为西坪村改善人居环境提供了物质基础，加快了西坪村成为文明乡村、秀美乡村的进程。

2. 促进农民增收

"百企帮百村"，使企业帮扶从原来的输血式帮扶转变为造血式帮扶。

2019年，宁夏宝丰能源集团燕宝慈善基金会投资57.62万元，为白崖乡鹞子川村购买青贮玉米收割机和旋耕机各1台（另外硬化学校校园操场1500平方米），注入村集体经济合作社，为村民提供了现代农业机械，帮助农民利用现代农业机械进行农业生产，为村集体带来了2000多元的收入。

3. 立足教育扶智

扶贫必扶智。让贫困地区的孩子们接受良好教育，是阻断贫困代际传递的重要途径。

"百企帮百村"始于扶贫，重于扶心，立足扶智。

2017年，宁夏陕西商会积极支持乡村教育，为西滩乡西滩村小学捐赠校服、书包和文具用品232套，并出资42万元，资助20名贫困学生（小学生每人每月100元，中学生每人每月200元）一直到初中毕业，为贫困学生提供了稳定的经济保障。

4. 带动农民致富

宁夏存录四丰绿源现代农业发展有限公司在养殖实践中总结出了一整套科学化、系统化的养殖经验，倾囊传授给了当地肉牛养殖户，带动当地养殖户150户660人增收，每头肉牛相较于传统肉牛养殖年收益增加1800元以上，在带动当地农户致富发展的同时，履行社会职责，积极参与脱贫攻坚活动，跨乡帮扶，实现双赢。

2018年11月，宁夏存录四丰绿源公司与田坪乡李沟村村集体签订育肥牛养殖技术支撑帮扶协议，即统一采购品种、统一饲料配方、统一饲喂时间、统一喂养标准、统一防疫标准、统一防疫时间。

2018—2019年,合作社支付务工工资46万元,57户建档立卡户户均增收8000元,通过养殖业带动,建档立卡户种植青贮玉米户均增收3000元,增加村集体经济收入10万元。

2019年9月,与西滩乡黑虎沟村村集体合作社签订肉牛养殖合作协议,注入资金80万余元,每年增加村集体经济收入5.2万元。

2019年10月,与硝河乡新庄村村委会签订托管代养入股分红合同,每年增加村集体经济收入10万元。

5. 聚力建家园

2020年5月,西吉县22家民营企业在什字乡黄沟村开展助力脱贫攻坚活动。各民营企业家与黄沟村村委会达成协议:安装太阳能路灯83盏,购置垃圾箱10个、运输小汽车1辆、小型电动垃圾车8辆,整治人居环境3500米,美化乡村道路投资资金85万余元,每一个项目由2家以上企业帮扶。通过开展道路硬化,美化,绿化改变了黄沟村村貌,实现了贫困村向富裕乡村的转变。

第三节　金融扶贫　商业兴隆

一、金融扶贫

1949年,总收入40万元。其中,工商税收入0.1万元,占总收入的0.25%;农业税收入39.9万元,占总收入的99.75%。

1979年,总收入215.1万元。其中,工商税收入94.3万元,占总收入的43.84%;农业税收入9.6万元,占总收入的4.46%。企业收入76.3万元,占总收入的35.47%。牧业税收入0.6万元,占总收入的0.28%。其他收入

5.5万元,占总收入的2.56%。冻结存款收入28.8万元,占总收入的13.39%。①

2012年以来,西吉县加大了对贫困户的金融扶贫。

(一)小额贷款

2019年,依据《关于进一步加强西吉县扶贫小额信贷管理的意见》、《西吉县扶贫小额信贷风险补偿金暂行管理办法》(西扶贫办发〔2019〕131号)、《关于开展落实扶贫小额信贷政策合规性检查的通知》(西财函字〔2019〕68号)、《关于开展金融扶贫贷款用途核查的通知》(西金融局发〔2019〕2号)等文件。

2019年,积极督促落实扶贫小额信贷用于产业发展的目标,通过产业发展助推贫困户脱贫致富。制订《西吉县金融扶贫不良贷款清收工作实施方案》(西政办发〔2017〕156号),成立县、乡、村三级不良贷款清收小组,严防系统性金融风险发生;制订《西吉县金融扶贫贷款贴息实施管理办法》(西政办发〔2017〕153号),对贫困户扶贫小额贷款、按基准利率进行贴息。据2019年9月13日县扶贫办、金融工作局联合印发《关于进一步加强西吉县扶贫小额信贷管理的意见》和《西吉县扶贫小额信贷风险补偿金暂行管理办法》(西扶贫办发〔2019〕131号),对贫困户贷款后,因识别不准被清理退出的,自被清退次月起,不再享受贴

金融夜校开班仪式

---

①西吉县志编纂委员会《西吉县志》,宁夏人民出版社1995年版,第246页。

息政策。制订《关于进一步加强西吉县扶贫小额信贷管理的意见》和《西吉县扶贫小额信贷风险补偿金暂行管理办法》(西扶贫办发〔2019〕131号),健全风险补偿机制,设立建档立卡户风险补偿基金,专项用于贷款损失补偿,各银行与风险补偿金的风险分担比例为2:8,针对贫困村、贫困户金融知识欠缺的现实问题,成立金融知识宣讲团,联合扶贫办、金融机构等单位,多批次印发金融知识宣讲资料,定期或不定期地开展金融知识宣传普及教育。提高了贷户金融知识水平,提升了贷户金融认知能力,培养了贷户风险意识、诚信意识和权责意识。

西吉金融引导各银行机构参照扶贫小额信贷政策,开发既满足建档立卡贫困户多元化信贷需求,又能实现商业可持续的信贷产品。对已获得扶贫小额信贷支持,有一定产业基础、有扩大再生产意愿和发展能力、信用状况良好、有大额信贷资金需求的贫困户,继续给予各类型贷款支持。

西吉金融严格按金融扶贫政策要求,将有发展意愿、有发展能力、有一定还款能力、具有技能素质的建档立卡贫困户,作为扶贫小额信贷支持的重点,西吉金融引导贷户正确使用信贷资金,强化贷户还款意识,减

表15-3　西吉县26年来扶贫资金投入统计表　（单位:万元）

年度	扶贫发展	以工代赈	"三西"农业专项	少数民族发展资金	闽宁协作资金	中央专项彩票公益金支持革命老区整村推进试点项目	脱贫攻坚地方债	地方债用于"十三五"易地搬迁资金	合计
	287596.1996	17646	42302	10180.2	21820	2500	94372	47836.5	694088.2696
1994	126								126
1995	330								330
1996	55		878						933

续表

表15-3 西吉县26年来扶贫资金投入统计表

年度	扶贫发展	以工代赈	"三西"农业专项	少数民族发展资金	闽宁协作资金	中央专项彩票公益金支持革命老区整村推进试点项目	脱贫攻坚地方债	地方债用于"十三五"易地搬迁资金	合计
1997	985	1155			225				2365
1998	784	1164	443	4	445				2840
1999	2432		1020		353				3805
2000	2291		480	2	284				3057
2001	1800			3	77				1880
2002	1953	888	475	50					3366
2003	1692	753	447	62	112				3066
2004	1636.9	756	465	27	131				3015.9
2005	2428.6	461	485	51	122				3547.6
2006	2134	133	164		136				2567
2007	1672.6	920	139	41	122				2894.6
2008	3537.1	1007	13	86.5	164				4807.6
2009	3644.6	902	179.5	151	145				5022.1
2010	4879.5	985		141.2	141				6146.7
2011	6254.2		580	70	124				7028.2
2012	10756.55	931	646	222.5	358				12914.05
2013	9943.4096	629	1152	309	325	1500			13858.809
2014	18230.01	862	2675	596	295				22658.11
2015	19164.61	1853	3298	765	250	1000			26330.61
2016	37485.12	951	4440	1028	275			19014	63193.12
2017	28366	1008	4300	1379	970		18062		118363.7
2018	35295	300	4300	1622	4691		22600	28823	132511.87
2019	45595	500	8300	1770	4730		21610		123980.1
2020	44125	610	8300	1800	7345		32100		123480.2

少资金逾期风险的发生；加强对贷户在使用资金、实施产业发展全程监督；加强对贷户信息、贷款用途、贴息及风险补偿情况进行全程跟踪和有效管理；加强对失信和恶意拖欠贷款行为的法制惩罚。

（二）引进项目

20世纪90年代，西吉县积极引进项目。赴福建、上海、江苏、广州等地共招商7次，先后邀请山东水发集团、福建省佩吉服装、福建达美制衣、福建天菲服饰、青海威毅农业、香港同德丰等公司负责人来西吉县考察、对接项目（19批次）。

工园园区内宁夏伊香食品有限公司

2019年，共有服饰加工、农膜生产和废旧地膜回收加工、香港同德丰人造花、文强新型保温材料生产加工等7个项目，已正式落地闽宁产业园，天菲服饰制造等5个项目已投产。总投资2.3亿元新建宁夏港生生物工程有限公司西吉县中药材种植、加工、销售基地，已建设完成1700亩黄芪种植基地，投资9000万元，建成生产车间投入使用。

2019年，泽艾堂生物科技有限公司投资1010万元，完成综合办公楼、冷库装修与研发大楼设计。艾草产业创新与改造升级项目，投资460万元，完成2条自动卷条机、2台叶秆分离机及艾灸机购置安装并投入使用。闽宁产业园，投资5000万元，建成厂房1.44万平方米，完成5家企业入驻。初步形成了以服饰制造为代表的轻工产业制造格局，带动就业300余人。

2019年，引进宁夏金曜塑业有限公司建成投产，对华晟塑业原有设备进行维修改造；购置、安装10套自动上料系统和双层共挤地膜机组；各乡镇新建废旧地膜回收加工再利用基地等。

二、商业兴隆

西吉立县之前,只有私营商业。20世纪40年代中期,产生了私营合作社。

50年代初,西吉县建立了国营商业,通过利用、限制、改造对私营合作社进行了社会主义改造。商业结构发生了根本性变化,国营和集体商业占主导地位。

十一届三中全会后,个体商业如雨后春笋,遍布西吉城乡、集镇。80年代,经济体制改革,全县商业出现了前所未有的繁荣景象。

(一)商业机构变革

1942年西吉建县。1943年4月4日,西吉县工商联合筹备委员会成立。1949年,西吉县人民政府下设工商科。1952年8月25日,西吉县工商业联合委员会成立。1956年5月,西吉县商业局成立,工商科接管商业。1958年5月,西吉县供销合作社归并到商业局。1961年10月,商业局与供销合作社分家,恢复西吉县供销合作社。1966年10月,商业局与供销合作社再次合并。1976年1月,商业局与供销合作社再次分家。1990年,商业局设人秘、财会、业务计划等业务办事机构。百货公司、食品公司、药材公司(1980年4月隶属药政)、饮食服务公司、五金交电公司、糖业烟酒公司、兴隆贸易公司、石油公司(1985年隶属石油系统)、汽车运输队等属商业局管。

(二)私营商业

西吉建县之前,只有私营商业。时称"粮贩子""油客""羊皮客""货郎箱子"等。

1942年,刘显功以三千银圆的资本,在将台开杂货铺。

1947年,西吉县从事商业的有1726人。

1949年,西吉县共有私营商业439家,从业人员510人,固定资金和流动资金共计66353万元(以旧人民币计算)。杂货业162家,从业人员166人,自有资金10910万元;布匹业52家,从业人员54人,自有资金6000万元;旅店业135家,从业人员191人,自有资金46685万元;医药业20家,从业人员28人,自有资金1561万元;饮食业46家,从业人员71人,自有资金1197万元;粮油商行24家。

1956年1月,西吉县工商业社会主义改造领导小组成立,组织干部培训,在全县范围内对私营商业进行社会主义改造。当时全县城关、新营、蒙宣、平峰、兴平、将台、白崖、硝河、兴隆、什字、单民11个区管辖的18个集镇(内含苏堡、三合、金塘、偏城、马莲、公易、马建)共有私营商业239家,从业人员252人,流动资金39250元。其中,杂货业172家,从业人员175人,流动资金37485元;饮食服务业67家,从业人员77人,流动资金1765元。经过一年时间,基本完成对私营商业、企业的社会主义改造。

十一届三中全会以后,西吉县全县私营个体商业很快得到恢复和发展。由于经济体制改革的不断深化,私营个体商业发展方兴未艾。

1990年底,全县个体有证商业由1980年的56家发展到1021家,从业人员由60人增加到1131人,流动资金由2万元扩大到153万元。其中,商业861家,从业人员929人,自有流动资金146万元,商品零售总额1220万元;饮食业90家,从业人员119人,自有流动资金4万元,商品零售总额46万元;服务行业70家,从业人员42人,自有流动资金3万元,营业额43万元。

第四节　人尽其才　百业兴旺

本节以1949、1979、2019年三年的人事数据对比,来反映西吉的人事变化。

1949年,西吉县共有社会劳动力3716人。其中,从事农林牧业生产的全劳动力28454人,半劳动力8108人(含16岁以上还未摆脱家庭抚养的在校学生400人),计36562人,占总劳动力的96.94%;手工业者85人,邮电工人2人,计87人,占总劳动力的0.23%;从事商业及饮食服务行业的有510人,占总劳动力的1.35%从事文化教育卫生事业的有191人(含个体医务人员28人),占总劳动力的0.51%;党政团体职工214人,从事基层政权的乡长、文书104人,计318人占总劳动力的0.84%;从事其他职业的有48人,占总劳动力的0.13%。

1979年,西吉县从业人数108959人,职工5808人。其中,国营职工5343人,集体职工464人。

2019年,西吉县全社会从业人员为221200人。职工14388人,国营职工9135人,集体职工3321人。①

表15-4　1949年、1979年、2019年西吉干部基本情况对照表　（单位:人）

年度	总计				文化程度			政治情况			
	合计	其中			大专以上	中专高中	初中以下	共产党员	共青团员	民主党派	无党派
		女	少数民族								
			小计	其中回族							
1949	54	1	8	8	0	0	0	23	0	0	0
1979	2802	299	734	729	247	1414	0	1083	374	0	0

年度	社会从业人员合计	国家单位从业人数	集体单位从业人数	职工人数
2019	220200	9135	3321	14388

注:1955年以后干部才开始发工资,1949年干部人数不含教师。

① 表中1949、1979年数据采自《西吉县志》(1995年版),2019年数据采自2020年《西吉县经济要情手册》第60页。

第十六章　绿水青山西吉县

第一节　生态建设　新型能源

20世纪末，西吉县林业用地面积36万亩，森林覆盖率只有3.5%。从20世纪开始，全县相继实施了退耕还林、三北防护林、天然林资源保护等工程，生态环境逐步改善。2012年以来，西吉县深入贯彻、认真落实习近平总书记关于脱贫攻坚和生态文明建设的重要思想，牢固树立"绿水青山就是金山银山"的发展理念，坚持扶贫开发与生态保护并举，依托六盘山重点功能区400毫米以上区域降水量造林、退耕还林、补植补造、退化林分期修复等国家、自治区重点林业生态工程，多方筹措资金，开展大规模国土绿化行动，大力发展生态产业，推动扶贫开发与生态保护相协调，脱贫致富与可持续发展相促进，使贫困人口从生态建设中得到更多实惠，为全县打赢脱贫攻坚战提供了有力支撑。至2019年底，全县林业用地面积达137.4万亩（其中退耕还林75.65万亩），森林覆盖率上升至17.02%。

从1979年开始，西吉把生态建设作为可持续发展的治本之策，全面实施月亮山、退耕还林区、生态移民迁出区和国道309、省道202、海西公路、固将公路、西三公路、海西公路等主干道生态环境整治工程,以及荒山造林、天然林资源保护、重点防护林、城乡环境大绿化、县城南北山生态综合整治、巩固退耕还林成果、新一轮退耕还林、六盘山(西吉)重点生态功能区降水量400毫米以上区域荒山造林和补

月亮山次生态防护林

植补造等重点工程,推进县城、乡镇周边、重点村庄、单位、学校等绿化,打造点线面结合的生态建设新模式,全县林业用地面积由上世纪末的36万亩增至137.37万亩,其间完成城乡环境大绿化5.17万亩,月亮山水源涵养生态修复区营造林10万亩,生态移民迁出区生态恢复22.4万亩,退耕造林75.65万亩,荒山造林33.6万亩,补植补造30万亩,封山育林14.5万亩,公路绿化608.2公里。2019年全县林地面积达到137.37万亩,森林覆盖率提高到17.02%。实施中小河流治理工程,完成葫芦河河道综合治理工程吉强段12.8公里、夏寨—玉桥段49.4公里治理任务,进一步改善了葫芦河等流域生态环境,提高河道防洪标准,夯实流域内经济社会发展基础。实施了夏家大路、聂家河、郎岔、长义山、安桥掌、芦子沟等小流域治理工程和兴隆镇大岔、田坪乡南岔、新营乡小南川、兴隆镇范沟、马也堡等坡耕地水土流失综合治理工程,累计治理水土流失面积866.38平方公里,生态建设得到有力推进,水土流失得到有效控制,生态环境明显改善,促进了流域内经济社会全面发展。加大生态环境保护力度,全面推进循环经济发展,争取实施了西吉县马铃薯淀粉废水综合处理项目、新营、沙沟垃圾填埋场、县城生活垃圾卫生填埋场二期工程、县城105吨/日生活垃圾收集转运系统工程、葫芦河流域水环境综合整治一期工程(兴隆镇、将台堡镇污水处理厂、硝河乡、新营乡污水处理站)、污水处理厂提标改造、第二污水处理厂、

再生水利用工程、马莲、兴隆污水收集管网、马建、偏城、兴平、震湖乡污水处理站、县城集中供热燃煤锅炉污染治理及供热设施优化工程、县城及乡镇公厕建设、农村"厕所革命"等一批重点工程,积极争取加大城镇和农村环境保护投入,全面实施农村环境集中连片整治、葫芦河流域环境治理等工程,城乡环境质量不断改善。

2020年自治区绿化委下达西吉县国土绿化任务13.5万亩,其中,六盘山重点生态功能区降水量400毫米以上区域造林绿化工程,人工造林项目5.5万亩;六盘山重点生态功能区降雨量400毫米以上区域,阳坡造林补植项目3.5万亩;重点防护林工程退化林分期分批改造项目3.5万亩;南华山外围水源涵养林建设提升工程未成林补植项目0.5万亩;天然林资源保护工程封山育林项目0.5万亩。总投资约6090万元。在生态建设工程中,重点选择当地群众的苗木,优先选择建档立卡户作为民工,并在建档立卡户中选出1560名农民作为生态护林员,既促进了生态建设,又助推了脱贫攻坚。

西吉县按规划实施生态建设工程,结合"十四五"发展规划编制,实施六盘山重点生态功能区降水量400毫米以上区域等绿化造林项目35万亩,月亮山水源涵养林改造项目10万亩;全面增加森林郁闭度和覆盖度,不断提升区域水源涵养能力,有效地解决了全县水资源短缺的局面,推动生态建设迈上了一个新台阶。①

一、生态建设

2019年3月,固原市生态环境局西吉分局成立。现有行政编制6名。内设综合办公室、综合业务室、监察一室、监察二室财务规划室。单位内设

---

① 数据来源于西吉县自然资源局。

环境监测站和执法大队2个机构,事业编制25名,其中,环境监察15名,环境监测10名。负责对辖区生态环境监测和环境污染防治的监督管理;监督辖区减排目标的落实;指导协调和监督生态环境保护修复工作;负责辖区核辐射安全的有关工作;承担西吉县生态环境保护领导小组办公室日常工作。

(一)蓝天保卫战

加强淀粉生产企业执法监管。加大马铃薯淀粉生产企业执法力度,加强企业排污监管,督促企业污水处理设施的完善;加强畜禽养殖企业执法监管。督促企业粪便贮存、处理、利用设施的建设。

加强县城、兴隆、将台等污水处理厂的执法监管。督促污水处理设施的正常运转,实现使污水达标排放。督促完成新营、硝河污水处理站设备安装调试,投入运营。

加强扬尘污染防治执法监管。对县内12个建筑工地,9个拆迁工地的执法监管,最大限度减少扬尘污染。

督促全县所有煤场、物料堆、裸露土堆落实覆盖洒水等防尘措施,全面控制各类堆场扬尘污染。

加强燃煤锅炉污染治理执法监管。督促供热企业正常运转燃煤锅炉脱硫、脱销、除尘设施,确保锅炉烟尘达标排放。

水鸭栖息葫芦河—硝河段

加强餐饮业油烟污染治理执法监管。重点整治经营面积150平方米以上的餐饮业,督促26家餐饮单位安装油烟净化设备。

加强秸秆焚烧污染治理执法监管。持续推行秸秆焚烧县、乡镇、村三级网格化管理。

加强供热燃煤和散煤销售污染执法监管。对集中供热燃煤和燃煤销售点的散煤开展煤质监督抽检,对使用不合格煤质的企业进行处罚。通过综合执法监管,2019年,西吉县大气环境质量优良天数达到95%。

(二)净土保卫战

督促垃圾填埋厂对生活垃圾的规范处理,督促医疗单位安全规范处置医疗废物,督促各学校规范使用危险化学药品。检查垃圾填埋厂12家次,医疗单位28家,学校实验室35家,向西吉县住房和城乡建设局、西吉县卫生和健康局、西吉县教育体育局下发了执法监察函,限期整治整改。

污染源普查西吉县开展污染源普查入户调查第二轮质量核查、污染源普查数据审核和产排污量核算、污染源基本单位名录比对核实。完成145家工业源、15家集中式污染治理设施(14家垃圾填埋场+1家污水处理厂)、18家移动源加油站、57家农业源、361家生活源(55台生活源锅炉+296家行政村+10个河沟排污口)核算全部排污量。

加强对相关部门环境监管职能部门的联合执法监管,督促24家医院、33家企业制订报备了应急预案。

二、新型能源

1981—1990年,西吉全县推广节柴灶5.35万台,每台节柴灶效益达到"三个10"(指10斤水、10分钟、10两柴)要求,热效率平均达到39.1%(国家标准为20%),可省柴1/3~1/2。

1981—1990年,西吉县推广节能坑6.2万铺,太阳能640台,沼气池

218个。

西吉县引进风力发电机3台,太阳能热水器(集热器)90平方米。

1985年,西吉县被评为全国农村能源建设先进集体。

2010年9月27日,西吉县华电宁夏月亮山风电有限公司成立。风力发电是国家为促进贫困地区经济发展,利用风力资源而投资建设的一个重要项目。此项目在西吉县的实施,极大地推动了西吉县的经济快速发展,加快了城乡建设的步伐。

2019年,全县37372户(155581人)精准扶贫户,均安装上太阳能热水器,老区人民都洗上了热水澡。

2019年,西吉县利用闽宁协作扶贫资金,推广新能源"水暖炕"1000座。使1000个贫困户,特别是孤寡老人顺利越冬。

2016年1月,成立西吉县城乡客运总公司。开通公交、公车平台汽车租赁、汽车维修、车辆

新能源环保公交车

检测、新能源汽车智能充电等业务。从业人员172名,管理人员8名,公交驾驶员73名,公车平台驾驶员20名,后勤服务人员21名,汽车维修人员20名,汽车检测人员30名。38辆公交车,20辆气电混合动力公交车,18辆纯电动公交车。开通运营6条城乡公交线路。

2020年4月,建成西吉县第一个大型充电站,建筑面积1008平方米,总投资280.03万元。新建10千伏高压配电系统1套。2000千伏安箱变1座;0.4千伏低压配电系统和充电桩系统集成1套;膜结构1套(包括监控系统和照明系统);安装160千瓦直流1机4枪充电桩10台,可满足40台车辆同时充电。充电站采用智能管理系统。充电站工程的建成,为西吉县推广使

用新能源汽车奠定了良好的基础。

公司实行集约化经营,实现城乡客运公益化、运行标准化、调度智能化、管理信息化,为新西吉构建优良的公共交通环境。

智能新能源汽车已成为西吉县一道亮丽的风景线。

第二节　科技进步　项目兴农

一、科技进步

(一)农业科技

1954年,西吉县首次试行科学种田,在农村推广山地步犁29部,引进小麦良种"碧码一号"886公斤,使用"赛力散"农药525.5公斤,小麦拌种23.55万公斤。

2012年以来,县城建设按"山城体型、生态环境型、游乐休闲型"的总体思路规划,拓宽改造了吉强镇东、西街路面,配套了给、排水管道,安装路灯,落成6000平方米文化广场。"两山一湖"生态建设已显现出较好效益。5个市场、4条道路、3个居民小区(即"543"工程)建成完工,城市建设已迈上一个新台阶。

西吉县是一个以农业为主的经济欠发达地区。粮食、油料等经济作物,生产基地初具规模,逐步向产业化方向发展,向商品化过渡。

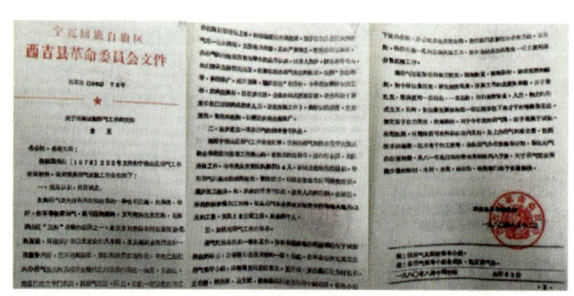

1980年,西吉县农村推广沼气池、太阳灶,普及节柴灶原始文件

(二)农业科技项目

改革开放前,西吉农业科技发展缓慢。

2019年2月,西吉县科技局重新组建。围绕农业、工业等领域组建科技工作专家库,增强了科技队伍,大力开展项目的征集和申报。

2019年,征集科技需求项目13项,科技需求项目11项。在自治区科技项目管理信息平台累计申报各类项目39项。实现科技项目网上全年申报、评审的流程模式。完成科技型企业监测统计在线填报工作,新增技术合同成交额200万元。培育创新型企业,提升科技创新能力。

全县有1个自治区工程技术研究中心和4个宁夏(西吉)技术创新中心。2019年,申报认定自治区级科普教育基地1个,申报认定市级科技型企业5家,全县科技型企业达到11家。其中区级科技型企业2家。

2019年,西吉县科技投入1372.5542万元。组织企业、事业单位和科研院所合作申报科技项目,在自治区科技项目管理信息平台累计实施各类项目43项。完成宁夏贫困区小杂粮高效种植技术示范与推广西吉示范区项目。

二、农业科技推广

依托自治区农科院固原分院项目技术组,在西吉县城吉强镇芦子沟村,创建小杂粮高效种植技术示范与推广园区,示范推广渗水地膜波浪式穴播机等新技术,引进固糜21号等杂粮新品种完成种植1020亩,其中,试验示范核心区50亩。种植谷子糜子产量增加30%以上,筛选适合当地种植的谷子、糜子新品种。科技厅选派58名科技扶贫指导员,选派88名"三区"科技人才,投资592.64万元组建科技扶贫技术专家团队,进驻84个深度贫困村(2019年新增30个行政村),围绕马铃薯草备杂粮等特色优势产业,带项目、带技术开展科技扶贫工作,促进深度贫困村脱贫。

第三节 城镇发展 乡村巨变

1942年10月,国民政府选址于沐家营,设立西吉县。建县初,县城仅有一些土坯房,街道长约1.5公里。建县后各方人士筹资并调集民工修筑正方形城池(高8.3米、厚3米,占地135亩)。城池设有南、北两个门。1943年,县政府建土砖木结构平房和土箍窑,建筑面积约2500平方米,前院设"中山堂",可容纳300人集会。同年,兴建土砖木结构平房和窑洞,面积425平方米。

1946年,沐家营中心学校和中正中心女校先后落成开学。

1947年,城关镇街道东西两端筑拱形砖箍栅门,建瓦房各3间。1953年,甘肃省交通厅技术人员勘测设计,用混凝土修建石壁木面桥(起名西月桥),街道向西延伸。

1949年后,县政府注重城市住房建设,以房代窑,提高了房屋建筑质量。工业发展单一,仅有手工作坊铁匠铺、砖瓦窑、油坊、粉坊。

1951年,县城修建了第一座可容50万公斤的土砖木结构粮食仓库。

1954年,县人民银行首建砖木结构二层小楼房7间,700平方米。

1956年,县人民委员会兴建一座跨度15米的无檩12间礼堂,前有门厅2间,后有舞台3间,可容600个座位。城建房屋实行建造使用一体化。企业、事业单位的用房,自建、自管、自使用。财政投资的行政机关统建住宅,由房产公司统建、统管、统一分配使用。

1974年,加固永清湖堤岸与治理短岔沟工程,扩大街道面积31500平方米。其中,永清湖加固工程为南北走向,以块石切砌基础540米,东西走向铺设混凝土涵管320米,耗石料1271立方米,钢材5.2吨,回填土8.5万立方米,扩大用地面积21600平方米;短岔沟以钢筋混凝土盖板等筑涵洞

396米，耗钢材45吨，水泥692吨，石料885立方米；回填土8万立方米，扩大用地面积9900平方米60年代后至70年代，昔日旧城墙逐年拆除。

1978年，对街道又进行改造加宽，铺筑沥青油渣路面。

1979年，县城建有百货大楼、粮油加工厂、食品公司和车马店等为数不多的几幢楼房。

1980年，西吉县国有及国有控股企业7个，集体企业14个，轻工业15个，重工业6个。2019年，工业企业总数131个，国有及国有控股企业1个，轻工业115个，重工业16个。

1988年，地方财政投资74.4万元，将街面突出旧建筑物拆除，路面再次拓宽。经过30多年的改造整修，西吉县城街道不断得到扩展延伸，形成北环路、南环路、东街、中街、西街、东街十字、中街十字、西街十字、一中东路为主，东西南北连接，街衢纵横交错。西吉建县前，房屋以传统的土箍窑为主；建县后，国民党政府开始在机关、学校、卫生系统，兴建土木和土砖木结构的青瓦房，约229间7275平方米；民房有100余间1900平方米左右。

西吉从立县到十一届三中全会召开，经过40余年的改造建设，县城房建发生了根本性变化。城区用地面积增至37公顷。

1990年后，工业、交通、文化、教育、卫生、体育、商业、粮食、物资、金融、行政事业机构、生活住宅、农贸市场、园林苗圃等共计用地面积达180公顷（包括何家店子在内），农林良种试验及空地34.5公顷，粮田土地345.5公顷。县城区域总面积达5.6平方公里。工业方面，有食品加工、粮油加工、皮毛加工、服装鞋帽加工、农机修造、印刷、木器家具、地方建材企业等18家（不包括个体户），用地面积17.8公顷，占城区总用地面积的9.9%。商业方面，有食品饮食服务业、糖茶烟酒、药材、石油、百货、五金交电、外贸、供销、粮食、物资等共138个单位，用地面积32公顷，占城区用

地面积的17.8%。文教卫生方面,县城有中学、小学、幼儿园9所,党校1所,中西医院防疫、妇幼保健院(所)4个,文化馆文工团、影剧院、工人文化宫图书馆、电器馆、理公司8个,体育设施1处(包括田径场、灯光球场、射击场),共用地3.5公顷,占城区用地面积的13.1%。交通邮电方面,交通管理、养路机构、汽车站运输公司、车队、汽车修配厂等9处,邮电设施1处,用地面积0.2公顷,占城区用地面积的3.4%。金融"四行"与保险公司用地面积1.6公司,占城区用地面积的0.9%。农贸市场用地面积2.1公顷,占城区用地面积的1.2%。道路、广场用地面积15.6公顷,占城区用地面积的8.7%。县城内建筑企业,用地面积8公顷,占城区用地面积的4.4%。行政、事业单位办公设施,用地面积25公顷,占城区用地面积的13.9%。生活住宅用地面积47.2公顷,占城区用地面积的26.2%。其中,非农业居民用地面积15.7公顷,农业户用地面积31.5公顷。其他用地1公顷,占城区用地面积的0.5%。城市建设有了突破性发展。

一、城镇发展

(一)建筑物

1. 影剧院

1982年12月,西吉县影剧院建成,位于西吉县城西街什字北侧。建筑总投资(内含设备投资)153万元,建筑面积2715平方米,由舞台、放映厅、1236个座位的场地、排练厅、生活区、影剧院广场等组成,占地面积2公顷。

2. 外贸冷库

1981年底,西吉县外贸冷库建成。位于县城东、大滩村口,荣兰公路与西沙公路接道处。总投资(含设备投资)188万元,建筑面积4600平方米,由100吨和30吨的冷藏库、极冻间、屠宰间、加工间、饲养厂、水塔、配套锅炉及生活区组成,占地面积2.67公顷。

3. 县人民政府办公大楼

1983年,县人民政府办公大楼(4层)落成交付使用,位于南环路北侧。总投资(内含设备投资)92.5万元,建筑面积3200平方米。

4. 县人民政府招待所大楼

1983年,县人民政府招待所大楼(4层)落成交付使用,位于南环路北侧。总投资240万元,建筑面积6400平方米。除大小会议室、大小餐厅外,设有105个客床位,分甲、乙、丙三等房间。

5. 商业民族贸易大楼

1984年,商业民族贸易大楼建成交付使用。商贸大楼位于县城中街北侧。总投资(含设备投资)92万元,建筑面积2690平方米。内设百货、针织、五金交电、文化用品、化工、副食品等21个柜组。

6. 工人文化宫大楼

1986年,工人文化宫大楼竣工,位于南环路南侧,由西吉县城关镇建筑公司施工。总投资金额(含设备购置投资)48万元。建筑面积1942平方米,内设书报阅览室、成人培训教室、舞厅、自理、象棋、乒乓球等活动场所。

7. 文化馆和青少年宫楼

1986年,文化馆和青少年宫楼竣工,位于西街十字口西侧处。由西吉县城郊乡建筑公司施工,总投资56万元。建筑面积2589平方米,内设阅览室、游艺室、文物展览室、放映室等。

8. 县委办公楼

1986年,县委办公楼(五层)竣工,位于南环路北侧。总投资额(含设备购置资金)94万元,建筑面积3376平方米。

9. 政法办公楼

1986年,政法办公楼建成,位于中街十字西侧。由西吉县建筑公司施

工。总投资（含设备投资）67万元，建筑面积3256平方米。

10. 县人民医院大楼

县人民医院楼位于县城中街东头北侧。由门诊楼、住院部、传染科三部分组成。门诊楼于1981年破土动工，结尾工程住院部于1989年7月全部完成。由静宁县城川建筑公司和西吉县城郊乡建筑公司分项施工。总投资金额为318万元，占地面积2公顷，建筑面积8262平方米。

11. 邮电大楼

邮电大楼位于县城中街，坐北向南。1989年11月，完成土建工程。1990年夏，安装工程就绪、交付使用。由西吉县城郊乡建筑公司施工。总投资45万元，建筑总面积1680平方米。

（二）城镇供排水

60年代前，县城机关单位饮用，居民与农户除少数用井水外，绝大部分则饮用长流河水。

60年代，机关、学校，打生活用水深井28眼。

1974年，开始筹建自来水工程，经3年建成，附有净化设备，容积300吨的蓄水池，打机井给水的配套工程，县城开始小范围的自来水供给。

1982—1985年，城郊乡水泉村葫芦河流域工程建成，设泵房2座，1000吨蓄水池2个，500吨蓄水池1个。日产水量达到1500吨，以自压方式输送。

1988年，在安家河村打机井1眼，作为自来水水源补充，保证整个县城用水量（包括所有大、中型工程建设的用水）。

1990年，西起城关镇北山坪，东至何家店子的输水管道建成，此水道以西吉二中教学楼为标高点，用300吨的旧蓄水池通过降压调节输送。

县城供水系统，共敷设地下输水管道3万米，年供水量28.9万吨。其中，生活用水10万吨，用水人数1.4万人，每人平均日用水量20升。基建工程用水量7.5万吨；工业生产用水4.4万吨，园林绿化用水量1万吨，城市服务行业用水量4.4万吨，自溢水1.6万吨。

县城的排水，采用地面、污水合流排放。排水工程设施于1986年动工，1988年9月竣工交付使用。安装地下排水管道10568米，其中主管道6902米，支管道3666米，建设总投资金额114万元。

(三)城镇道路

总投资为17934.71万元的旧城区综合治理（吉强中路、公园西街、什字街）建成通车，吉强中路（西三岔路口—大滩排洪渠）改建道路3.3公里，公园西街（团结路滨河路）改建道路0.9公里，什字街（政府街滨河路）新建道路300米。完成西吉县滨河路人行道铺砖、中医院周边场地维修，二小周边场地维修及街道零星维修工程。苏堡路街道建设，拆除、新建原苏堡路187.35米，通车投用。

滨河大道

(四)公园广场改造

2019年投资1970.79万元，对占地面积231244平方米的永清湖公园提升改造，完成景观桥、假山、码头、廊架等设施及广场绿化、景观照明等建设配套。中医院停车场及二小停车场铺装草坪砖45144平方米、混凝土地坪1768米，安装混凝土道牙317米，栽植侧柏、绿篱带171平方米，土方回填150立方米，砌筑围墙护坎88725平方米，完成投资285.66万元。建成二幼西侧停车场，铺砌草坪砖、停车位134个2412平方米，开通7米宽混凝土行车道1975平方米，道路两边安装800×350×120，C30混凝土道牙639米，配套绿化、排水、亮化等工程，完成投资167.50万元。建成博物馆广场，广场铺装火烧板3143.5平方米，人行道火烧板铺砖面积1889.5平方米，硬化地坪混凝土1172.2平方米，改造广场入口火烧板台阶11.7平方米，新建火烧板台阶151.7平方米，新建花(树)池55座，维修喷泉1座，配套绿化设施，完成投资388.62万元。西三角广场工程总占地面积15361.2平方米(23.04亩)，总投资1462.12万元，完成了施工图审查、土地审批、规划许可等前期手续。

(五)环境污染治理

2019年9月10日建成兴隆、将台污水处理厂，2月自检水质达到地表水Ⅴ类水标准，4月29日通过环保验收，6月27日完成土建验收。马莲、兴隆水收集管网工程，总投资314238万元。

(六)棚户区改造

2019年，全县城镇棚户区改造1168套，重点完成县城零散改造片区1031套。靖善路西侧片区98套，北山林场片区39套。实际完成城市棚户区改造征收任务2078套，超额完成改造任务的77.91%，政府采购安置房源553套，签订置换协议192套。

二、山乡巨变

(一)乡镇建设

1. 马建乡城镇建设

2019年马建村至309国道2500米完成道路硬化，改造提升主街道、繁荣路、幸福路及大坪街北延伸共1045米，硬化人行道400米，敷设给水管网4351米、排水管网2943米，完成4820平方米的2座农资果蔬市场大棚，建设商业广场1669平方米、中学南广场公园及附属护坡、护墙596平方米,特色街区改造4563平方米,安装45盏太阳能路灯,种植32棵绿化树木,建设1处1523平方米垃圾中转站,建设1座102平方米水冲厕所,1座400平方米的文化站及学校操场跑道、围栏等附属等工程。完成投资214万元。

2. 震湖乡城镇建设

2019年完成拆迁房屋1户,清运垃圾400多吨,硬化道路100米、铺设人行道14665平方米,敷设给水管道600米,排水管道36米,污水管道200米。安装120盏太阳能路灯,建设5000平方米的文化广场,提升改造600平方米的商业广场,4000平方米的迎宾广场,100平方米的蔬菜大棚。完成投资12万元。

3. 兴平乡城镇建设

2019年完成农户征迁20户,硬化道路1200米,铺设3600平方米人行道,敷设1800米给水管道、污水管网1641米,修砌83座检查井与水箅子,新建2950平方米的三角广场,安装60米混凝土廊架、成品桥座15座,完成硬化2024平方米的文化广场院坪,铺装755平方米广场。修砌260米围墙与长城护墙,砌筑778平方米护坡,敷设120米排水管道,硬化2200平方米的行车道生态停车场。铺设1800平方米生态砖980平方米,安装68盏树框320套的太阳能路灯,完成安装1490平方米的篮球馆钢架结构,修砌西静线300米的毛石护坡,铺设1150平方米的六角空心砖,新建1100平方米的快牛农机作业公司管理用房及创意作坊,320平方米的服装加工扶贫车间,修建1个240平方米的水冲式公厕兼垃圾中转站。学校操场和学生、职工宿舍楼工程,完成投资2675万元。

4. 偏城乡城镇建设

2019年完成马湾口至南湾口、乡卫生院到高崖口、市场及周边道路硬化共5500米，人行道路铺设350米，敷设排水管网1000米，安装太阳路灯300盏，绿化450平方米，修筑护坡8900平方米，建设广场7225平方米、停车场6900平方米、农贸市场3000平方米、特色街区改造4500平方米及学校锅炉房和职工、学生宿舍楼工程，投资2385万元。

(二)村庄建设

1. 新营乡白城村美丽村庄

2019年完成87处环境整治拆除旧庄院，处理180立方垃圾，配置18个垃圾箱，植树绿化2000平方米。硬化1处3150平方米广场，完成投资129.04万元。

2. 王民乡姚坡村美丽村庄

2019年给10%的常住户通自来水，改造危房89户，完成1793米巷道硬化、14千米村道，铺装1000平方米人行道，高筑916平方米的护坡，修整4200平方米生态护坡，安装52盏太阳能路灯，新建30平方米的村部办公用房，1000平方米文化广场，配备5处垃圾集中收集点。

(三)乡村住房

20世纪40年代，西吉县境域农村居民住宅，多以土箍窑为主。西南部的滥泥河两岸一些村落有土崖窑洞居住；东北部山区农户有青瓦房、茅草屋和少量石崖窑洞；葫芦河川道区有土木平房、土木青瓦房，杂有土箍窑。

20世纪60—70年代，部分农村为改善人民居住条件，节约耕地，由生产大队或生产队统一选择宅基地，将分散、交通不便的农户，集体划拨庄院。

改革开放以后的10年间，西吉县农村住宅更新改造形成建房热。

1982—1985年，全县26400户农民修建了新瓦房，占全县总农户的50%。共建新房80500间，112.7万平方米，平均每户建有新瓦房42.7平方米。

1985年，全县每户占有房屋面积6.77平方米，其中，生活用房5.23平方米。1990年，农户平均每户有房4.51间8.99平方米，其中，生活用房面积7.44平方米，生产用房1.55平方米。且建房选址较统一，采光很好，质量较高，防震抗涝。

1988—1989年，按抗震标准，改造1100户农民的危房，淘汰土箍窑600孔，全县农户普遍逐步上台阶，修建从土木结构到土砖木结构再到砖木结构的住房。

1986—1990年，农村私人建房总投资2081万元，建筑面积80561平方米。单就1990年的统计，农村私人建房投资653万元，建筑面积为241851平方米。

(四)集市

1949年后，国民经济飞跃发展，农村集市贸易也相应地迅速发展起来。

1979年，全县共有兴隆镇、什字、公易、玉桥、马莲、将台、硝河、偏城、城关镇、新营、兴平、苏堡、平峰、三合、马建、金塘、白崖、田坪、火石寨19个集市贸易点。最大的贸易集市是城关镇、兴隆镇和新营乡。

1990年前，县城投资80万元，开辟占地4300平方米的二层楼房建筑——第二农贸市场，兴隆镇将占地5336平方米的原农贸市场扩建成16700平方米的配套交易场所。

2019年，县城建成东西两处农资市场，均在2万平方米以上；兴隆、将台、什字、平峰、新营、偏城、兴坪等乡镇都新建农贸市场，面积都在1万平方米以上。

(五)乡村建设

2012年以来，西吉县完成农村危房改造3515户，完成"无安全住

乡村振兴龙王坝

房"扩建652户。完成农村非建档立卡农户45923户,建档立卡农户33102户。

2019年,建成马建乡、震湖乡、兴平乡、偏城乡4个美丽小城镇。建成新营乡白城村、王民乡姚坡村、硝河乡新庄村、平峰镇庙坪村、吉强镇万崖子村、兴隆镇罗庄村、兴平乡杨岔村7个美丽村庄。完成投资10609.63万元,其中,美丽小城镇完投资8352万元,美丽村庄投资2257.63万元。

第四节　通信畅达　电力多源

一、通信畅达

2017年以来,中国电信西吉分公司以脱贫销号村"信息惠农"专项建设为抓手,推进农村偏远地区宽带及4G网络建设,缩小城乡信息技术差距,促进农村群众脱贫致富。

2019年底,光缆和4G共计投资6250.59万元,有效促进西吉县农村信息化建设进程,使全县农村宽带普及率提高近10个百分点。全县农村区域网络能力和信息化应用得到跨越式发展,农村宽带由"村村通"向"户户通"升级取得了历史性突破。为偏远山区实施"数字教育、数字医疗、数字文化"等提供基础条件,保障了"互联网+扶贫"的有效实施,助推农村经济快速发展。

(一)加强网络扶贫,夯实信息化基础

1. 完成295个试点行政村的宽带建设和升级任务(含1323个自然村)

2019年,全县238个贫困村全部通宽带,新建FTTH端口总数64248个,光缆覆盖家庭户数55907户;新建4G基站153个,行政村4G达100%覆盖,自然村4G覆盖率达93%。推进农村信息"三通"(通无线网、通电视、通宽带)业务,为西吉全县脱贫攻坚奠定了坚实基础。

2. 电商进村,助力农村精准扶贫

2019年底,全县共计新增农村电商服务点228个,已有活跃网商170家。中国电信西吉分公司立足全县农村实际,探索农村电子商务信息化应用新模式,整合资源,打造"互联网+翼支付+商超+电商"的翼商联盟

电商销售

综合服务站,把便捷、实惠真正送到百姓家中,为农民创造了更多的就业机会。

3. 电子政务外网

2019年,完成全县295个行政村238所村小通光缆建设,实现满足县、乡、村全覆盖的网络化政务办公系统。

4. 教育信息化实现班班通光纤

2019年,完成县城及19个乡镇所有中、小学,共计1300个教室通光

纤，为"互联网+教育"奠定了坚实的网络基础。

5.完成全县医疗卫生系统网络互联互通光纤专线接入改造

2019年，全面完成306个村卫生室光纤专线接入建设，医疗卫生行业系统间的

县人民医院影像远程会诊中心

互联互通、资源共享。提升了各级卫生主管部门的信息化能力和各级医疗机构的服务水平，有效推进全县医疗信息化水平的提升，并最终为"互联网+医疗""医疗影像云"和"移动护士站"等信息化应用奠定坚实的网络基础。

(二)落实业务扶贫，助推信息化应用

1.西吉信息化

(1)落实提速降费。落实提速降费，开展"信息惠农工程"。

(2)推广宽带应用。针对建档立卡贫困户，推出低资费措施。按西吉当地实际情况，出台了37.5元/月(宽带+电视)、59元/月(宽带+电视+手机)等一系列低资费的惠民政策，适合西吉农村区域的实际情况，保证老百姓用得起、用得好。

(3)免费安装宽带。对全县295个行政村全部免费安装光纤宽带及ITV一部，助力全县各个行政村网络办公及信息化应用。

网络连接世界，信息沟通心灵

2. 邮政

2016—2019年，西吉邮政分公司设综合部市场部金融部3个职能部门，基层邮政所6个，邮政代办所15个，邮掌柜话104处。其中，村邮购物站57处，便民站47处。

（1）邮政储蓄。2019年西吉县邮政分公司将拆迁征地款、棚户区改造补助款、小型微型企业工资代发等作为邮政储蓄增规模的重点项目。

邮递员按时按点上下班

（2）中邮人寿。2019年西吉县各邮政代理、金融网点开办系列保险产品，市场规模不断增大。2019年新增保费达到249.85万元。

（3）报刊。加大常年报刊收订及校园报刊的营销力度，确保县城中、小学校、学习报刊及时到位。强化报刊营业和投递服务，整合人员，优化邮路，确保党报、党刊及其他报刊业务投递服务准确、及时。

（4）文明创建。继续推进"职工小家""投递之家"建设和"送温暖，献爱心"活动，让更多基层职工享受到"职工小家"建设带来的实惠。2019年，慰问困难职工20人次，发放困难补助资金1.8万元，把组织的温暖和关怀送到一线职工身边，让职工切身感受到企业发展始终以人为本的关爱氛围。

（5）扶贫。2019年，西吉县邮政分公司为平峰镇三合村196户村民发放大米196袋、食用油196桶，合计约2.8万元。

3. 移动

中国移动宁夏公司西吉分公司紧紧围绕公司全年生产经营中心，认

真部署,扎实推进,不断创新,全面完成各项任务。经过努力,公司在生产经营、客户服务、网络基础完善及综合管理方面有了较大提升,取得了可喜成绩。

2019年,西吉县移动分公司营业班组荣获宁夏公司"创先争优先进服务窗口"殊荣,分公司荣获区公司"企业文化建设基地"荣誉,西吉分公司荣获固原分公司"工会先进集体",分公司集团客户经理主管王升荣获固原分公司"岗位突击能手"及区公司党委2019年度优秀共产党员荣誉称号,西吉县移动分公司有多名员工获各个领域的荣誉。

(1) 精准扶贫。一是提高资费扶贫优惠力度。二是继续开展宽带免费送,满足贫困地区群众通信服务需求,精准扶贫,努力降低贫困户的通信支出,让贫困感受"提速降费"的实惠。三是以"平安乡村"为主建设平安西吉、开展整村家庭宽带覆盖及监控摄像头业务推广。为老百姓送去高新科技发展带来便利,通过手机监控到庭院、牛棚等区域。

(2) 网络建设。城区网络建设方面。公司针对群众反映,自己摸查,发现4G网络覆盖较弱的小区、楼宇,开展了4G信号深度覆盖专项活动,实现县城及周边区域4G信号无死角覆盖。

小区、商储宽带建设方面,小区、商铺宽带县城覆盖率达80%,装机、维修人员综合素质提升,得到用户的一致好评。

农村区域方面,针对部分农村区域存在有4G信号,无GSM网络状况,开通了深度覆盖。为群众提供了"4G+手机终端营销",有效解决了老百姓打电话、上网难得问题。西吉县移动分公司开展农村区域家庭宽带网建设的接通工作。2019年,完成所有行政村大部分,自然村家庭宽带网覆盖工作。

4. 电信

2019年,中国电信股份有限公司西吉分公司,共有职工44人,下设3

个部室,3个营服中心,1个营销中心,3个改金划小单元和2个班组、1名纪检专岗。

(1)经营管理。中国电信西吉分公司以脱贫销号村信息惠农专项建设为抓手,努力推进农村偏远地区宽带及4G、5G网络建设,落实提速降费,打造速度更快、使用成本更低的信息网络、缩小城乡"数字鸿沟",用信息技术促进农村偏远困难地区群众脱贫致富。

(2)网络建设。2019年,无线网络已覆盖所有行政村,无线网络完全能满足人们所有的网络需求。2019年,全县共有物理站址313个,其中3G站址171个,1.8G站址187个,800M(NB)站址249个,微站站址30个。

5. 联通

(1)经济收入。2019年,西吉联通公司全年收入3316万元,完成全年预算的103.63%,收入完成率位居全市第二,KPI得分位居全市第二。

(2)社会服务。西吉联通公司全力跟进政务外网业务,按照份额占比划分,西吉联通公司签订政务外网28条,收入252万元;签订教育食品安全监控协议,收入52万元;确定"互联网+教育"学校28所。

中国联合网络通信有限公司西吉县分公司有员工14人,下设4个营业单元。2019年总收入207万元。西吉联通公司利用秋季开学校园营销,以"互联网+教育"业务为契机,为六中、袁河中学、玉桥中学、将台中学的教师、学生办理移动网,2019年累计2400户。

二、电力多源

1949年,前后使用清油灯、煤油灯、马灯照明,条件好的单位用汽灯照明。1958年筹建柴油发电,逐渐使用水力发电、火力发电,发展到近些年的风力发电,太阳能蓄电。

1958年,县财政投资3万元在县城东街筹建发电厂,建筑面积406平方米,翌年7月建成投产,使用柴油机发电,年发电量3.5万度,供县城机关单位照明。1960年,柴油机组更换成110马力的锅驼机,并配有72千瓦发电机,年发电量上升到34.8万度除供照明外,还将电力应用到粮油加工、农机修造、基本建设和卫生医疗等生产、服务范围。后又多次更新,发电总量逐年上升。1970年,又组建起苏堡、兴隆两个柴油机组发电站。

1975年,县城和兴隆2个35千伏变电所建成,架设高压输电线路,使用刘家峡水电站电力。至1985年底,农电线路建设投资计605万元,全县架设35千伏输电线路87公里,10千伏配电线路707.2公里,低压配电线路332.9公里,0.4千伏输电线路450公里,架设输电线路总长1577.1公里,低高压电杆18882基(根),安装变压器14505千伏安/512台,装机容量达10800千瓦。全县26个乡(镇)全部通电,65.8%的村和37.9%的村民小组通了电。

1979年,全县供电量430.8万度,用电量299.9万度,线损率30.39万度。

1986—1990年,自治区和县财政为发展电力事业投资金额为566万元。1986年建成县城—苏堡35千伏变电所1座。1989年又建成将台—县城110千伏变电所和县城—白崖35千伏变电所各1座,架设35千伏输电线路60公里,110千伏输电线路25公里,使刘家峡水电站的电流和青铜峡水电站的电流连成一体。在此期间,县财政自筹资金并利用国家贫困资金502万元,新增架农电线路589.47公里,有99个村民委员会和559个村民小组相继通电。

1989年前后,电力建设共投资1673万元,全县共架设输电线路总长2036.56公里。其中,110千伏输电线路25公里,35千伏输电线路

消除覆冰保供电

137.26公里。10千伏输电线路1374.3公里,0.4千伏输电线路500公里。低高压电杆26468基(根),安装变压器47860千伏安/883台,供电总量达到2021万度。电力供应普及26个乡镇的289个村委会,占295个村委会总数的98.3%;已通电村民小组1523个,占1903个村民小组的80.03%。全县电力应用总覆盖率达到80.50%。

(一)十八大以来电网投资和发展

2016—2019年,西吉县电网总投资完成39701.5万元;2020年下达配电网工程项目计划资金8767.36万元。其中35千伏输电网建设投资18403万元。完成新建张湾110千伏变电站1座,新建玉桥、马莲、王民、平峰、南台、田坪35千伏变电站6座,解决了6个新建变电站的10千伏配出线路,有效解决了35千伏电源布点少,输电网架构薄弱,部分10千伏线路供电半径长末端低电压的问题。其中10千伏及0.4千伏中低压配电网建设投资21701.5万元。主要完成了13个乡(镇),78个行政村的高低压线路改造。新增及更换配电变压器219台,容量52兆伏安;完成10千伏线路绝缘化改造2187.3公里,新建及改造0.4千伏线路716公里。2019年,10千伏线路绝缘化率达到82.98%。满足"N-1"的线路67条,"N-1"通过率80.72%,台区四线占比达到52.34%、户均配变容量达到2.03千瓦。主要解决了将台红色基地的电缆入地及街道安全用电,县城及部分乡镇居民煤改电取暖用电的接入,配合政府对葫芦河河道治理、村道建设进行线路改迁,消除部分台区设备超负荷运行及安全隐患,完成15个乡镇中心村、精准扶贫村和美丽乡村建设的生活用电、扶贫养殖、机井灌溉及脱贫产业等动力用电需求。

(二)阳光扶贫

2020年3月,西吉电力系统充分发挥党员服务队的先锋模范作用,助力全县脱贫摘帽。党员服务队紧盯关键重点扶贫项目,利用40多天时间,主动跟进光伏扶贫项目建设,主动介入项目前期可研、选址和建设,加班加点完成16个乡镇72个村级光伏电站1164万元配套设施建设,确保按预期发电。截至2020年5月份,光伏电站累计上网电量2329.44万千瓦时(22兆瓦),实现发电收入1514.136万元。

(三)供电服务

架起党群连心桥,为脱贫攻坚做好电力先行者。西吉公司精准对接扶贫动力用电需求,按需满足业扩报装申请。2019年,按需投资完成1031万元低压业扩配套工程,累计接入用户4830户,其中单相2121户,三相用电2799户,新建及增补低压四线221.38千米。完成34个扶贫车间动力电接入,惠及21个贫困村102人。截至2020年5月5日,延伸低压线路27.04公里,新架杆塔251基,接入10千伏用户22户,动力1235户,单相609户。

国家电网宁夏电力共产党员服务队实施扶贫电站配套工程

(四)提升指数

全面精准贯彻落实党中央、国务院、自治区关于优化营商环境的决策部署,西吉县供电公司采取一系列举措助力全县脱贫攻坚。

1. 助工复产

2020年2月,西吉电力系统积极参与复工复产。一是对1家定点医院、5家疫情隔离点优惠电价0.02元/千瓦时,完成退费4300元。二是对1.58万户一般工商业用户电费优惠5%,累计优惠电费金额56.92万元。

2. 优化环境

2019年,电力系统着力打造"手续简,环节少,时间短,造价低,服务优"的营商环境,力争10千伏、0.4千伏低压客户平均接电时间分别压缩至60天、15天。掌握脱贫攻坚用电需求,加强业扩配套项目储备和实施管控,助力当地脱贫攻坚。

3. 拓展服务

2019年,电力系统推进小区配电资产无偿移交,将供电服务界面向小区客户终端延伸,实现小区供电服务到户,提升小区供电服务质量。完成西吉县32个小区、82台配电变压器资产移交,更好服务广大用电客户。

4. 访客活动

2019年,电力系统实地走访工业园区客户,充分掌握企业负荷特点、生产用电情况,利用电价执行方案为客户开辟红利,通过制订"一户一方案"优化用电方案建议书,为6家企业节省电费15.65万元。

5. 落实政策

2019年,电力系统先后完成工商业3次降价政策精准实施,完成1.54万户一般工商业客户两次电价调整,电价降幅达到13.90%,完成环保行业退费用电政策支持,为西吉污水处理企业退基本电费72.61万元,减少后续用电成本48.02万元。

6. 推进业务

先后推广电e宝、掌上电力、支付宝、微信公众号、网上国网等手机购电办电业务,线上申请办电100%,线上缴费达90%,着力构建以客户为中心"互联网+营销服务"平台,真正实现"让数据多跑路,客户少跑路"目标。

(五)定点扶贫

1. 接入动力电

2018年,投入项目资金478万元,完成动力电到户工程。其中偏城乡马湾村投资283万元,新建配变4台,新建改造高低压线路23.9公里,惠及户数241户。新营乡玉皇沟村投资195万元,新建配变3台,改造3台,改造高低压线路15公里,惠及户数204户。

2. 定点帮扶

(1)马湾村。养殖月子鸡140户,帮扶资金102850元。购买农机具43万元。2019年,宁夏电力有限公司通过宁夏慈善总会捐赠40万元用于马湾村"老年饭桌和留守儿童之家"建设。经果林项目共计帮扶资金81280元。分别向固原公司争取资金10万元,用于产业扶持、基础设施建设等。帮扶月子鸡苗94950元,帮扶车棚建设资金15万元。

固原市供电公司帮扶偏城乡马湾村发展养殖

(2)玉皇沟村。2019年宁夏电力系统多方筹措资金,配置办公家具及设施。利用讲党课、农民讲习所等形式和平台,讲政策、讲法律、讲实用技术。帮扶果木树苗和青储池补贴资金5.4万元。帮扶危房补贴资金6万元,帮扶农机补贴资金16万元。

(六)消费扶贫

积极落实消费扶贫政策,帮助马湾村成立养殖专业合作社,专门负责鸡和鸡蛋对外销售。2020年,帮扶单位为马湾村113户养殖村民购买月子鸡苗22650只,内销鸡4200余只,内销月子鸡蛋10万余枚,为贫困户争创收入43万元。

为西吉县9个公司45项农特产品进驻"惠农帮、爱如电APP"平台进行主动搭台,为全区中央定点单位消费扶贫开了好局。

第五节 城乡互通 内外互联

山上水泥路,山下柏油路,城市连接高速路,出行火车飞机在门口。西吉交通道路从昔日的羊肠小道,发展到今天四通八达的综合立体交通网络,真正改变了人民群众的生活命运。

一、农村公路与城市道路

截至2019年底,农村公路总计3055.9公里。

(一)农村公路日趋完善

2014—2015年,西吉县被交通运输部列为六盘山片区交通扶贫攻坚示范试点县,成为全国为数不多的示范试点县之一。西吉县按照"紧盯一个目标,实施六大工程,缓解四大瓶颈,构建三大体系,打造两大亮点"的总体思路,以六盘山片区交通扶贫攻坚为奋斗目标,实施旅游路、产业路、通村路、安保工程、危桥改造、客运服务六大工程,缓解公路建设、公路管理、公路养护、公路营运四大瓶颈,构建农村公路建管养运体制机制、交通运输文化体系、贫困地区交通运输发展典型经验三大体系,打造安保工程、体制机制创新两大亮点。出台一系列管理办法和实施方案,率先将公路养护与管理剥离,成立交通综合执法大队、公路建设管理中心、交通建设工程质量监督站、城乡客运总公司,使交通运输工作实现政事分开,理顺公路建管养运机制,强化农村公路建设项目的监督管理,明确农村公路养护管理职责,加强路政执法监督,保障公路畅通,公路运输水平得到显著提高。2016年,时任交通运输部部长杨传堂在全国交通扶贫工作会上指出:"'中国马铃薯之乡'的宁夏回族自治区西吉县,随着六盘山片区交通扶贫攻坚示范县的推进和西毛、固西等一级公路的建设,公路沿线布局了百万亩马铃薯产业化种植、百万头生羊养殖和百公里冷凉蔬菜基地等,实现了特色农业规模化经营,同时吸引了一批马铃薯加工企业到当地投资,形成了从种植到深加工的马铃薯产业

盘旋蜿蜒的乡村公路

第十六章　绿水青山西吉县

笔直平行的村庄道路

链,显著增强了自我发展能力。"2016年,在交通运输部的牵头和大力支持下,当年6月,人民日报社、新华社、中央电视台、中央人民广播电台、光明日报社、经济日报社、中国交通报社等12家中央主流媒体来西吉县开展"小康路交通情"走访六盘山片区扶贫攻坚重大主题宣传活动,很好地宣传了西吉,推动了西吉县六盘山片区交通扶贫攻坚向纵深推进。

(二)公路建设成绩突出

40年来,农村公路通达深度技术等级和公路密度不断提高,路网布局不断完善。乡道37条678.3公里,村道297条2187.6公里,汽车专用公路2条29.8公里;全县295个建制村全部通硬化路,具备条件的自然村通了公路。2015年,制订《西吉县交通运输"十三五"发展规划》,加快推进"三纵三横两环两联"干线路网建设,有序实施县乡道改造提升工程、建制村通畅工程,重点实施脱贫销号村、整村推进贫困村通硬化路建设项目。"十三五"期间公路建设进入了快车道,S60线固原至西吉高速公路、G566线西吉至毛家沟一级公路等高等级公路的建成通车和正在建设中的S60西吉至会宁高速公路,结束了西吉县无高速公路的历史,对外通道更加通畅。农村公路建设里程大幅增加。在全县县乡道和主要村道等农村公路上实施安保工程,有效地改善农村公路通行能力,提高公路安全防护水平,保障广大群众生命财产安全。探索建立了"田路分家、一路两坡四行树"的农村公路建设新模式,将公路绿化作为重要条款写入施工合同,建成一条,绿化一条,逐步探索可推广发展的"综合交通、智慧交通、绿色交通、平安交通"建设新理念。近两年,公路建设实行包片包抓责任制,即将全年公路建设任务按实施范围、实施乡镇,划分为东、南、西、北四个片区,细化分工,明确职责,以包片领导主抓、包片责任人具体抓的方式到公路建设现场跟踪监督管理,保证了工程质量,加快了工程进度。

(三)公路管理逐步规范

为加强执法力量,西吉县成立了由公安交管、交通综合执法、路政、运管、城管5家执法单位抽调精干力量组成的联合执法队,专职负责流动治理超限超载工作,"超限超载"运输态势得到了有效遏制。每年完善出台西吉县整治公路货车违法超载超限行为专项行动实施方案和"治超治洒"专项行动实施方案,成立工作领导小组,实行县、乡、村三级联动治理机制,使路域环境和路况质量、行车舒适度得到明显改善。一是通过体制机制创新,全面推进"三基三化"建设,完全按照"基层执法队伍职业化、基层执法站所标准化、基础管理制度规范化"建设和管理队伍。严格按照《交通运输行政执法站所基础设施建设标准》,执行全天候、多方位实时监控。二是对涉路案件及时处理、及时解决、及时上报,依法依规履职尽责。拆除非公路标志牌,有效规范非公路标牌管理。每年组织开展治超、海事、路政等各类大型法制宣传活动10余次,坚持每日上路巡查,及时发现问题、及时处理解决。三是对辖区西三、固将、海西、水云、西静等重要公路沿线摄制了视频资料,明确了公路建设用地红线。对公路建筑控制区内正在施工的违法构建物及时制止。2019年,在西三路口、S204线设置了2个临时治超检测站,实行24小时轮班值守治超,保障全县农村公路的安全畅通。

(四)公路养护质量提升

全县普通国省道199.528公里,县道25.888公里,乡道661.678公里,监管村道1669.812公里;下设22个公路养护站,1个道路应急抢险队。一是强化地方财政保障。落实养护资金及人员保障措施,将县公路管理局养护人员工资全额纳入财政预算,并按列养里程和标准将养护经费列入财政预算,有效解决西吉县长期以来养护资金不足及养路与养人的矛盾。二是加强农村公路养护质量。始终坚持以养好路面为中心,以桥涵养护和防排治水为重点,在加强全面养护、季节养护、及时养护、科学养护"四个"养护上下功夫,全面提升养护质量,国、省、县、乡道平均优良路率逐年提高,农村公路列养率达到100%,县乡道经常性养护率达100%。三是提升路况检测、评定和决策科学化水平。

建设"四好农村路",跑出幸福"加速度"

建立了农村公路基础数据库、路面管理系统、桥梁管理系统,为农村公路养护管理信息化和决策科学化提供依据。利用路面、桥梁管理系统科学检测、评定路况质量,完善路况档案和桥梁技术档案。四是明确养护责任,落实养护主体。全面落实养护主体责任,建立"县为主体,行业指导,部门协作,社会参与"的养护工作机制,实行县乡道县养,村组道路乡养的养护机制(即县乡道由县级公路管理机构专业化养护,村道由各乡镇人民政府养管),充分发挥乡镇人民政府、县公路管理局相互配合、互相联动的养护作用,实现了"有路必养,等级公路列养全覆盖"的目标。五是完善出台《西吉县农村环境卫生及乡村道路管护实施细则》,该考核细则于2019年6月13日经县委常委会通过,7月1日起正式实行。

(五)道路运输显著提高

全县道路运输经营业户共2150家,其中客运业户3家,城市客运业户4家,货运业户2044家,机动车维修业户97家(其中二类维修企业6家,三类91家),驾驶员培训学校2家。现有营运客车489辆(其中,班线客车121辆,村村通小客车108辆,公交车30辆,出租车230辆),营运货车2257辆,县城发往各乡镇农村客运班线97条、班次185个。村村通(乡镇至乡镇或行政村)班线152条、班次152个;有等级客运站18个,其中二级客运站1个,三级客运站1个,四级农村客运站16个,建成客运招呼站285个。全县19个乡镇295个行政村全部通客车,乡镇和行政村通车率都达到100%。其中,自2012年以来,先后投资1.01亿元建设客运一体化调度中心1处15987平方米,客运西站1处5922平方米,农村客运招呼站285个,农村客运站14处,城市公交站亭126个,智慧交通运行与监管平台的建设使我县道路客运监管向科技化监管迈进,交通运输基础设施建设取得了巨大的成就。

二、国省道与等级公路

国省道干线（309国道、202省道）总长187.4公里（西吉—固原，西吉—静宁，西吉—会宁）。一级公路48.6公里，二级公路125.3公里，三级公路423.8公里，四级公路2623.9公里；沥青（水泥、砖）路面公路3140.5公里，占总里程的96.8%；沙砾路面公路102.8公里，占总里程的3.2%。等级公路密度每百平方公里占103.6公里。

截至2019年底，全县公路通车总里程3243.3公里，县道5条160.2公里。

三、高速公路

固西高速（"十二五"项目），固原至西吉高速公路46.5公里，途经两县3个乡镇，隧道2处，桥梁37座，总投资42.75亿元。2013年6月开工，2016年12月6日正式通车。

西会高速（"十三五"项目），西吉至会宁高速公路全长48.016公里，总投资39.44亿元。2018年4月开工，2020年11月27日通车。途经4个乡镇、19个行政村；大桥共39座，中桥1座，长隧道2处。

2020年11月27日，S60西会（宁甘界）高速公路历经3年零6个月建成试通车。路基宽度21.5米，路面宽度20米，设计速度80公里/时，采用双向四车道高速公路标准建设。12月24日0时

天堑通途——固西高速施工场景

第四编　沧桑巨变七十年

西吉—会宁高速公路震湖段

起,甘肃境内老君坡(宁甘界)至会宁段通车。西会高速全线贯通,从固原上高速前往兰州里程缩短60多公里,时间节省近1小时。

西会高速公路总体呈东北至西南走向,起点顺接固原至西吉公路,终点位于李家堡子西侧(宁甘省界),途经西吉县吉强、马建、震湖、平峰4个乡(镇)19个行政村,与甘肃省规划的青兰高速连接,是G22(青兰高速)与G70(福银高速)的联络线,也是《宁夏回族自治区省道网布局规划(2015—2030年)》中重要的省级高速公路。西会高速公路作为宁夏高速路网建设史上的又一重要里程碑,从西吉到兰州的里程将从现在的280多公里缩短到220公里,行程时间缩短1小时。西会高速顺利通车将打通固原、西吉至会宁、定西等地便捷快速通道,对完善宁夏与甘肃省高速公路网结构,加强两省区相关地区经济交流,改善投资环境,带动区域经济建设具有重要意义。

要致富先修路。四通八达的交通网是西吉农产品马铃薯、西芹等能够直销沿海各大城市。一日之内也能够吃上沿海新鲜水果。加速了旅游事业的发展,特别是红色旅游,据2019年统计,将台堡红色革命纪念园接待游客85.9万人次。①2012年扩建火石寨水云公路,2013年扩建须弥山至火石寨景区道路后,人们对交通便利的满意度有所提高,到火石寨景区的游客人数剧增,有力地推动了旅游业的发展。

---

①数据来源于将台堡纪念园。

第六节　林业蔚然　旅游兴县

一、林业蔚然

新中国成立前,西吉县仅有乡、保苗圃,其余林木为私人所有。1956年,山林树木折价入社,归农业合作社所有。1958年,林木转为公社或生产大队所有。1960—1962年,人民公社把一些不便经营的小片林和零星树木,分别下放给生产大队和生产队,并允许社员在房前屋后种植零星树木,谁种谁有。党的十一届三中全会以来,西吉县又把林业生产摆到了重要位置,划定了自留山和确定林业生产责任制。1982年2月,全县范围内确定林木权属,颁发了林权证。西吉县古属原始森林地带。人类的繁衍和垦荒种植面积不断扩大,原始森林遭到严重破坏。1945年,西吉县第二任县长王天岳认为荒山造林为西吉县百年大计,须全力以赴,并提出"保持水土,征服荒山"的口号,亲自倡导造林绿化。当年在县城南山平沟200多亩,移植树苗8000余株。新中国成立初,全县天然次生林仅存3.9万亩。1951年县委、政府重视林业建设,开始育苗造林,建立林业机构,制订远景规划,培养技术人员,为发展林业打下基础。1958年后,全县有"林园北山""林园西山""壁峰林园""上游沟、东风梁""雷神山"等大面积绿化荒山。1975年后,各社队大办林场。1979年开始,利用2年时间,在西部山区建设完成造林面积达6.5万亩的燃料林带,长达75公里。30年来,由于燃料缺少,乱垦乱伐,造成林业发展极慢。十一届三中全会以后,贯彻自治区关于"大力种树种草,兴牧促农,农林牧副渔全面发展"的农业生产建设方针,全面调整农业生产结构,大力种树种草,特别从1982年实施西吉防护林建设工程以来,人工植树种草面积大幅度增长。截至1990年底，全县人工林面积达到108.2万亩，占森林总面积的96.6%，森林覆盖率由1981年的2.2%上升到11.5%。1979年以后，西吉县对天然次生林采取封山划片包干，专人管护等措施。使天然次生林面积逐渐恢复和扩大。到1990年，封山育林面积达79448亩，其中乔木林4486亩，灌木林32882亩，疏林地42080亩。2019年1月22日，西吉县自然资源局由县原林业局和县国土资源局于机构改革合并挂牌成立，加挂西吉县林业和草原局牌子，是县人民政府组成部门。全系统共有在职干部职工418人，其中，行政编制20人，事业编制357人（副高级工程师124人，工程师125人，助理工程师31人，技术员等77人），系统安置退伍军人41人。局机关内设办公室、自然资源利用管理室、自然资源空间规划管理室、自然资源空间生态修复室、矿政地理信息管理测绘室和自然资源保护与林草产业发展室6个股室；下辖森林公安派出所、林业草原发展中心、执法监察大队、不动产服务登记中心、林木检疫站、10个国有林场、11个乡镇林业工作站和6个国土资源中心所。局党委下辖局机关党支部等14个党支部，共有党员126名。2019年，全县土地面积319940.43公顷。其中，耕地163359.88公顷，园地14.14公顷，林地69420.12公顷，牧草地26413.15公顷，居民点及工矿用地13923.79公顷，交通运输用地4650公顷，水利设施用地2465.09公顷，其他用地32694.26公顷。森林覆盖率为17.02%。生态修复共完成营造林20万亩。其中，六盘山400毫米降水线区域造林绿化7万亩，补植补造9.5万亩，六盘山重点功能区降水量400毫米以上区域退化林分修复2.5万亩，封山育林1万亩。以全民义务植树为带动，调动全社会参与植绿、爱绿、护绿的积极性，全县县直机关（单位）在滨河路绿化带（袁河—夏寨水库）完成绿化里程11公里，折合绿化面积1118亩；完成村道路绿化182.3公里，并对辖区内省、县、乡、村道路绿化带树木进行修枝等抚育管理；在田坪乡李沟村等19个乡镇223

个行政村的村委会院内、村民活动中心、文化广场学校庭院宅旁等单位的闲散地、空隙地实施绿化2158.7亩。完成西吉县马莲河张堡塬村火家沟村国土综合整治项目，投资721万元。

(一)"四个一工程"

共建设"四个一"试验示范点27个，总面积25208亩。其中，"一棵树"试验示范推广点15个，总面积15408亩；"一株苗"苗木培育点4个，总面积700亩；"一枝花"种植推广点3个，总面积2000亩；"一棵草"种植示范点4个，总面积7100亩。以"四个一"林草产业为带动，在全县19个乡镇230个行政村的2.3万户建档立卡户中发展庭院经济林10636亩，共栽植大果榛子、花椒、核桃、酥梨、山楂、苹果和红梅杏等苗木78.7万株。

"一棵草"

"一棵树"

"一枝花"

"一株苗"

(二)资源保护

开展"严厉打击非法猎捕杀害珍贵濒危野生动物""依法打击破坏野生动物和森林资源违法犯罪""绿卫2019非法侵占林地清理排查"等专项行动,共出动警力724人次,出动警车291台(次),开展专项行动动员会9次,组织集中检查巡查11次,各类宣传活动15场次。受理各类森林案件44起,查处44起。林政处罚36人,林业行政罚款66万余元,拆除林地内违章建厂1处,完成动态巡查95次,发现违法违规行为65起,涉及耕地面积69.1亩,下发责令停止违法行为通知书59份;完成2018年度土地卫片图斑执法检查377个,占地面积5212亩;完成2019年前三季度土地卫片图斑执法检查249个,完成2018年度矿产卫片图斑执法检查4个,已全部整改到位。全年组织开展森林草原防火培训22场次,共接森林草原火灾报警185起。完成鼢鼠防治面积5.72万亩捕鼠1万只;完成杨树打孔注药防治天牛2.02万株。通过科学监测、检疫和防治,林业有害生物成灾率控制在5.2%以内,无公害防治率99.3%以上,测报准确率90%以上,种苗产地检疫率100%。

二、乡村旅游

龙王坝村地处县城西7公里处,属西吉县吉强镇管辖。该村立足绿色、生态、休闲,将林下经济、休闲农业、乡村旅游有机结合。思路的改变,使得农村变景区、农户成导游、民房变客房、产品成礼品。近年来,龙王坝村着力打造生态休闲、民俗体验、"三农"乐园、研学旅行为主的乡村旅游目的地,先后被评为"中国最美休闲乡村""中国最美乡村游模范村""全国生态文化村""全国美丽宜居小村庄""中组部农业农村部全国农村实用人才培训基地""全国乡村旅游重点村"和"自治区首批研学基地"。龙王坝村是西吉县110个重点贫困村之一,辖404户1678人,其中建档立卡贫困户208户849人。在该村致富带头人的带领下,经过五年苦干、巧干,利用原有林下经济养殖业,先后建成千亩林下油用牡丹基地、万羽林下生态鸡基地、草莓采摘中心、农家餐饮中心、文化小广场、滑雪场、窑洞宾馆、娱乐场、乡村科技馆、民宿一条街等设施,培育和发展生态休闲、民俗体验等为一体的乡村特色旅游项目,形成了集观光、旅游、培训、研学、餐饮、滑雪和农家体验为一体的乡村旅游综合体。村里12000亩土地焕发出了勃勃生机;400户农民守着家门致富,40多位80岁以上的老人成了这个原生态长寿村的活名片。龙王坝村走出了一条"南部山区落后村庄"变"宜居宜游宜商美丽乡村"的农村脱贫致富发展新路子,为振兴乡村经济树立了典范。2015年,全村实现了脱贫销号。为了巩固脱贫成果,2018年,通过旅游、餐饮等,龙王坝村收入1600万元,为相对困难的208户解决再就业、提高收入。

2019年,全村人均纯收入达11200元,致富带头人带动全村农民,新建1栋休闲采摘日光温棚,种植2亩油用牡丹(万寿菊),改造3间客房,贷款4万元的"1234"新模式,走上致富路。龙王坝是全天候免费开放的景区,游客一年四季可随时进出、自由停留。不收门票、停车费,提供龙王庙、评书、社火、乡村科技馆、节庆民俗表演等免费观光,极大地满足了游客的需求。每逢假日,各地游客蜂拥而至。最多一天超过2万人。目前,已招商引入10家各类业态商家。

2014—2019年,龙王坝村被评定为"中国最美休闲村""全国生态文化村""中国最美乡村游模范村"等荣誉称号。

风雨沧桑70年。西吉49万各族人民在社会主义建设历程中,克服困难,取得了一定成就。改革开放后,以经济建设为中心,大力改善、提高人民生活水平,加强精神文明和物质文明建设,全县社会各项事业迅速提高。按科学发展观思路,西吉这些年逐步走上了富裕道路。葫芦河两岸的

马铃薯基地、西芹等基地均已成规模。新时期,在党中央的亲切关怀下,在区、市、县各级党政组织大力支持和引导下,走"脱贫攻坚,共同富裕","振兴农村"的道路,西吉再次焕发出了新的活力。西吉的明天也将更加美好。

第五编

聚沙成塔谱新篇

以百年奋斗为新起点,牢记昔日的苦难与辉煌,无愧今天的使命与担当,不负明天的韶华与梦想;举全民之力,开乡村振兴之新局;畅享一曲和谐华丽的乐章……

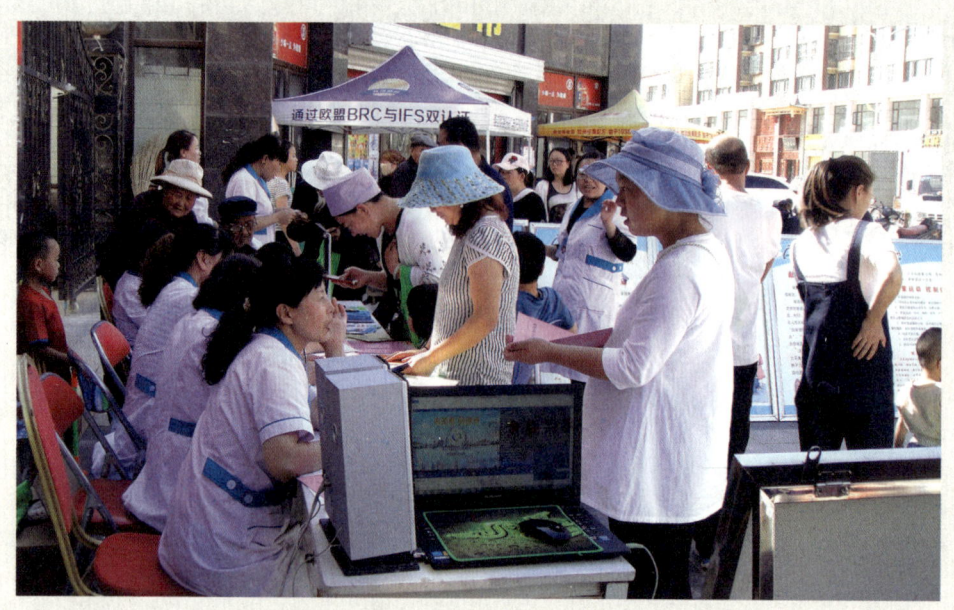

医务人员在西吉县广场进行健康宣传

西吉什字乡移民新村

第十七章　输血扶贫谋发展

习近平总书记多次深入革命老区考察调研，就革命老区振兴发展做出一系列重要指示，提出一系列明确要求。2013年11月25日，习近平到山东临沭县曹庄镇朱村了解革命老区群众生产生活时，叮嘱当地干部："让老区人民过上好日子，是我们党的庄严承诺，各级党委和政府要继续加大对革命老区的支持，形成促进革命老区加快发展的强大合力。"[1] 殷殷嘱托化作前行动力，西吉人民一如既往大力弘扬老区精神，坚定不移跟党走，为实现美好生活而奋斗。

今日西吉乡村产业发展、人居环境改善、公共服务水平提升、残疾人社会事业发展，如期打赢脱贫攻坚战，西吉革命老区面貌焕然一新，与全国人民一道建成小康社会，全面实施乡村振兴，使人民生活步入高质量发展快车道。为喜迎西吉建县80周年，为喜迎党的二十大胜利召开，递交一份民生殷实的合格答卷。

---

[1]王学文、王洪涛《让老区人民过上好日子》，《大众日报》2014年1月7日。

第一节　社会聚力　百业兴旺

一、"三保"农田

"三保"农田，即保土壤、保水、保增产。

2012年，围绕经济发展方式转变，全县建设用地800亩，奖励节约集约模范县用地500亩，共建设用地1300亩。保障全县经济发展用地需求。严守耕地保护红线，完善耕地保护共同责任机制。耕地保有量174.99万亩，基本农田保护面积139.43万亩，保护率达80%。

2012年2月13—16日，在北京举行的首届全国国土资源节约集约模范县表彰大会上，西吉县荣获"全国首届国土资派节约集约模范县"荣誉称号。

2012年，西吉9个乡（镇）22个村内完成巩固退耕还林成果基本口粮田建设项目任务1652公顷。完成田间道路49.56公里，完成地埂林165公顷。

2013年，完成高标准机修农田建设3460公顷。

2014年，通过平整土地、围埂打埝、坡改梯措施，完成（西吉县2014年固退耕还林成果基本口粮田项目）震湖、王民等16个乡（镇）27个村3078公顷旱作农田建设。

2015年，通过平整土地、围埂打埝、坡改梯措施，完成（西吉县2015年巩固退耕还林成果基本口粮田项目）兴隆、什字等17个乡（镇）54个村5304公顷旱作农田建设。

2016年，在什字、硝河、吉强3个乡镇3个退耕还林村完成旱作农田493.8公顷。

2018年，通过平田整地、围埂打埝、坡改梯措施，完成平田整地项目

(旱作基本农田)建设任务1220公顷,项目涉及5个乡14个建档立卡贫困村的1241户6152人贫困人口。

2019年,完成旱作基本农田建设任务16600亩,涉及9个乡(镇)14个行政村5746户25258人,建档立卡贫困户2033人8902人。达到保肥、保水、保土、稳定增产。

"十二五"以来,西吉县高标准农田建设面积1.47万公顷,其中旱作高标准0.85万公顷,高效节水0.63万公顷,投入资金3.4亿元。

2019年全县实施高标准农田建设项目38个1.2万公顷,占全县耕地面积的7.4%,其中高效节水灌溉0.18万公顷。2年累计投入资金2.6051亿元,项目惠及15乡镇39个行政村。

二、乡村振兴

(一)提升生产技能

2020年,西吉县贯彻粮食安全战略思想,落实"藏粮于地,藏粮于技"战略,严管基本农田,推进高标准农田建设、中低产田改造和现代农业高效节水灌溉,推广绿色增产模式,推动良种良田良机良法,提升综合生产能力。耕地保有量稳定在243.5万亩,粮食播种面积达到138.2万亩,高标准农田、高效节水灌溉面积分别达到40万亩和13.69万亩,农业科技进步贡献率达到57%,农机总动力达到42万千瓦,主要农作物综合机械化作业水平达到60%。"十三五"末粮食产量是38.49万吨,是"十二五"末29.3万吨的约1.3倍;农业总产值达到40.0亿元,农业增加值19.6亿元,分别是2015年28.0亿元、12.7亿元的约1.4倍和1.5倍。肉类总产量7万吨,粮食、经济、料饲结构比例为64:16:20。

(二)推广薯业模式

2020年,西吉县建设完成国家现代农业马铃薯产业技术体系科研成果展示基地,展示76个马铃薯品种600个品系和宽行大垄水肥一体化栽培、膜下滴灌水肥一体化栽培等技术模式。推广马铃薯脱毒种薯"农户自繁自用,企业繁育供种"模式,采购原原种3120万粒,向群众免费发放原原种1000粒,在红耀、马建等乡镇建设马铃薯原种繁育基地1万亩,一级种繁育基地10万亩,脱毒种薯应用率90%。

全县推广种植陇薯7号10万亩、马铃薯新品种宽幅间作玉米生态复合种植模式3万亩,建设马铃薯技术集成示范园100亩,种植马铃薯63.31万亩,总产148万吨,总产值14.8亿元,提供农民人均可支配收入1784.4元。

(三)发展草畜产业

2020年,西吉全县种植饲草作物48.5万亩,其中,青贮玉米41.5万亩,牧草7万亩,新建青贮池9037座77.36万立方米。推广青贮、黄贮、氨化等饲草调制技术,调制饲草150万吨,有效保障优质饲草供给。紧扣基础母畜补栏和肉牛养殖扩量两个重点,补栏西门达尔肉牛3.5万头。建成规模养殖专业合作社80家,新培育养殖示范村66个(其中肉牛64个,生猪2个),发展肉牛养殖示范户3750户。"见犊补母"政策实现全覆盖,补贴基础母牛80120头。推行"合作社+致富带头人+农户+农商行"的"致富能人带动"模式,发放贷款25.32亿元,支持3万户发展肉牛产业。全县肉牛、肉羊、家禽饲养量分别达到30.8万头、55万只、80万羽,草畜产业产值达19.8亿元,提供农民人均可支配收入2194.8元。

(四)优化蔬菜品种

2020年,西吉全县引进菜心、圆叶菠菜、芥蓝、莴笋等高端蔬菜和集约化育苗、滴(喷)灌水肥一体化、病虫害绿色防控等标准化生产技术,新品种新技术覆盖率达90%。建设露地蔬菜基地18个1.6万亩,设施及设施+露地瓜菜基地8个0.4万亩。新建设施农业672.15亩。种植各类蔬菜8.93万亩,其中,芹菜4万亩,胡萝卜2万亩,辣椒1万亩,其他1.93万亩,鲜菜总产50万吨,蔬菜产业产值达11亿元,提供农民人均可支配收入902元。

(五)推进杂粮种植

2020年,西吉县推广种植张杂谷13号、晋谷21号、固糜22号、白燕2号、中豌4号、宁亚21号等品种,重点推广种植张杂谷13号,免费向适宜种植区域的经营主体和农户免费供应能种植3万亩的张杂谷13号种子。推广全膜覆盖、垄沟种植、膜侧种植、机械化耕作、病虫害综合防控等技术,推进杂粮标准化、专业化生产,促进杂粮产品量的增长和质的提升。种植油料19.86万亩,杂粮19.92万亩,其中,谷子5.5万亩,糜子4.2万亩,荞麦3.5万亩,莜麦1.97万亩,豆类4.75万亩,杂粮(油料)产业产值达2.2亿元,提供农民人均可支配收入306元。

(六)促进产品加工

2020年,西吉县扶持现有6家马铃薯淀粉加工企业,改造升级马铃薯淀粉生产线废水资源化循环利用设施,实现马铃薯淀粉工艺废水中的水资源全效循环和利用,蛋白、纤维等有机物提取回收,形成年加工马铃薯50万吨、生产淀粉8万吨、三粉3万吨的能力。扶持宁夏伊香、西吉勇兴2家企业,加工饼干、麻花等主食产品。巩固提升8家杂粮加工企业,发展杂粮精深加工,提升加工工艺,扩大加工规模,生产精品小米、杂粮面、胡麻油、苦荞茶等。依托水发(宁夏)农业开发有限公司在兴隆镇建设年屠宰加工5万头肉牛的定点屠宰场1个,在将台堡镇建设年加工蔬菜原菜11万吨蔬菜速冻加工厂1个,依托国丰农业发展有限公司,建设1个2000吨萝卜干加工车间,开展特色农产品加工转化。

(七)疏通销售渠道

2020年,西吉县建立蔬菜订单种植基地9000亩、马铃薯基地2万亩,建设蔬菜冷藏库3000平方米,水发(宁夏)农业开发有限公司,在将台堡镇投资建成1个蔬菜集配中心。

2020年10月,西吉县举办全国特色农产品经销商知名媒体宁夏行活动,签订销售协议43项,签约农产品16.32万吨。推荐43家农产品企业(合作社)的68个特色产品,加入贫困地区农副产品网络"832"销售平台与央企消费扶贫电商平台。西吉县设立8个农产品专柜(专销区)。通过品牌带动和市场推介,年销售鲜薯85万吨,蔬菜68万吨,杂粮加工产品2万吨。

(八)创新农业科技

2020年,西吉县遴选50名科技指导员和500名科技示范户。展示100多个农作物新品种、25项种养新技术,农作物、畜禽良种化率均达到95%,农业技术到位率达到90%,农业科技贡献率达到55%。补贴各类农机具3453台(件),农机总动力达到42万千瓦,农机化耕种收综合作业水平达到61%。完成拖拉机联合收割机注册登记1140台(辆),安全技术检验11469台(辆),驾驶员培训2389人,办理农机综合险800单,创建10个"平安农机"示范村,200家"平安农机"示范户。2888个牛养殖示范户,发放2.9万多张种养明白卡。

(九)实施乡村振兴

2020年,西吉全县新修"四好农村路"1797公里,改造危房3.25万户,农村自来水入户7.4万户,自来水普及率99%,所有乡镇、建制村通客车,客车通达率100%。义务教育阶段适龄学生入学率、基本医疗参保率均达到100%,建成289所标准化村卫生室,大病、重病救治率100%,住院费用报销比例91.93%。乡镇综合文化站、村级文化服务中心实现全覆盖,成功创建全国公共文化服务体系示范区。组建医联体和远程诊疗系统并与全国30个省份1140家定点医疗机构住院直接结算,养老、医疗保险参保率均达到100%。开展农村人居环境整治行动,共清理生活垃圾18.89万吨、养殖粪污等农业生产废弃物14.48万吨、乱堆乱放20.73万吨,拆除危房1.68万座、残垣断壁1.65万处,村庄植树3184万株,绿化沟坡渠边1891

亩,出动机动车辆8300余辆(次),出动劳动力13.34万人次,改造农村厕所19717户,整治散乱污企业57家,关停采砂厂56家。葫芦河国控断面水质稳定在Ⅳ类以上,地表水劣Ⅴ类水体全面消除,优良天数比例稳定保持在90%。建成14个美丽小城镇、29个美丽村庄、农村卫生厕所普及率、村庄生活垃圾治理率、农村污水平均治理率分别达到35.9%、65%和35%,村容村貌不断美化,人居环境明显改善。

三、技能培训

(一)电商培训

根据电商市场发展对人才的需求,西吉开展了多层次、全方位的培训,累计培训4600余人次。采取聘请知名电商导师集中讲授、轮流辅导、现场演示等方式,重点针对各县各乡(镇)及部门工作人员、农村信息员、大学生村官、回乡创业青年等讲解电商政策、基础理论和技能实操,着力打造一支懂政策、会管理、能操作、热心服务群众的电商队伍。

(二)新时代农民讲习所

充分整合党员活动室、文化活动室、文化大院、闲置校舍等场所资源,建立新时代农民讲习所。原则上新时代农民讲习所要能容纳50人以上。各乡镇统一制作标牌悬挂在讲习所室外醒目位置,名称统一为"新时代农民讲习所"。根据实际要求购买必要的讲习设备,同时,按照"互联网+"的要求,依托广电网络村村通、光纤入村等接入光纤网络,方便远程教学、影音资料下载等需求。

坚持扶贫与扶志扶智相结合,以办好新时代农民讲习所为抓手,建阵地,选队伍,定内容,以讲习活动最大限度激发群众脱贫攻坚内生动力,用新思想引领新实践,全县建立农民讲习所81个,实现所有行政村全覆盖,已开展讲习活动809场次,培训农民9.4万余人次,开展政策宣讲55

场,举办法制讲座19场次,开展各类农民劳动力职业技能培训2.1万人次,引导贫困群众从"我能脱贫"向"我会脱贫"转变。按照"八有"标准建设新时代农民讲习所。

(三)科普培训

针对多灾的县情和群众科技水平低,知识传播手段缺乏的实际,西吉县把技术培训作为增加农民致富手段和壮大县域经济的重要举措,采取集中办班和现场指导、良种良法到田、技术要领到人等方式,以农业科技入户和"百万农民培训工程"为平台,2017年半年中共举办各类技术培训260期,培训农民5万人次;同时把科普宣传作为广大群众树立追求生活质量、建设美好家园、抵制封建迷信和邪教干扰的重要举措,结合全国科普示范县建设,充分利用"科技活动周""三下乡""科普之窗""全国科普日"等大型活动,宣传普及科技知识,建设科普示范基地7个,培育科普示范户6120户。使科普知识进社区、进乡村,不断提高广大农民的科普素质。

(四)精准培训

结合贫困户种植、养殖和产业发展实际、力争贫困家庭主要劳动力掌握1~2门种植、养殖等实用技术。2019年计划培训贫困家庭主要劳动力5000人,每人安排培训费用300元。培训对象主要以2019年贫困村建档立卡贫困户家庭劳动力为主;根据建档立卡贫困劳动力的意愿和市场用工需求,全年培训4000人。开展以家政服务、中式烹饪、建筑专业、工程机械、电工电焊、剪纸、刺绣、手工艺制作、汽车驾驶员等专业为主的能力培训。其中驾驶员培训1500人,B照以上每人补贴5000元、C照每人补贴3000元;加强团餐人才培训,优先面向建档立卡贫困家庭,全年培训20期1000人;其他职业技能培训1500人,每人补贴1000元;对建档立卡贫困家庭子女接受中等职业教育(全日制普通中专、成人中专、职业高中、技工学校)、高等职业教育(全日制普通大专、高职院校、技师学院),其家庭成员或学生本人通过全国"雨露计划"信息管理服务系统或手机下载"雨露百事通"注册进行申报、审核、公示后,给予补助,标准每人每学年3000元,补助资金分春季学期和秋季学期,共申报6500人。

四、生态旅游

西吉县立足于自然风光、革命遗址与民俗风情三大地方特色资源,制订出台《西吉县全域旅游示范县创建工作方案》,从政策、资金等方面切实加大扶持力度。不断加快旅游资源开发,提升特色旅游品位,以发展生态观光单一旅游产品向生态旅游、红色研学、乡村休闲、民俗体验等多元化产品转型升级,加快精品旅游景点和旅游线路建设,积极主动融入固原市域旅游环线,推进与周边地区旅游主线融合接轨,以火石寨国家地质(森林)公园、将台堡红军长征会师纪念园和龙王坝等为代表的生态自然观光、红色旅游和乡村旅游业快速发展,取得了良好的社会和经济效益。

(一)星级景区

西吉县重点建设三大景区,即火石寨景区、将台堡红军长征纪念园、龙王坝景区,三大景区范围涵盖3个乡镇3个村。2家(火石寨景区、中国工农红军长征将台堡会师纪念碑)4A级旅游景区,1家 (龙王坝)3A级旅游景区,2家(单家集革命遗址、西吉钱币博物馆)A级旅游景区;17家星级农家乐,其中1家(龙王坝龙泉湾山庄)五星级农家乐、1 家(聂家河生态旅游休闲山庄)四星级农家乐 、1 家(王民堡田园旅游度假村)四星级乡村旅游点 、14 家三星级农家乐(毛家沟红军寨、穆家营农家山庄等),2家旅行社西吉分社,11家"马铃薯三粉"等旅游商品生产企业;一些重点住宿餐饮项目建成投入营运,接待能力和服务水平稳步提升。

2013 年以来,西吉围绕区、市、县全域旅游工作布局,立足于自然风光革命遗址和民俗风情三大地方特色旅游资源,全力推进全域旅游工作,加快构建"全景、全业、全时、全民"和"旅游+"的旅游新业态。2013—2015年全县共接待游客56.05万人次,营业收入1430.17万元(其中,火石寨景区17.1万人次,旅游收入469.4万元;星级农家乐9.31万人次,营业收入452.9万元;红色旅游9.98万人次;星级饭店3.88万人次,收入437.3万元)。2016年,全县共接待游客109.63万人次,营业收入3807.93万元(其中,火石寨景区43.7万人次,营业收入1107.09万元;星级农家乐39.56万人次,营业收入1619.45万元;红色旅游12.7万人次)。2017年,全县共接待游客137.91万人次,营业收入5026.26万元(其中,火石寨景区24.04万人次,营业收入1051.95万元;星级农家乐73.7万人次,营业收入2738.78万元;红色旅游22.62万人次)。2018年,共接待游客109.5万人次,营业收入4177.81万元(其中,火石寨景区13.3万人次,营业收入1007.95万元;星级农家乐59.1万人次,营业收入2123.43万元;红色旅游32.3万人次)。截至2020年11月底,全县共接待游客97.6万人次,营业收入1675万元(其中,火石寨景区17万人次,营业收入728万元;龙王坝景区14万人次,营业收入459万元;星级农家乐5.4万人次,营业收入182万元;红色旅游61.2万人次,营业收入306万元)。全县旅游产业呈现出持续发展的良好态势。

(二)特色旅游

2016年7月18日,全国15家省级电台在将台堡联合举办"雄关漫道从头越,不忘初心新长征"大型直播活动、"会师将台堡,红歌漫西吉"大型歌咏比赛。"同心圆梦,美丽中国行"公益演出与《长征组歌》巡演在西吉进行。为纪念长征胜利,邮政部发行《红军长征胜利80周年纪念系列邮册》。与此同时,争取资金2300多万元,将台堡红军长征会师纪念园广场改造、给排水及供电等设施功能得以提升。纪念园内增设"中南海情系西海固"展馆。2016年,西吉县旅游产业总收入3807.93万元,社会性总收入8亿多元,接待游客109.6万人次。旅游产业呈现出全面升级发展的良好态势。

让乡村人员在景区建设过程中取得务工收入,就地从事旅游服务业增收。建立共建共享旅游开发机制,让村和群众共享旅游产业收益。支持乡村传统农业向旅游观光农业转型,支持农户建设乡村客栈、农家乐等,依托旅游服务业自主创业。2017年以来,实施完成火石寨景区地埋高压线路、五星级水冲式卫生间、垃圾中转站、电子监控、购票、检票系统、玻璃吊桥、高空滑索、北门游客接待中心、停车场等基础服务设施;实施完成将台堡红军长征纪念园内部屋面翻修、院坪硬化、给排水、强弱电、绿化及会师广场基础改造提升、生态停车场、旧址公园、旅游厕所、将台堡纪念园堡墙加固等红色旅游基础设施建设项目;实施完成红色旅游经典景区三期(将台堡红军长征会师纪念园和单家集遗址)基础设施建设项目、将台堡镇游客服务中心建设项目;在"不忘初心、牢记使命"主题教育中,对将台堡红军长征会师纪念园服务功能进行完善提升,布展中南海情系西海固展馆和红军长征民族工作档案展,布置讲习厅、宣誓厅、笔墨厅以及任弼时、刘伯承、关向应、贺龙、邓小平借宿住址,开设微课堂现场教学等。进一步提升将台堡红军长征会师纪念园影响力和知名度,使将台堡红色旅游走向全国,以生态旅游、红色旅游产业发展助推全县脱贫攻坚。

(三)乡村旅游

西吉县立足于乡村资源特色和生态环境优势,加大乡村旅游的扶持力度,把乡村旅游建设作为强基础、促发展的关键,不断改善全县乡村旅游发展环境,增强服务功能。截至2020年,先后实施完成吉强镇龙王坝村生态停车场、窑洞宾馆改造、民宿改造、道路提升、游客接待中心、应急救援中心、旅游厕所改建等乡村旅游服务设施建设任务,龙王坝先后

被自治区、国家评为"特色产业示范村、全区乡村旅游示范村、全国旅游扶贫示范村";实施完成火石寨大庄村和兴平乡高崖村2个市级乡村旅游示范村游客接待中心、停车场、游步道、旅游厕所等基础设施项目建设任务;实施完成吉强镇水岔、新营乡二府营、王民乡王民村3个扶贫村A级旅游厕所建设项目,先后完成火石寨沙岗村、震湖乡党岔村、将台堡镇明台村、兴隆镇单家集村、兴平乡高崖村、西滩乡西滩村、沙沟乡沙沟村、马莲乡巴都沟村等9个贫困村乡村旅游基础设施项目;实施完成涉及吉强、王民、红耀等8个乡镇11个村的乡村旅游步道建设项目。这些建设项目的实施,进一步带动了西吉县428户农户596人实现就地就业,促进乡村旅游事业的全面发展。 与此同时,西吉县乡村旅游发展出现了可喜的局面,全县取得星级的农家乐17家,其中五星级1家、四星级2家、三星级14家,龙王坝又被评为AAA级旅游景区。各乡村旅游企业围绕马铃薯产业,加工生产经营"马铃薯三粉"(粉丝、粉条、水晶粉)和马铃薯方便面、馒头、马铃薯饼干、沙琪玛等旅游产品;围绕芹菜产业,支持旺泉食品公司研发"芹菜纯汁";围绕小杂粮产业,重点生产谷米、玉米糁、荞麦皮枕头、杂粮粉等产品;围绕艾草等中草药产业,建成种植、加工、销售为一体的农业产业化企业,支持生产艾灸贴、艾条、艾柱、艾饼、足浴包、艾草养生贴等产品;依托牛羊等养殖,开发西吉牛羊肉等商品;不断加大非物质遗产开发应用,开发经营文化旅游产品加工,刺绣、剪纸小工艺品等;利用招商引资的方式,在将台堡纪念园游客中心设立西吉特色的旅游商品店。 截至目前,西吉县正常经营的旅游商品企业9家。 解决乡村群众就业人数450余人,带动种植、加工农户2818户。

西吉县把旅游推介工作作为对外宣传的一个重要窗口,不断创新宣传形式。 利用宁夏六盘山旅游平台、西吉县文化旅游广电局、火石寨旅游、龙王坝乡村旅游等微信平台,大力宣传西吉旅游。 连续成功举办了

3届西吉县乡村文化旅游节、2届西吉县中国农民丰收节、9届西吉火石寨丁香花节及广场舞、歌咏比赛、戏曲进景区等旅游节庆活动,联合宁夏固原宁红艺术剧院精心编排了以旅游扶贫为题材的现代眉户剧《丁香花开》,并在全区进行巡演,还代表宁夏进京会演,坚持把文化活动与旅游节庆有机融合,从而推动旅游扶贫工作再上新台阶。

作为革命老区、民族地区、贫困地区,西吉的发展与稳定始终牵动着党中央、国务院的心,得到了各级领导的大力支持和福建省社会各界的热心帮助。自1996年福建省莆田市对口帮扶西吉县以来,莆口市帮扶干部等始终全面贯彻落实习近平同志在东西部协作座谈会上的重要讲话精神,主动投身西吉脱贫攻坚战,积极践行东部经济强省责任,不断优化帮扶关系、加大协作力度,拓展协作领域,提升协作水平,双方结下深厚友谊,结出累累硕果。

1996—2020年,福建省、莆田市社会各界为西吉提供人力、物力、资金援助,注重产业对接、突出民生改善,文化旅游迅速发展卓有成效,鼓了百姓钱袋子,为西吉脱贫攻坚、经济发展和社会稳定做出了积极贡献。

第二节 党的阳光普照山乡

一、党的关怀

2016年2月1日,中共中央政治局常委、国务院总理李克强冒着严寒来到西吉县白崖乡半子沟村,进行调研、看望生活在这里的村民,了解村民的生活、生产情况。李克强总理说:"故土难离,但新地方照样生根,搬出去后天地就宽了!"①

---

①王文宏《李克强来宁夏考察慰问》,中国共产党新闻网,2016年2月2日。

第五编　积沙成塔谱新篇

2016年7月18日,天空下着大雨,习近平总书记从北京直飞固原,驱车70多公里来到西吉县将台堡。习近平向中国工农红军长征将台堡会师纪念碑敬献花篮,参观三军会师纪念馆并做重要讲话。他说:"革命传统和爱国主义教育基地建设一定不要追求高大全,搞得很洋气、很现代化,花很多钱,那就不是革命传统了,革命传统就变味了。可以通过传统教育带动旅游业,但不能失去红色旅游的底色。只有体会到革命年代的艰苦,才能使人们真正受到教育。"① 习近平总书记到来的消息不胫而走,在镇上赶集的群众很快从附近赶来。掌声欢呼声此起彼伏。习近平总书记微笑着走到群众中间,和大家亲切交谈、握手致意。

2016年9月22日,中共中央政治局委员、国家副主席李源潮在自治区主席咸辉、自治区党委副书记崔波等陪同下到西吉县将台堡革命旧址,向中国工农红军长征将台堡会师纪念碑敬献花篮,参观三军会师纪念馆。并到西吉县城调研县城建设情况,到偏城乡马湾村调研精准扶贫工作。

2017年1月18日,在国务院常务会议上,李克强明确要求:"今天我们就定来两件事:第一,县区级政府必须要负起这个责任,全国各县(市、区)都要建立健全由政府负责人牵头的困难群众生活保障工作协调机制;第二,各级财政要在一般性转移支付中,把保障困难群众基本生活放在更加重要的位置上来,决不能'打马虎眼'!这方面的投入只能增加,不能减少!"②

---

① 《习近平:缅怀先烈、不忘初心,走好新的长征路》,新华网,2016年7月19日。
② 王念兹《李克强:全国各县区都要建立困难群众生活保障协调机制》,中国政府网,2017年1月21日。

二、扶贫救助

2012—2016年,各级党委、政府与社会各界对西吉县革命老区人民的扶贫救助,西吉人民永怀不忘。

2015年2月9日,西吉县委召开全县精准扶贫暨扶贫开发驻村工作动员会议。8月24日,西吉县委、政府召开全县精准扶贫工作推进会暨千名干部下乡精准帮扶动员会。11月14日,中央党校经济学部区域经济学教研室主任曹立带领工作组调研西吉县精准扶贫工作。2015年4月17日,交通运输部财务审计司与相关处室负责人及专家组,向西吉县捐赠交通文化建设科技人才培训基金。4月25日,国务院扶贫办开发指导司一行,调研西吉县金融扶贫工作。6月23日,香港宝莲禅寺捐资25万元援建的马建乡"钟雪英希望小学"举行落成仪式。8月10日,国务院扶贫办副主任郑文凯带领调研组,先后深入火石寨乡元咀村、吉德慈善产业园、将台华林农业设施基地,就西吉县扶贫开发、产业扶贫项目、上级扶贫政策落实扶贫项目产生效益以及对贫困户的带动情况进行实地调研。9月7日,中国商飞公司总经理贺东风带领副总经理刘林宗、霍尼韦尔航空航天集团亚太区总裁高博安及商飞公司、霍尼韦尔航空航天集团相关处室负责人一行在西吉县将台乡西坪村开展扶贫工作。9月13日,商务部调研组先后深入金通汽车商贸物流园、凯益达国际家居物流商贸城、商业综合体施工现场,实地查看调研西吉县商贸物流建设发展情况。9月17日,国务院扶贫办主任刘永富带领"三西"扶贫开发现场观摩团来西吉县观摩精准扶贫工作。10月10日,中国医科大学航空总医院院长高国兰率专家代表团一行,以"重走红军长征路,革命老区健康行"为主题走进西吉,与西吉县人民医院建立对口支援关系,长期支援西吉县人民医院加强学科建设、业务培训科学管理等工作,助推革命老区医疗能力全面提升。11月10日,香

港新融宇集团董事会主席余学明一行来西吉考察油用牡丹种植项目。

2016年1月4日,"创维公益万里行助力扶贫攻坚"捐赠活动在西吉县吉强镇袁河敬老院举行,捐赠创维冰箱和发放惠民补贴券,总金额达60万元。5月13日,中国作家协会、中国烟草总公司、中华文学基金会组织的"金叶·育才图书室"工程,向西吉县10所中、小学捐赠价值近80万元的图书,捐赠仪式在县会议中心会堂举行。中共中央委员、中国作家协会主席铁凝,中华文学基金会秘书长李小慧,国家烟草专卖局办公室副主任赵百东及中国作家协会、中国烟草总公司、中华文学基金会,区、市县相关领导和市各县(区)作家学生代表、新闻媒体记者参加捐赠活动。5月20日,"澳大利亚魏基成天籁列车"慈善活动宁夏行在西吉县回民小学举行慈善捐赠活动。活动现场共捐赠助听器80只,价值近10万元人民币。24日,海峡两岸共同创办的西吉晟赢慈善医院在将台乡举行奠基仪式。福建海潮信息科技股份有限公司总裁陈锦毅、民革宁夏区委会副巡视员王世泽和西吉县招商、卫计、将台乡等乡镇部门负责人及海峡两岸部分爱心企业家参加奠基仪式。6月15日,全国供销集团和万家灯火集团领导调研西吉县特色产业线上、线下情况。同日,北京酒盒子商贸有限公司、宁夏名饮公司负责人及员工,在县人武部政委陪同下,到红耀乡驼昌小学、新营乡大滩小学开展爱心助学活动仪式,发放10余万元的学习用品、体育用品及现金,并开始对2所学校6名成绩优秀的学生进行长期帮扶,直至大学毕业。16日,宁夏燕宝慈善基金会会长余今晓一行,到西吉县吉强镇套子湾村进行贫困生助学实地调研,与农民工代表、创业带头人、劳务中介组织负责人等座谈。7月12日,厦门大学EMBA2014北京房产博远班在平峰镇三合小学举行爱心捐赠仪式。此次捐赠课桌椅180套、办公桌椅2套、书柜8个、复印机1台,折合人民币6万余元。7月20日,交通运输部职业资格中心主任陈孝平一行在西吉县袁河中学开展助学捐赠活动。8月

21日,中共中央候补委员、中国商飞党委书记、董事长金壮龙率领调研组一行,到西吉县调研落实对口扶贫工作。8月23日,宁夏燕宝慈善基金会秘书长马冬梅一行到西吉县调研教育扶贫工作,光明日报社驻宁夏记者站站长庄电一带领媒体团队陪同调研。9月2日,九三学社宁夏区委邀请复旦大学附属华东医院消化内科、同济大学附属杨浦医院普外科、上海交通大学医学院附属新华医院新生儿科等国内著名医院专家到西吉县人民医院相关科室开展"革命老区健康行"活动。同日,TCL集团帮扶西吉县捐赠仪式在会议中心会堂举行。TCL集团银川分部总经理、市扶贫办副主任、市工商联副主席、县委常委、副县长及县扶贫办、工商联负责人,各乡镇分管领导、全县238个贫困村党支部书记参加捐赠仪式。9月11日,中国商飞公司人力资源部人才工作处处长栾瑞带领10多位海内外专家开展扶贫帮教活动。9月18日,以"政企扶贫新长征,互助共赢新胜利"为主题的第十三届中国企业发展论坛暨首届中国企业扶贫(西吉)峰会在北京京西宾馆举行。西吉县与《中国企业报》集团签约扶贫合作项目投资超过140亿元。西吉县介绍脱贫攻坚总体情况,县长、政协主席及自治区扶贫办、自治区工商联、自治区商务厅等部门负责人,中国商飞、中国瑞宝力源集团、中国石油投资集团、无限航空产业集团等上百家企业、金融机构、社会团体和西吉县部分领导、乡镇负责人等200余名代表参加峰会。9月21日,自治区扶贫办到西吉县平峰镇检查县内生态移民安置点建设工作。12月6日,全市脱贫攻坚工作现场观摩推进例会在西吉县召开。同日,海南善心汇文化传播有限公司、宁夏团队的爱心人士,到西吉县吉强镇酸刺小学为这里的孩子们捐赠棉衣、帽子、手套等生活用品,累计40余套。12月14日,自治区人大领导、在宁全国人大代表和自治区人大代表,视察西吉县精准扶贫工作。

扶贫救助,是镌刻在西吉革命老区年轮上的烙印。五年的砥砺前行,

结出了累累硕果：237个贫困村全部达标脱贫出列，农村人口全部实现"两不愁三保障"；五年的风雨兼程，山村容貌焕然一新，硬化道路村村通、乡村网络家家通，村文化活动有场所、城乡教育均衡发展、村医疗卫生有保障。西吉全域发生了蝶变，梁峁沟壑披上了霞光。这一切得益于习近平总书记和党中央的亲切关怀和正确指引，得益于各级党委、政府和社会各界的鼎力支持。

三、革命教育

不忘初心，关键在于加强革命教育；阻断贫困，关键在于振兴农村教育。

2015年4月16日，西吉县在将台乡火家沟村举行雨露计划信息化管理服务系统APP软件推广应用启动仪式暨现场培训活动。2016年8月19日，国防大学副政治委员兼纪律检查委员会书记吴杰明、中央组织部干部教育局副局长石中和一行到将台堡红色教育基地，重温长征历程，缅怀革命先烈，接受革命教育。

2016年9月1日，文化部副部长杨志今一行考察西吉县将台堡红军长征会师纪念园。9月13日，中宣部出版局巡视员刘建生一行到西吉县将台堡红军长征会师纪念园重温长征路，并向西吉县捐赠图书。9月21日，民革中央秘书长李惠东一行100多人，到西吉县将台堡红军长征会师纪念园观摩学习，开展重走长征路，接受红色教育活动。同日，中共中央党史研究室原副主任、中国共产党党史人物研究会副会长章百家带领陈毅之子陈昊苏、周恩来侄女周秉建及部分中共党史人物研究会领导、京外会领导、各地党史办和高校学院负责人、会务人员、部分老红军组成的考察团一行70余人，到西吉县将台堡红军长征纪念园考察学习。县委常委、统战部部长马保思，人大常委会副主任马桂英，副县长海丽，政协副主席宋兆吉及文广局、将台乡负责人陪同考察学习。9月20日,中国老区建设促进会专家咨询委员会主任委员邻万增带领相关部室负责人,调研西吉县产业扶贫项目,并到将台堡红军长征会师纪念园和单家集进行参观。22日,西吉县在长征胜利会师地将台堡举行"中国工农红军长征胜利80周年"纪念活动,宁夏、甘肃、四川、江西、陕西、广东、河南等15家省级新闻媒体,分《光辉胜利:英雄史诗丰碑颂》《峥嵘岁月:理想信念高于天》《精神火种:红色基因代代传》《沧桑巨变:红色沃土展新颜》《筑梦中国:长征永远在路上》5个篇章进行现场直播。

27日,国家旅游局主办的"重走长征路"红色旅游主题活动首发团及媒体采访团,探索西吉县红色旅游路线。

第十八章 造血脱贫山乡变

党的十九大以来,中央加大对革命老区的投入,通过闽宁协作结对帮扶,多措并举促造血,精准扶贫补短板。2016年7月18日,习近平总书记在将台堡三军会师纪念馆,向全国人民发出了"不忘初心,走好新的长征路"①的伟大号召,使西吉人民更加坚定了脱贫奔小康的信心。

第一节 金融惠临 造血脱贫

2017年,西吉县节水达标增资150万元;硝河高效节水灌溉工程水源井安装信息自动化计量建设项目增资210万元。县农牧局将3017.217352万元资金,用于农业产业扶贫。

2018年,西吉县落实项目用地补偿费493.07万元。西吉县落实拆迁补偿资金410万元。西吉县落实棚户区改造建设资金194.35万元。西吉县落实2016年度残膜回收利用补贴资金134.7万元。西吉县落实震湖乡鹏强杂粮种植专业合作社搬迁经费281.8万元。西吉县落实困难残疾人生活补贴和重度残疾人护理补贴地方配套资金580.74万元。西吉县落实安排县卫计局医疗卫生机

---

① 陆航《不忘初心,走好新的长征路》新华网,2016年8月2日。

构网络接入电子政务外网升级改造费用127.58万元。西吉县安排县人民法院白崖法庭建设工程缺口资金200万元。西吉县安排吉强镇羊路村节水灌溉工程建设资金200万元。西吉县落实2015—2016年县城应急供水工程水费补贴资金139万元。西吉县落实2017年第四季度和2018年上半年城乡饮水安全工程水费补贴资金383.94万元。西吉县落实建档立卡贫困户金融扶贫贷款风险补偿基金2000万元。西吉县落实土地及房屋征迁补偿费372.06万元，优先用于支付农民工工资。西吉县落实征地拆迁费用206.11万元。

第二节 项目相助 产业致富

2019年，西吉县落实扶贫保项目投资2200万元；优势特色产业担保基金项目投资500万元（用于涉农企业、家庭农场、合作社及种养殖业大户的担保基金）；农村人居环境整治项目投资9000万元。西吉县落实林业产业项目中的村庄绿化项目投资2950万元（在295个行政村进行村庄绿化，每个村10万元）。西吉县落实投资771万元（在县政务大厅、19个乡镇、237个贫困村建设涉农惠农资金信息化管理平台，每个点3万元）。调整前总投资192346.07万元，其中，2019年投资138024.73万元，2020年投资54321.34万元。调整后总投资为183653.49万元，其中，2019年投资131957.15万元，2020年计划投资51696.34万元。

特种产业种植使老百姓有了经济收入。

覆膜玉米种植。以贫困村为主，从事覆膜玉米种植的建档立卡贫困户，按照实际种植面积给予地膜扶持，每户扶持地膜不超过10亩；非建档立卡农户，每户扶持地膜不超过5亩（农户每亩自筹30元）。

马铃薯主食化专用品种推广及主食产品开发。支持新型农业经营主

体集中连片种植马铃薯主食化及早熟专用品种（夏波蒂、大西洋、费乌瑞它、布尔班克）100亩以上，每亩补贴300元。

优质牧草引种试验示范及基地建设。建设8个由新型农业经营主体流转土地或由新型农业经营主体牵头，农户参与的1000亩以上青贮玉米示范基地，每亩补贴100元。

杂粮（油料）示范基地及加工。支持新型农业经营主体集中连片建设500亩以上的标准化杂粮（油料）示范基地（其中覆膜种植必须达到100亩以上，荞麦种植面积不超过30%），每亩补贴200元。

畜禽粪污资源的利用，使老百姓种植业用上了有机肥料。全县新建年产5000吨以上商品有机肥场2家，每家补贴资金80万元；对全县规模养殖场购置粪污清理机械10台，每场最多补贴1台，补贴2万元；对利用畜禽粪便加工有机肥的企业购置拉运粪污车辆4台，每个企业最多补贴1台，补贴3万元。

特殊种植，使农民鼓了钱袋子，政策规定：种植补贴面积不超过30亩，以土地确权面积为准。其中蔬菜、紫花苜蓿、中药材、万寿菊等种植类补贴面积不超过10亩，艾草种植补贴不超过20亩；养殖补贴最高不超过2万元；青贮池补贴不超过4000元。

西吉县图书馆建设项目，总投资3169.54万元；西吉县文化馆建设项目总投资3876.22万元；西吉县文化馆图书馆附属工程项目总投资1657.66万元和杨家湾义务植树基地绿化工程总投资124.43万元。

西吉县住房城乡建设项目，将台堡镇小城镇（电缆沟）基础设施项目——会师路工程项目资金350万元；住房城乡建设局将台堡镇小城镇（电缆沟）基础设施项目——胜利路工程项目资金250万元；住房城乡建设局西吉县葫芦河流域水环境综合治理一期工程新营乡污水处理站及人工湿地项目资金900万元；住房城乡建设局西吉县葫芦河流域水环境综合治理一期工程硝河乡污水处理站及人工湿地项目1000万元；自然资源局2019年生态护林员补助资金1060万元。社保局做实机关事业单位 2014年10月1日以后退休人员职业年金账户所需资金1417.7万元。社保局做实机关事业单位参保人员职业年金账户利息所需资金1361.47万元。

党的十九大以来，党中央在政治上给西吉人民极大的鼓舞。为全面贯彻2020年6月8日，习近平总书记视察宁夏讲话精神，在宁夏范围内，积极营造黄河流域先行区的良好环境。在经济上给予极大的支持，中央各部委、兄弟省区伸出了温暖的双手，使西吉人民的日子过得一天比一天好。2020年11月16日，西吉人民与全国人民一道，实现全面脱贫。

第三节　典型事例

一、激活基层党组织，增强基层组织力[①]

马建乡庞湾村曾是一个出了名的上访村，群起上访、越级上访时有发生。脱贫致富内生动力不足。其原因是没有一个强有力的村党支部。

2018年5月，党支部原书记、村委会原主任因滥用职权等问题被开除党籍。庞湾村支部由二星级降为零星级，成为西吉县整顿软弱涣散党支部的重点对象之一。

2019年2月，西吉县把庞湾村列入15个脱贫攻坚薄弱村之一进行综合整治。曾经两度担任村党支部书记的老党员被第三次启用任支书。

第一书记和村支书精准施策，创办了"廉情诊所"。庞湾村村民对"廉

[①]参阅《宁夏日报》2019年7月14日报道《西吉：村党组织不一样了》。

情诊所"双手欢迎。村干部先是在村部"坐诊"接访,一个月内每天能接到群众反映的各种问题十几条。村民马虎家的院子地势高,自来水一直不能接入家里,向村干部反映几年没人管。"廉情诊所"坐诊接访后进行"会诊",协调水务部门给马虎家接通了自来水。逐渐地村干部"坐诊"每天只收到一两条群众来访信息。一打听,原来是群众怕到"廉情诊所"反映问题被打击报复。第一书记和村支书决定让"廉情诊所""巡诊"下访,村干部到群众家里征集问题和诉求。群众反映上届村干部产业验收不公开、不透明,关起门来编数据优亲厚友。"廉情诊所"便让种粮人坐在承包地头照相,将照片和产业种植情况在村务公开栏公示,并召开村民代表大会进行公开确认。

2019年产业验收时,几十名村民尾随验收组在地头盯着看是否真实,村民确认真实后,质疑者打道回府。

2019年8月至今,庞湾村零上访。村民把心思花在了跟随村干部重塑良好民风、发展致富产业上。在拆除旧庄院时,没有一家阻拦。

这项工作放在以前,是很难实现的。"廉情诊所"公开、公平处理村务,村干部争取修路、通水、拉动力电、种草养牛等项目,庞湾村一天天变好。

二、金融助脱贫,草畜提增效

2012年,西吉县草畜产业得到持续发展。截至目前,西吉县农商行各项贷款余额49.72亿元,较年初增加7.99亿元,增长19.16%。其中,涉农贷款余额34.53亿元,较年初增加4.23亿元,增长13.96%;扶贫小额贷款贷款余额77630万元,户均4.9万元,受益贫困户15870户,覆盖面91%;扶贫小额不良贷款21户、64.49万元,不良率0.08%;小微企业贷款余额60998万元,较年初增加9064万元,增长17.45%;肉牛产业专项贷款累计投放99985万元,自2019年4月15日黄河银行与西吉县政府签订肉牛产业合作协议以来,净投放1441户51724万元。

1. 积极承担社会责任,助力脱贫攻坚如期收官

西吉县农商行主动将"金融元素"融入扶贫产业各环节,配套出台产业扶持政策,靶向发力、精准施策,全力做好"金融扶贫答卷"。一是"线上+线下"扩展办贷"带宽"。受新冠肺炎疫情影响,及时调整传统的办贷模式,主动采取线下名单准入、建立标识台账、线下审批、线上用信的方式满足信贷需求,扩展贷款渠道,贫困户足不出户即可办理扶贫小额贷款。二是"续贷+转贷"稳定信贷"内存"。对存量到期"金扶贷",采取"无缝续接、借新还旧"等方式继续给予信贷支持,坚持执行"两免一基"优惠政策,有效化解贫困户"筹现还贷"难题,对贫困户"扶上马、送一程",确保脱贫不返贫。三是"金融+通信"升级扶贫"主板"。积极贯彻落实黄河银行"金融+通信"扶贫扶智工程,与移动公司合作,向建档立卡贫困户赠送"致富"手机17580台,价值703.2万元,对推进脱贫富民战略实施、打造金融扶贫示范区、协助贫困户脱贫致富发挥了积极作用。四是打造"金融扶贫示范村"扩容扶贫"显卡"。结合贫困村现状,在持续做好扶贫小额贷款发放的同时,着力发挥示范带动效应和普惠金融效能,2020年已打造乡村自助银行6个,四星级金融便民点24个,金融扶贫示范村28个,实现295个行政村金融服务全覆盖。

2. 实施"三大"举措,倾力支持小微企业发展

制订出台《西吉农村商业银行关于支持民营小微企业发展实施方案》,建立尽职免责和容错纠错机制,适度提高小微贷款不良容忍度,消除"拒贷、怕贷、惜贷"思想,形成"敢贷、能贷、愿贷"的浓厚氛围。截至2020年4月末,全行小微客户贷款余额60998万元,占小微贷款客户数达到2010户。一是强化服务保障。单列小微信贷计划,完善小微客户服务体系,开通小微客户"绿色通道",简化信贷手续,下放审批权限,推行"预授

信""平行作业"、优先办结等方式,实现小微贷款"一站式"服务。二是创新小微产品。完善小微客户、线上线下、链式金融等产品线,建成小微信贷移动平台,推出"银税贷""政采贷""小微通"等小微快贷产品,免担保、免抵押,网上申贷、网上审批,让数据多跑路、客户少跑腿,实现小微贷款移动化,提升小微客户的获得感和满意度。三是帮助纾困解困。在疫情期间,适时推出"复工贷",同时下发《关于调整部分信贷产品利率的通知》,对受疫情影响的困难企业进行支持,实施利率优惠,延期还本等,为企业解难纾困;对有发展前景的困难企业,不抽贷、不压贷、不断贷,通过无还本续贷、重定期限等方式,有效避免企业为偿还到期贷款而过桥融资增加成本减轻企业经营压力,为企业走出困境争取时间。

3. 大力开展整村授信,创造健康金融生态环境

西吉县农商行强化对"授信村"农户(贫困户)、种养殖业大户、合作社、农业企业等信息采集、建档、评级、授信等全过程的网格化管理,有效提升农村金融服务的积极性和可持续性,助推其经营转型发展。一是精准施策,靶向发力。以"关键人"为突破口,率先完成村"两委"班子、"致富带头人""种养大户"的授信工作,同时实行整村授信"三优先",即优先为计划外出务工家庭授信、优先为金融业务在他行的客户授信、优先为春耕生产资金紧缺的农户授信,先急后缓、遍地开花,有条不紊提升整村授信覆盖面。二是网格管理,错时服务。以在大范围"务工潮"开启前完成授信工作为目标,采取"班子成员包乡、机关部门包点、支行网点包村、客户经理包组"的网格化"四包"机制,统筹规划,强力部署,抢时间,抓进度,利用农户晚间春耕归家的时间,错时上门服务,提升工作质效。三是巧用资源,实干提速。积极与乡镇(村委)对接,获取利用"四查四补"数据,掌握客户一手资料,交叉验证,提升了整村授信工作进度,降低了数据采集难度,提高了信息采集质量。截至

2019年，已在系统完成信息采集、评级户数7364户，完成整村授信5332户，授信金额8613万元。

4. 力推肉牛产业发展，添注脱贫攻坚新活力

以黄河银行与西吉县签订支持肉牛产业发展合作协议为契机，按照"家家种草、户户养畜，小群体、大规模"和标准化、规模化养殖并重的思路，充分发挥金融力量，全力支持肉牛产业发展。一是紧盯一个目标。紧盯全年肉牛贷款净增10亿元、三年授信50亿元的目标任务对养殖户实行普惠式授信覆盖，对建档立卡户追加贷款授信，对边缘户积极跟进营销，力争带动5万农户发展肉牛产业，支持500户种养殖大户、合作社和养殖企业进行规模化经营，支持5个肉牛产业联合体建立质量追溯体系和物联网，打造50个标准化肉牛养殖示范村，实现西吉县肉牛产业布局区域化、经营规模化、生产标准化、发展产业化。二是推出一个措施。适时推出"肉牛养殖贷款专项激励"措施，对完成核定任务的支行，每净增1万元按照20元的标准进行奖励，对未完成任务的但较基数增长的，每净增1万元按照10元的标准进行奖励，严格实行尽职免责机制，充分调动了客户经理工作主动性和积极性。三是构建一个格局。实行一把手负总责、领导班子其他成员责任任务包干制，构建了"网格化"服务格局，领导班子成员包支行、包乡镇、包村组，下沉一级、靠前指挥、督促指导、现场决策、一抓到底，实现了"地毯式"全面营销。四是转变一个观念。按照"提质增效巩固一批，雪中送炭新增一批，锦上添花提升一批"的工作思路，优先对"致富能人""种养殖业大户"给予信贷支持，形成互学互帮互助的肉牛产业发展热潮。打破"见牛放贷"保守观念，延伸肉牛产业链金融支持，对养牛意愿强、有圈舍但存栏少、有种草但缺资金的农户，同样给予信贷支持，解决养殖户资金需求难题。

5. 推广"党建+金融夜校",政治引领决胜脱贫攻坚

充分发挥党建政治引领作用,助力决战决胜脱贫攻坚,西吉县农商行创新开办"金融夜校",广泛传播肉牛产业养殖及农业生产技巧,提升广大农民群众产业发展技能,实现"融资"与"融智"完美结合。一是"金融夜校"实现服务延伸。2019年5月9日,西吉县农商行"金融夜校"在西吉县吉强镇高同村正式开班。以村"两委"阵地为载体,充分利用各村部"新时代农民讲习所"有利条件,聘请"农业科技兼职讲师"和"肉牛养殖专职讲师",以"专业人员理论宣讲一批,专业技师现场指导一批,金融知识宣讲一批,经验交流实地观摩一批"的方式,带动打造生产标准化、品种优良化示范村和支持产业优化升级金融创新示范村,以金融力量服务地方经济建设发展,实现社会责任和经济效益的协调发展。二是"金融服务信息员"做到信息共享。先行先试,在重点村组培养遴选"进得了门,聊得上话,送得出服务"的金融服务信息员,共享信息,当好参谋,及时收集捕捉群众基本信息和服务需求,配合开展客户贷前、贷中及贷后管理,结合"金融夜校"配套激励措施,着力发挥"金融服务,监督服务,健康服务"三大职能,为更好实施金融扶贫、普惠金融发挥重要作用。

三、传承红色基因,振兴乡村文化

美丽乡村龙王坝地处西吉县吉强镇西南7公里。龙王坝村既是乡村旅游胜地,也是一处流传着许多红色故事的现代文明村落。

一提起龙王坝,陕甘宁人几乎都知道。

早在20世纪30年代,龙王坝村(1958年前为红泉岘村)因董福镇、张占魁参加红军而载入史册;2012年以来,以"产业兴旺,生态宜居,乡风文明,治理有效,生活富裕"而享誉全国。

1924年,董福镇出生在甘肃省秦安县魏店乡董家嘴,一个贫苦农民家庭,自幼丧母。他四岁那年,陕甘大旱,饿殍遍野。迫于生计,其父用一条扁担两只竹筐挑着年幼的董福镇和仅有的一只小木箱,逃荒到西吉境域的龙王坝村,被当地百姓收留。落脚后不久,其父病逝,董福镇从此沦为孤儿。

1935年8月,红二十五军抵达西吉,在单家集一带活动,"三大禁令、四项注意"深入宣传,老百姓开始晓得红军是穷人的队伍。10月间,中国工农红军一方面军长征到达西吉境域的龙王坝,年幼的董福镇、张占奎等毅然决然参加了红军。11岁的董福镇被编入红一师三团一连,成为一名"红军娃"。

1936年8月,董福镇调入红三团部,担任参谋长熊照来的勤务兵。1937年,红军在陕西三原改编为十八集团军第一师(师长杨成武),开赴抗日前线与日寇作战,参与了平型关大捷。1939年后,调入晋察冀军区第一分区。后又调入战斗剧团、延安留守兵团政治部、青年训练队、支队通信连等单位工作。1946年,调入晋西南吕梁军区野战二医院任保管员,后调七军卫生部任管理员。1947年,董福镇随部队开赴延安地区作战,参加了蟠龙战役。同年,加入中国共产党。翌年,调到七纵队卫生部工作,历任管理员、指导员等职。参加了解放太原、解放西安、解放大西北等战役。在解放西北战役中,董福镇为抢救战友身负重伤,体内存留弹片至今。1950年后,历任医干轮训队指导员、干休所指导员、政治部指导员等职。1952年8月,转业到西北行政委员会人事局,在三原永升镇西北大学七分校参加干部培训。1954年11月,调陕西省国家物资储备局工作,历任党小组组长、支委、支部书记等职。

在艰苦卓绝的战争年代,董福镇为中国人民的解放事业作出了贡献。16岁时在一次急行军中,由于剧烈运动导致左肺部血管破裂,落下了咯血、吐血的病根。因战争年代医疗条件有限,没有得到及时治疗,严重

影响了健康,每次一病发,他就喝几口凉水止血,然后继续行军打仗。新中国成立后,在党和政府的关怀下,董福镇曾做过三次大手术,左肺及肋骨切除,但他毅然坚持工作,直到1980年离休(享受副厅级待遇)①。

红色故事传播在红色土地上,红色土地滋养着老区人民,老区人民发扬革命传统、传承红色基因……

龙王坝村致富带头人焦建鹏不忘初心、诚实守信,勇于开拓,积极引导村民发展特色产业。在带动百姓脱贫致富工程中,勤劳务实,采用传帮带的形式,发展乡村旅游,带动村民增收增效,走出贫穷,向小康迈进。焦建鹏先后被评为自治区人大代表、全区民族团结进步模范个人、自治区道德模范、自治区劳动模范、首批农业创业专家讲师。近年来,龙王坝对待生态环境和传统文化的原则是不破坏乡村生态环境,尽量保留现有村容村貌,保护传承当地乡村历史文化遗产,景观绿化多采用当地乡土植物和民俗文化元素。产品开发以有机、环保、健康为根本,诚实守信为原则,生产绿色无公害农产品,无不良记录。作为一名农村致富带头人,他深感责任重大,如果不给自己充电学习,就不能很好地带领群众发展,就辜负了群众对他的信任和期望。2014年,焦建鹏报名参加了新型农村实用技术人才培训班的学习,并获优秀学员。2015年,焦建鹏自费去北大读EMBA研修班给自己充电,通过学习体会到农村经济发展的瓶颈在于农业科技含量低,农民科技素质不高。为了解决这个问题,他投资600多万元建设了西吉县农村实用人才和精准扶贫人才培训基地,基地占地面积达10亩,建筑面积3000平方米,每期可培训100~200人。2019年,焦建鹏参加了全国青年马克思主义培养工程农业农村班的学习,理论知识方面有很大的提升,而且开阔了眼界,拓展了发展思路。在乡村振新创业发展的

---

① 甘肃秦安县魏店乡人民政府《魏店乡志》,2012年内部出版,第593页。

道路上,他不断创新发展理念,利用互联网以及新媒体发展乡村旅游,利用"最美乡村龙王坝"微信公众号和抖音快手等新媒体,宣传售卖当地的土特产品及旅游产品。通过工会平台创办新型职业农民培训基地,组织合作社社员定期参加各类培训班,提高他们的职业素养,让社员在培训学习的过程中学到新的知识,增长见闻阅历,最终提高了社员的工作积极性。

通过开办农业企业,举办农民培训班,截至2019年底,已承接了中组部、农业农村部、自治区扶贫办及全国各省内外培训50期2500人次。其中,成功举办了来自青海海东市的新型职业农民培训班、自治区农广校2019年产业帮扶中蜂养殖实用技术培训(西吉班)、全区贫困村创业致富带头人示范培训班、兰州市榆中县(脱贫致富带头人)培训班、宁夏农科院科技扶贫助推马铃薯产业振兴培训班、宁夏基层农技人员参与式农技推广培训班、中组部、农业农村部农村实用人才带头人和大学生村官示范培训班等,以优异的办班效果赢得了相关单位及广大学员的一致好评。

龙王坝村在焦建鹏的带领下,2019年接待游客达24.6万人次,收入达1800万元,正式员工127人,辐射带动208建档立卡贫困户就业,全村人均纯收入达12000元,带动全村农民走出新建1栋休闲采摘日光温棚、种植2亩油用牡丹(万寿菊)、改造3间客房、贷款4万元的"1234"脱贫致富路,也走出了一条"南部山区落后村庄"变"宜居宜游宜商美丽乡村"的农村脱贫致富发展新路子。

四、张堡塬村生态循环"四元模式"

每当夏日,驱车自固原市经过张易乡、前往西吉县将台堡镇,一进入马莲川道,道旁景象令人为之一振,但见:一辆辆满载马铃薯的大型货车、"兴奋地"排成一长溜,整装待发;一座座加工马铃薯的现代厂房、"友好地"间隔一段路,拔地而起。

停车与道旁农民攀谈,一个叫苏相锋的名字不时闪现出来。提起他,村里群众无不竖起大拇指、交口称赞他是全村脱贫致富的带头人。

2013年4月,苏相锋担任张堡塬村党支部书记。多年来,他充分发挥党组织带头人"领头雁"和致富带头人"排头兵"的作用,把"带领群众共同致富"作为人生价值的体现,凭着自己不怕吃苦、不怕受累的奉献精神,带领全村群众走上了共同致富的道路。

1. 学技术选产业,定目标谋发展

2006年,西吉县举办农民技术培训班,苏相锋第一个报名参加。培训期间,他得知西吉县境内海拔高、气温低、温差大,雨热量适宜马铃薯生长。为此,瞄准马铃薯这一产业,大力发展马铃薯种植与深加工。

西吉马铃薯淀粉含量高、口感味道好,品质优良,耐于贮藏。西吉马铃薯鲜薯已经畅销国内外,马铃薯制作的淀粉、粉条行销长三角、珠三角等经济发达区。首先,他把自家15亩土地全部种上马铃薯,当年增收2.2万元。

2007年,苏相锋流转土地220亩,扩种马铃薯,实现增收136万元。

2009年,他带领全村村民成立西吉县向丰马铃薯种薯繁育推广专业合作社,为马莲及周边地区农民提供优质马铃薯薯种。

2015年,西吉县向丰马铃薯种薯繁育推广专业合作社被评为宁夏自治区级示范合作社。

至2016年,已建成马铃薯原种基地850亩,生产原种935吨,建成一级种示范基地5150亩,生产一级种薯7720吨原种,并投资500多万元,建成马铃薯种薯贮藏窖,全村的脱毒种薯应用率达95%以上,每亩增产达500公斤,平均每亩增收750元。

2016年,张堡塬村人均可支配收入8840元,其中,马铃薯收入7430元,占人均可支配收入84%。

2017年7月,张堡塬村被农业部认定为第七批全国"一村一品"(马铃薯)示范村镇。

2. 引设备扩规模,深加工增效益

2010年2月,苏相锋注册成立了西吉县万里淀粉有限公司。引进德国瑞德华、年产4万吨马铃薯淀粉加工生产线,年加工马铃薯鲜薯7万吨,生产马铃薯精制淀粉1.1万吨。解决120名当地农民就业。

2011年9月,企业生产的"向丰"牌马铃薯淀粉被中国绿色食品发展中心认定为绿色食品。

2011年12月,该食品被宁夏回族自治区名牌战略推进委员会评为"宁夏名牌产品"。

2017年1月,公司被宁夏回族自治区人民政府命名为"第八批农业产业化自治区重点龙头企业"。

2014年7月,该公司被宁夏回族自治区人民政府评为"自治区农业产业化龙头企业"。

3. 携成员同学习,探路子创经验

作为村支部书记,为了更好地带动全村群众发家致富,苏相锋非常重视对群众的技术培训。不仅自己多次参加区、市、县农校组织的培训学习,还带领合作社成员分批次参加培训。与专家们深入探讨,与村民不断交流经验,再给合作社成员上课。

2015年4月,在宁夏农林科学院专家的指导下,经过充分论证,按照整体化设计原则,打造出创新性生态农业的"四元模式"。即肉牛标准化规模养殖→牛粪加工有机肥→有机肥还田种植马铃薯、绿色蔬菜、优质牧草→牧草饲养肉牛→牛肉供给市场需求,种养一体化的"四元"生态农业良性循环模式。这种"四元模式"起点高、标准高、水平高。由此打造出了现代生态循环农业示范园,建成一座标准化养殖园——标准化双排牛舍10座15000平方米、草料大棚2座4000平方米、青贮池3座10000立方米。

饲养西门塔尔、安格斯基础母牛600头，为"精准扶贫""整村推进"等项目农户调购良种基础母牛3500头，年繁殖牛犊500头，实现利润205万元。张堡塬村这种农业生产为"四元"生态良性循环链。

2015年9月，建成一座面积1500平方米的现代农业综合服务中心。下设1所农民田间学校、1个测土配方室、1个农机作业服务室、1个网络销售平台和1个物联科技室。为新型职业农民培训500人次，年均供应各类专用配方肥和有机肥9800吨，购置大中型拖拉机、旋耕机等40余台，为当地农户和合作社社员提供代耕、代种、代收全程机械化一体服务，服务面积达11800亩。

2016年9月，建成了蔬菜标准园，以及宁夏第三代大跨度日光温室4座，单层全钢架大拱棚12座，双层全钢架大拱棚6座，共占面积160亩。示范种植草莓、西蓝花、油桃等反季节性蔬菜，推广水肥一体化技术、滴灌节水技术，蔬菜新品种覆盖率达到100%，利用水的率达到90%。示范推广病虫害绿色防控技术，增施园区生产的有机肥，实施投入品管理、生产档案记录、产品检测、质量追溯等全程质量管理，确保蔬菜产品的质量安全。

4. 带帮扶促脱贫，筑梦想奔小康

近年来，苏相锋把精准帮助贫困户脱贫致富作为自己的重要责任。他发挥自身技术、资金、市场等方面的优势效应，精准对接具有养殖能力而无资金和技术的建档立卡精准扶贫户。为马莲乡的张堡塬村、罗曼沟村和北山村3个村120户建档立卡贫困户，借出150头西门塔尔基础母牛，共计投入资金165万元，平均每户增收5000元。同时，加大对帮扶村劳动力的就业培训，吸纳农民劳动力到帮扶企业就业，增加贫困村农民工资性收入，每年解决当地"建档立卡贫困户"近300名农民，来到种植基地、养殖园区、淀粉公司务工。

据统计,苏相锋2015年为农民发放工资286万元,2016年为农民发放工资450万元,2017年为农民发放工资386万元。通过这种产业帮扶模式创新,增强了贫困户自身的造血功能,使贫困户与企业形成紧密的利益共同体,贫困户参与企业产业链的利益分成,确保了贫困户包盈不亏、稳定增收和永不返贫,共同构筑奔向小康的道路。

2016年6月,苏相锋被中共固原市委组织部、固原市扶贫办、固原市农牧局和固原市人社局评为"全市优秀致富带头人"。

2017年1月,苏相锋被宁夏回族自治区农牧厅评为"全区十佳农民"。2017年3月,被中共西吉县委、西吉县人民政府授予"十大道德模范"。2017年7月,被中共西吉县委授予"全县优秀共产党员"称号。

5. 张堡塬村生态循环农业"四元模式"解析

西吉县马莲乡张堡塬村创造出来的生态循环农业"四元模式"与中国珠三角一带生态循环农业"桑基鱼塘"有异曲同工之妙,符合生态学的"物质循环再生原理",都属一种高效的"农业生产方式"。

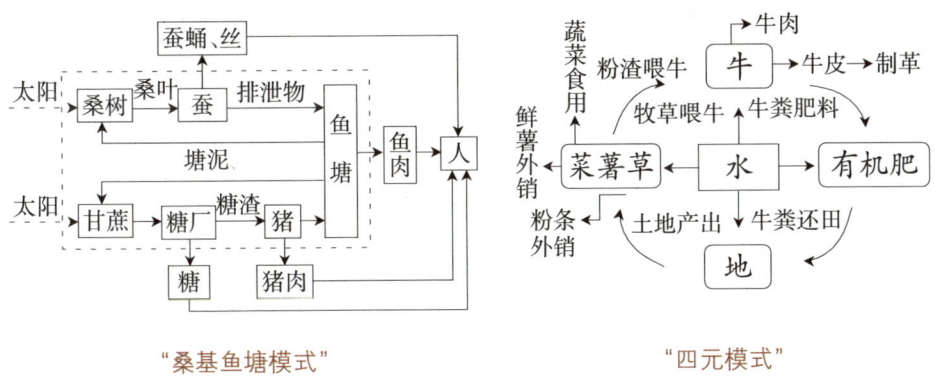

"桑基鱼塘模式"　　　　　　　　"四元模式"

总之,张堡塬村创立的"四元模式"得益于"闽宁经验"的引领启发,得益于"土地流转"的富民政策,得益于政府重视对农民农业技术的培训。张堡塬村创立的"四元模式",它不仅是西吉,也是宁夏,更是中国北方,高效农业生产的一种创新的良性循环模式。

附录一

党和国家领导人与将军们为红军长征将台堡会师纪念碑题词

邢万莹

1996年,在红军长征胜利60周年时,西吉县委提出了建立红军长征将台堡会师纪念碑(亭)的建议。该建议一经提出,即得到了自治区党委、政府的高度重视。宁夏回族自治区党委宣传部、党史研究室做了许多具体的工作。那时,我是自治区党史研究室征研处处长,曾几次跟随室主任李一凡等领导对建碑的地址进行考察,并受派到中央党史研究室与中宣部汇报。由于自己搞党史征编研究多年,作为主编,我撰写过8年《中共宁夏回族自治区组织史资料》(自编与上报中央本)。根据中央组织史资料编纂领导小组关于"广征、核准、精编、严审"的要求,我曾拜访过汪锋、杨静仁、杨一木等数百个党史当事者。同时还作为秘书给自治区人大常委会常务副主任张俊贤写过《这里唱起东方红》一书。张俊贤是1927年参加革命的老同志,曾在国务院办公厅、青海省委等部门任职,1947年在任陕西中共佳县县委书记时,因组织群众筹粮筹款和抗灾救灾工作做得出色,有力地支持了党中央转战陕北,所以毛主席为其题写了"站在最大多数劳动人民的一面"的题词。鉴于此,在我为其写书的过程中,他带我去过许多如习仲勋、张达志、黄静波等领导的家。1995年党史研究室与区党委组织部为拍《塞上风云》系统介绍宁夏党史专题片时,我自己作为制片主任与编导，与区党委组织部电教中心高贵武同志又访谈了许多老红军、老将军。当西吉县委欲请这些老同志为红军长征将台堡会师纪念碑题词时，在时任自治区党委宣传部副部长张怀武的推荐下，应西吉县委之邀，我与西吉县委的火仲舫、李西平，王升等同志一起赴京，经过23天的奔波，根据以往个人在征集党史资料时所建立的关系，请了宋任穷、耿飚、廖汉生、杨成武、萧克等30多位老红军、老将军为红军长征将台堡会师纪念碑题词，还受托请来了中国人民解放军三总部领导，毛主席的儿媳刘思奇（刘松林）、邵华，嫡孙毛新宇应邀为他们讲解毛主席长征时在宁夏五天四夜的故事。还邀请了宁夏贺兰籍中将二炮副司令员杨桓及原宁夏省委书记朱敏的夫人、北京中级人民法院院长白烈飞等赴宁参会。我受贺龙夫人薛明等委托，拟电报予以向大会祝贺。同时，受自治区党委办公厅李文章同志委托到中央办公厅带回了江泽民、李德生、迟浩田、张震、张万年等领导的题词。因我在邮电部门工作过，所以在自己执笔起草的大会活动安排时，文件中特请自治区邮电管理局为红军长征将台堡会师纪念碑制作了系列邮品。1996年10月22日，即召开庆祝大会的那天，仅在将台堡邮电所销售纪念小型张的收入就有30多万元。

2016年7月19日，习近平总书记在西吉将台堡参观三军会师纪念馆时说："长征永远在路上。这次专程来这里，就是缅怀先烈、不忘初心，走好新的长征路。今天是实现'两个一百年'奋斗目标的新长征。我们这一代人要走好我们这一代人的长征路。"为了使老一辈无产阶级革命家的革命精神代代相传，我们将党和国家领导人及将军们为红军长征将台堡会师纪念碑题词的内容汇集部分，予以展示，谨此说明。

（作者系宁夏回族自治区党委党史研究室原副主任，中共党史专家）

附录二

国务院、自治区、市等扶贫文件汇编

年度	发文单位	文号	文件名称	档案索引号
1983	自治区政府办公厅	宁政办〔1983〕7号	自治区人民政府办公厅印发国家经委等九单位《关于认真做好扶持农村贫困户工作的通知》的通知	564
1984	国务院办公厅	国办发〔1984〕105号	国务院办公厅转发关于"三西"地区农业建设领导小组第四次扩大会议纪要的通知	46-105
1984	国务院三西地区农业建设领导小组	1984年第3号	印发《"三西"地区咨询工作座谈会纪要》和林乎加同志在会议上的讲话	583
1984	自治区西海固地区农业建设指挥部	宁农指〔1984〕14号	自治区副主席马英亮在甘肃两西建设第三期上的批示	10-P48
1985	国务院	国发〔1985〕65号	国务院批转民政部等部门关于扶持农村贫困户发展生产治穷致富的请示的通知	25-P130
1985	自治区政府	宁政发〔1985〕17号	自治区人民政府转发自治区扶贫工作领导小组关于全区扶贫抚优工作会议情况的报告的通知	2-P80
1985	自治区政府	宁政发〔1985〕27号	自治区人民政府转发宁夏西海固地区农业建设指挥部关于加强"三西"专项建设资金管理的若干规定的通知	2-P120
1985	固原地区行署	固地行发〔1985〕4号	关于成立固原地区扶贫抚优工作领导小组的通知	4-P17

续表

年度	发文单位	文号	文件名称	档案索引号
1987	固原地区行署	固地行发〔1987〕11号	固原行署批转民政处《关于固原地区扶贫工作情况及今后意见的报告》的通知	663
1987	固原地区行署	固地行字〔1987〕60号	关于编制贫困地区经济发展规划的通知	664
1988	国务院办公厅	国办发〔1988〕30号	国务院办公厅关于调整国务院贫困地区经济开发领导小组的通知	666
1988	固原地区行署办公室	固地行办〔1988〕89号	关于印发行署专员李国山同志在地区扶贫现场会上的讲话的通知	674
1989	国务院	国发〔1989〕62号	国务院批转国家民委、国务院贫困地区经济开发领导小组关于少数民族地区扶贫工作有关政策问题请示的通知	691
1989	国务院办公厅	国办发〔1989〕12号	国务院办公厅关于转发国务院贫困地区经济开发领导小组第七次会议纪要的通知	699
1989	固原地区行署办公室	固地行办〔1988〕58号	关于印发杨兆清副专员在自治区扶贫工作汇报总结会上的讲话的通知	700
1990	国务院办公厅	国办发〔1990〕47号	国务院办公厅转发全国农业区划委员会关于编制农业区域开发总体规划工作要点的通知	719
1990	国务院办公厅	国办发〔1990〕56号	国务院办公厅关于调整国务院贫困地区经济开发领导小组成员的通知	725

续表

年度	发文单位	文号	文件名称	档案索引号
1991	自治区政府办公厅	宁政阅〔1991〕5号	关于在中宁与同心交界地带的世行项目开发区划地建设固原县吊庄基地的会议纪要	
1992	自治区政府办公厅	宁政办发〔1992〕98号	自治区人民政府办公厅印发《关于研究"三西"农业专项建设资金使用问题的会议纪要》的通知	
1992	固原地区行署办公室	固行办〔1992〕20号	固原地区行署办公室印发关于固原地区对口支援办公室工作职责的意见	
1993	自治区政府办公厅	宁政阅〔1993〕3号	宁夏西海固地区农业建设指挥部会议纪要	
1994	自治区政府	宁政发〔1994〕70号	自治区人民政府关于印发《宁夏双百扶贫攻坚计划》的通知	
1994	自治区政府办公厅	宁政办发〔1994〕48号	关于制定我区实施国家八七扶贫攻坚计划行业扶贫计划的通知	
1994	自治区政府办公厅	宁政办发〔1994〕78号	自治区人民政府办公厅关于印发白立忱主席、周生贤副主席在全区扶贫开发工作会议上的讲话和报告的通知	
1994	自治区政府办公厅	内部情况通报第30期	自治区副主席周生贤在全区社会扶贫动员大会上的讲话	
1994	固原地区行署	固行发〔1994〕55号	关于印发《宁夏固原地区行政公署"九五"交通扶贫攻坚计划》实施意见的报告	
1996	自治区政府办公厅	内部情况通报第29期	自治区副主席任启兴在全区社会鼓皮工作会议上的讲话	

续表

年度	发文单位	文号	文件名称	档案索引号
1997	自治区政府办公厅	宁政办发〔1997〕63号	自治区人民政府办公厅关于转发自治区扶贫开发领导小组扩大会议纪要的通知	
1997	自治区政府办公厅	宁政办发〔1997〕79号	自治区人民政府办公厅关于转发自治区财政厅、乡镇企业局《宁夏贫困地区"强乡富民工程"实施意见》的通知	
1997	自治区政府办公厅	宁政办发〔1997〕82号	自治区人民政府办公厅转发中国农业发展银行宁夏分行进一步做好扶贫信贷工作的意见的通知	
1998	自治区政府办公厅	内部情况通报第60期	自治区副主席周生贤在宁南地区扶贫到村到户工作会议上的讲话	
1998	固原地区行署	固行发〔1998〕46号	关于印发固原地区养牛扶贫工程建设工作会议纪要的通知	
1998	固原地区行署	固行发〔1998〕47号	关于成立固原地区养牛扶贫工程建设领导小组的通知	
1999	自治区政府	宁政发〔1999〕7号	关于抓紧清收到期扶贫贷款进一步加大投入促进实现脱贫目标的通知	永久 17-285-4
1999	自治区政府	宁政发〔1999〕20号	关于实施"千户农宅建设示范工程"的通知	永久 17-285-12
1999	自治区政府办公厅	宁政办发〔1999〕133号	关于成立自治区移民吊庄移交属地管理工作领导小组的通知	30年 5-5-7
1999	固原地区行署	固行发〔1999〕15号	宁夏固原地区扶贫开发工作报告	永久 3-271-5
1999	固原地区行署办公室	固地行办〔1999〕2号	关于认真实施好"千村通电"工程的通知	永久 8-276-2

续表

年度	发文单位	文号	文件名称	档案索引号
1999	固原地区行署办公室	固地行办〔1999〕25号	关于加强劳务输出工作的通知	永久 9-277-10
1999	固原地区行署办公室	固地行办〔1999〕67号	关于成立固原地区移民吊庄移交属地管理工作领导小组的通知	永久 13-281-4
2000	自治区政府	宁政函〔2000〕113号	关于同意设立六盘山旅游扶贫试验区的批复	永久 18-305-21
2001	国务院	国函〔2001〕80号	国务院关于同意宁夏回族自治区撤销固原地区设立地级固原市的批复	永久 16-326-16
2001	自治区政府	宁政发〔2001〕77号	自治区人民政府关于撤销固原地区设立地级固原市的通知	永久 16-326-17
2001	自治区政府	宁政发〔2001〕124号	批转自治区发展计划委员会关于实施国家异地扶贫移民开发试点项目意见的通知	永久 22-332-9
2001	自治区政府办公厅	宁政办发〔2001〕29号	转发关于自治区旅游局《六盘山旅游扶贫试验区实施方案》的通知	30年 1-13-12
2001	自治区政府办公厅	宁政办发〔2001〕152号	关于印发《福建省和宁夏扶贫协作第五次联席会议纪要》的通知	30年 3-15-16
2001	自治区政府办公厅	宁政办发〔2001〕182号	关于转发农业银行宁夏分行《扶贫贷款清收办法》的通知	30年 4-16-5
2001	固原地区行署	固行发〔2001〕37号	关于做好固原地区农村劳动力就业开发试点工作的通知	永久 7-317-2
2001	固原地区行署办公室	固地行办〔2001〕47号	关于做好固原地区农村劳动力就业开发试点项目领导小组的通知	永久 12-322-13

续表

年度	发文单位	文号	文件名称	档案索引号
2001	固原地区行署办公室	固地行办〔2001〕52号	关于认真贯彻落实自治区人民政府办公厅《关于切实做好当前减轻农民负担工作的紧急通知》的通知	永久 12-322-18
2002	自治区政府	宁政发〔2002〕27号	关于批转宁夏农村残疾人扶贫开发计划的通知	永久 11-220
2002	自治区政府办公厅	宁政办发〔2002〕66号	转发自治区计委关于宁夏扶贫开发"十大工程"实施意见的通知	30年 37-2-4-79
2002	自治区政府办公厅	宁政办发〔2002〕150号	转发自治区扶贫办等部门关于《10万贫困户养羊工程实施方案》的通知	30年 37-2-5-107
2003	自治区党委办公厅	宁党办〔2003〕16号	自治区党委办公厅、人民政府办公关于印发《固原工作会议纪要》的通知	永久 51-755
2003	自治区政府	宁政发〔2003〕86号	批转自治区发改委等《关于进一步推进我区西部大开发工作的若干意见》的通知	永久 50-698
2003	自治区政府办公厅	宁政办发〔2003〕65号	关于认真做好新阶段农村贫困监测工作的通知	30年 37-2-14-146
2003	自治区政府办公厅	宁政办发〔2003〕178号	关于转发自治区扶贫办等部门《2003—2004年扶贫小额贷款发放和管理意见》的通知	30年 37-2-15-186
2003	自治区政府办公厅	宁政办发〔2003〕226号	转发自治区农牧厅、科技厅等部门关于"百万农民培训工程"实施意见的通知	30年 37-2-16-205

续表

年度	发文单位	文号	文件名称	档案索引号
2003	固原市政府办	固政办发〔2003〕79号	关于转发《固原市农村残疾人扶贫开发工程实施意见》的通知	永久26-250
2003	固原市政府办	固政办发〔2003〕163号	关于成立固原市生态移民协调领导小组的通知	永久31-332
2003	固原市政府办	固政办发〔2003〕165号	关于印发《闽宁对口扶贫协作第七次联席会议固原市筹备工作方案》的通知	永久31-334
2004	自治区政府	宁政发〔2004〕130号	关于进一步做好县外移民吊庄扶贫开发工作的实施意见	永久91-731
2004	自治区政府办公厅	宁政办发〔2004〕82号	关于在县外移民吊庄继续享受扶贫优惠政策的通知	30年37-2-24-154
2004	自治区政府办公厅	宁政办发〔2004〕174号	关于扩大"少生快富"扶贫工程试点范围的通知	30年37-2-25-197
2004	固原市政府办	固政办发〔2004〕17号	关于印发《固原市建设农村卫生室实施方案》的通知	永久64-156
2004	固原市政府办	固政办发〔2004〕83号	关于成立固原市农村劳动力转移培新阳光工程指导小组的通知	永久68-223
2004	福州市人民政府	榕政函〔2004〕62号	福州市人民政府关于设立固原市驻福州劳务管理站的复函	永久89-694
2005	自治区政府办公厅	宁政办发〔2005〕158号	转发自治区发改委关于实施宁夏六盘山生态经济圈总体规划意见的通知	30年37-2-32-88
2005	自治区政府办公厅	宁政办发〔2005〕178号	关于扩大"少生快富"扶贫工程试点范围的通知	30年37-2-32-96

续表

年度	发文单位	文号	文件名称	档案索引号
2005	自治区政府办公厅	宁政办发〔2005〕207号	关于加快实施"村村通电话"工程意见的通知	30年37-2-34-118
2005	自治区政府办公厅	宁政办发〔2005〕212号	关于转发《宁夏回族自治区新型农村合作医疗试点工作指导意见》的通知	30年37-2-34-121
2005	固原市政府	固政发〔2005〕88号	关于加快培训扶持劳务中介组织和劳务经纪人队伍的实施意见	永久102-86
2005	固原市政府办	固政办发〔2005〕81号	关于对口抓紧落实自治区第二次固原工作会议承诺事项的通知	永久112-231
2006	自治区政府办公厅	宁政办发〔2006〕4号	转发自治区财政厅等部门《关于"少生快富"扶贫工程项目户给予优先扶持的意见》的通知	30年37-2-40-71
2006	自治区政府办公厅	宁政办发〔2006〕5号	关于成立固原地区人饮工程建设领导小组的通知	30年37-2-40-72
2006	自治区政府办公厅	宁政办发〔2006〕62号	关于转发《转发直补农民专项资金管理办法(试行)》的通知	30年37-2-41-95
2006	自治区政府办公厅	宁政办发〔2006〕151号	关于印发电视入户文化扶贫工程实施方案的通知	30年37-2-43-133
2006	自治区政府办公厅	宁政办发〔2006〕187号	关于扩大"少生快富"扶贫工程试点范围的通知	30年37-2-44-153
2006	自治区政府办公厅	宁政办发〔2006〕200号	关于生态移民享受扶贫优惠政策的通知	30年37-2-44-158
2006	固原市政府	固政发〔2006〕119号	关于进一步做好促进农民增收工作的通知	永久151-117
2006	固原市政府	固政发〔2006〕132号	关于固原市农村实现户户通电的通告	永久151-129

附录二

续表

年度	发文单位	文号	文件名称	档案索引号
2006	固原市政府办	固政办发〔2006〕2号	关于向东南沿海等劳务基地集中组织输送劳务人员的通知	永久154-179
2006	固原市政府办	固政办发〔2006〕12号	关于向福建省泉州等市组织输送务工人员的通知	永久154-189
2006	固原市政府办	固政办发〔2006〕55号	关于向福建等沿海地区、新疆和区内劳务基地组织输送务工人员的通知	永久156-230
2006	自治区政府	宁政发〔2006〕17号	关于提高对种粮农民直接补贴标准的通知	永久181-726
2006	自治区政府	宁政发〔2006〕39号	关于加强村庄规划建设整治和管理促进社会主义新农村建设的意见	永久181-732
2006	自治区政府	宁政发〔2006〕66号	关于做好我区新型农村合作医疗扩大试点工作的通知	永久181-747
2006	自治区政府	宁政发〔2006〕68号	贯彻《国务院关于解决农民工问题若干意见》的实施意见	永久181-749
2006	自治区政府	宁政发〔2006〕74号	关于切实化解乡镇债务的若干意见	永久181-751
2006	自治区政府	宁政发〔2006〕103号	关于批转自治区发改委等部门关于建立农田水利建设新机制实施意见的通知	永久183-766
2006	自治区政府	宁政发〔2006〕114号	关于解决农民工医疗保险问题的意见	永久183-768
2006	自治区政府	宁政发〔2006〕115号	关于印发《宁夏回族自治区农业和农村经济发展"十一五"规划》的通知	永久183-769

续表

年度	发文单位	文号	文件名称	档案索引号
2006	自治区政府	宁政发〔2006〕160号	关于印发《宁夏回族自治区少生快富工程特殊困难家庭扶助暂行办法》的通知	永久185-794
2007	自治区政府办公厅	宁政办发〔2007〕99号	转发民政厅、财政厅、卫生厅《宁夏农村特困户和特重大疾病医疗救助办法(试行)》的通知	30年 37-2-53-105
2007	自治区政府	宁政发〔2007〕22号	关于印发《南部山区计划生育少生快富工程纯女户提前实施奖励扶助制度试点工作的意见》的通知	永久217-693
2007	自治区政府	宁政发〔2007〕132号	关于扩大全区农产品出口的意见	永久221-751
2007	自治区政府	宁政发〔2007〕169号	贯彻落实国家发改委等六部委关于加强东西互动深入推进西部大开发的意见的实施意见	永久222-780
2007	自治区政府	政府令〔2007〕第99号	宁夏回族自治区农村居民最低生活保障办法	永久223-790
2007	自治区政府办公厅	宁政办发〔2007〕182号	关于印发宁夏中部干旱地和南部山区设施农业发展建设规划纲要(2007—2011年)的通知	30年 37-2-55-143
2007	固原市政府	固政发〔2007〕57号	关于进一步加强劳务产业工作的意见	永久188-50
2007	固原市政府办	固政办发〔2007〕24号	关于做好2007年城乡贫困家庭培训就业援助工作的通知	永久194-169
2007	固原市政府办	固政办发〔2007〕153号	关于向福建深圳上海苏州烟台威海等劳务基地组织输送务工人员的通知	永久200-294

续表

年度	发文单位	文号	文件名称	档案索引号
2008	国务院	国发〔2008〕29号	国务院关于进一步促进宁夏经济社会发展的若干意见	永久256-642
2008	自治区政府	宁政发〔2008〕126号	关于建立征地农民社会保障机制的意见	永久259-690
2008	自治区政府办公厅	宁政办发〔2008〕132号	关于鼓励支持非农企业积极参与中部干旱带和南部山区设施农业建设的若干意见	30年 37-2-65-151
2008	自治区政府办公厅	宁政办发〔2008〕164号	关于印发宁夏回族自治区塞上农民新居建设五年规划(2008—2012)的通知	30年 37-2-66-170
2008	固原市政府	固政发〔2008〕68号	关于印发《固原市失地农民最低生活保障暂行办法》的通知	永久231-68
2008	固原市政府办	固政办发〔2008〕10号	关于开展全市春季万人有组织劳务输出工作的通知	永久236-182
2008	固原市政府办	固政办发〔2008〕197号	关于切实做好2009年发展劳务产业工作的通知	永久242-360
2009	自治区政府	宁政发〔2009〕57号	关于印发行政村通沥青水泥路实施方案的通知	永久296-651
2009	自治区政府	宁政发〔2009〕91号	关于加快现代农村市场体系建设的意见	永久297-669
2009	自治区政府	宁政发〔2009〕99号	关于印发宁夏回族自治区新型农村社会养老保险试点实施意见的通知	永久297-672
2009	自治区政府	宁政发〔2009〕106号	关于推进农村民居适度集中的意见	永久297-678

续表

年度	发文单位	文号	文件名称	档案索引号
2009	自治区政府办公厅	宁政办发〔2009〕165号	转发农牧厅关于加快中部干旱带和南部山区设施养殖业发展意见的通知	30年37-2-78-210
2009	固原市政府办	固政办发〔2009〕6号	关于做好2009年全市春季万人有组织劳务输出工作的通知	永久273-158
2009	固原市政府办	固政办发〔2009〕14号	关于印发《固原市家电下乡工作实施方案》的通知	永久273-166
2009	固原市政府办	固政办发〔2009〕21号	关于成立固原市驻宁东劳务工作站的通知	永久273-173
2009	固原市政府办	固政办发〔2009〕42号	关于印发《王正伟主席在固原调研时的讲话》的通知	永久274-194
2009	固原市政府办	固政办发〔2009〕62号	关于做好2009年全市秋季万人进疆有组织劳务输出工作的通知	永久275-213
2010	自治区政府	宁政发〔2010〕57号	关于扩大新型农村社会养老保险试点范围的通知	永久351-852
2010	自治区政府	宁政发〔2010〕137号	关于统筹城乡居民基本医疗保险的意见	永久352-881
2010	自治区政府	宁政办发〔2010〕145号	关于落实《自治区党委人民政府关于进一步扶持生态移民新村发展的若干意见》责任分工的通知	永久356-949
2010	固原市政府办	固政办发〔2010〕1号	关于认真做好2010年发展劳务产业工作的通知	永久321-181
2010	固原市政府办	固政办发〔2010〕81号	关于印发《固原市强农惠农资金专项清理和检查工作实施方案》的通知	永久325-261
2010	固原市政府办	固政办发〔2010〕82号	关于印发《固原市县区信用农户、信用村和信用乡镇评定暂行办法》的通知	永久325-262

续表

年度	发文单位	文号	文件名称	档案索引号
2011	自治区政府	宁政发〔2011〕34号	关于印发宁夏"十二五"中南部地区生态移民规划的通知	永久403-810
2011	自治区政府	宁政发〔2011〕74号	关于印发宁夏"十二五"中南部地区教育移民实施方案的通知	永久404-826
2011	自治区政府	宁政发〔2011〕75号	关于印发《宁夏回族自治区生态移民资金管理暂行办法》的通知	永久404-827
2011	自治区政府	宁政办发〔2011〕70号	转发工商局关于发展壮大农村经纪人队伍农民专业合作组织促进农村经济发展意见的通知	永久407-876
2011	自治区政府	宁政办发〔2011〕120号	转发教育厅宁夏西海固地区农村小学生免费午餐工程试点工作实施方案的通知	永久407-884
2011	自治区政府	宁政办发〔2011〕186号	关于印发全区推广直播卫星公共服务户户通工作方案的通知	永久409-909
2011	固原市政府办	固政办发〔2011〕120号	关于印发《固原市金融支持生态移民工作的指导意见》的通知	永久379-306
2011	固原市政府办	固政办发〔2011〕121号	印发《关于推动固原市农村信贷担保体系建设的指导意见》	永久379-307
2011	固原市政府办	固政办发〔2011〕161号	关于印发《关于做好六盘山片区区域发展与扶贫开发攻坚规划编制工作各部门分工协作方案》的通知	永久382-347

续表

年度	发文单位	文号	文件名称	档案索引号
2012	自治区政府	宁政发〔2012〕29号	自治区人民政府关于进一步促进中南部地区生态移民的若干政策意见	
2012	自治区政府	宁政发〔2012〕109号	自治区人民政府关于扶持劳务移民安置企业发展的若干政策意见	
2012	自治区政府	宁政发〔2012〕126号	自治区人民政府关于加快固原盐化工循环经济扶贫示范区发展的若干意见	
2012	自治区政府	宁政办发〔2012〕115号	自治区人民政府办公厅关于减免保障性安居工程和生态移民工程建设各项行政事业性收费和政府性基金的通知	
2012	自治区政府	宁政办发〔2012〕146号	自治区人民政府办公厅关于印发生态移民法律服务办法的通知	
2012	自治区政府	宁政办发〔2012〕152号	自治区人民政府办公厅关于印发宁夏回族自治区农村残疾人扶贫开发计划(2011—2020年)的通知	
2012	固原市政府办	固政办发〔2012〕80号	固原市人民政府办公室关于做好生态移民就业培训和社会保障工作的通知	
2012	固原市政府办	固政办发〔2012〕143号	关于落实《自治区人民政府办公厅关于加快固原盐化工循环经济示范区发展的若干意见》责任分工的通知	

377

附录二

续表

年度	发文单位	文号	文件名称	档案索引号
2013	自治区政府	宁政发〔2013〕109号	自治区人民政府印发关于加强生态移民迁出区生态修复与建设的意见的通知	
2013	自治区政府	宁政发〔2013〕110号	自治区人民政府关于印发宁夏生态移民迁出区生态修复工程规划（2013—2020年）的通知	
2013	自治区政府	宁政函〔2013〕13号	自治区人民政府关于六盘山片区（宁夏）区域发展与扶贫攻坚实施规划（2011—2015年）的批复	
2013	自治区政府	宁政办发〔2013〕10号	自治区人民政府办公厅转发自治区扶贫办关于保障劳务移民居住和促进就业的政策意见的通知	
2013	固原市政府	固政发〔2013〕47号	固原市人民政府关于六盘山片区扶贫攻坚部省协调推进会议情况的专题汇报	
2014	自治区政府办公厅	宁政办发〔2014〕29号	自治区人民政府办公厅关于开展全区生态移民统计监测的通知	
2014	自治区政府办公厅	宁政办发〔2014〕56号	关于印发宁夏生态移民迁出区生态修复工程年度实施方案的通知	
2014	自治区政府办公厅	宁政办发〔2014〕171号	自治区人民政府办公厅关于印发解决移民安置区突出问题任务分工表的通知	

续表

年度	发文单位	文号	文件名称	档案索引号
2014	自治区政府办公厅	宁政办发〔2014〕206号	自治区人民政府办公厅关于印发教育扶贫工程实施方案的通知	
2014	固原市政府	固政发〔2014〕68号	固原市人民政府关于印发《固原市金融支持扶贫开发示范村建设试点方案》的通知	
2014	固原市政府办	固政办发〔2014〕9号	固原市人民政府办公室关于成立固原市六盘山生态移民迁出区生态恢复与重建技术集成示范协调领导小组的通知	
2014	固原市政府办	固政办发〔2014〕15号	固原市人民政府办公室关于印发全市移民安置点消防水源建设及消防器材配备推进方案的通知	
2015	自治区政府办公厅	宁政办发〔2015〕62号	自治区人民政府办公厅关于印发农垦系统生态移民安置区移交地方管理实施方案的通知	
2015	自治区政府办公厅	宁政办发〔2015〕112号	自治区人民政府办公厅关于改革财政专项扶贫资金管理机制的实施意见	
2015	自治区政府办公厅	宁政办发〔2015〕148号	自治区人民政府办公厅关于进一步动员社会各方面力量参与扶贫开发的实施意见	
2015	自治区政府办公厅	主席办公会议纪要(2015)第18次	自治区主席刘慧主持召开扶贫开发工作座谈会	

续表

年度	发文单位	文号	文件名称	档案索引号
2016	自治区政府	宁政发〔2016〕66号	自治区人民政府关于印发宁夏"十三五"易地扶贫搬迁规划的通知	
2016	自治区政府办公厅	宁政办发〔2016〕66号	自治区人民政府办公厅关于印发提升和推广金融扶贫"盐池模式"工作方案的通知	
2016	自治区政府办公厅	宁政办发〔2016〕153号	自治区人民政府办公厅关于印发宁夏健康扶贫工程实施方案的通知	
2016	自治区政府办公厅	宁政办发〔2016〕168号	自治区人民政府办公厅转发自治区扶贫办关于创新机制扎实推进精准脱贫职业技能培训意见的通知	
2016	自治区政府办公厅	宁政办发〔2016〕195号	自治区人民政府办公厅转发民政厅等部门关于做好农村最低生活保障制度与扶贫开发政策有效衔接实施意见的通知	
2016	固原市政府办	固政办发〔2016〕31号	固原市人民政府办公室关于成立固原市农村扶贫电子商务工作领导小组的通知	
2016	固原市政府办	固政办发〔2016〕32号	固原市人民政府办公室关于印发《固原市人民政府与京东集团合作推进农村电子商务扶贫项目实施方案》的通知	
2017	自治区政府办公厅	宁政办发〔2017〕110号	自治区人民政府办公厅关于印发金融扶贫示范区建设实施方案的通知	

续表

年度	发文单位	文号	文件名称	档案索引号
2017	自治区政府办公厅	宁政办发〔2017〕112号	自治区人民政府办公厅关于加快推进产业扶贫的指导意见	
2017	自治区政府办公厅	宁政办发〔2017〕131号	自治区人民政府办公厅关于推进健康扶贫若干政策的意见	
2017	自治区政府办公厅	宁政办发〔2017〕142号	自治区人民政府办公厅关于解决劳务移民社会保障工作有关问题的通知	
2017	自治区政府办公厅	宁政办发〔2017〕157号	自治区人民政府办公厅关于推进健康扶贫若干政策的意见	
2017	固原市政府办	固政办发〔2017〕55号	固原市人民政府办公室关于加快推进全市"扶贫保"工作的通知	
2017	固原市政府办	固政办发〔2017〕69号	固原市人民政府办公室关于印发固原市推广金融扶贫"农户众筹模式"和"蔡川模式"方案的通知	
2018	自治区政府办公厅	宁政办规发〔2018〕7号	自治区人民政府办公厅转发自治区人力资源社会保障厅财政厅扶贫办关于进一步推进就业扶贫工作若干意见的通知	
2018	自治区政府办公厅	宁政办规发〔2018〕15号	自治区人民政府办公厅转发人力资源社会保障厅扶贫办财政厅关于打赢脱贫攻坚战三年行动职业技能培训工作计划的通知	

续表

年度	发文单位	文号	文件名称	档案索引号
2018	自治区政府办公厅	宁政办规发〔2018〕136号	自治区人民政府办公厅关于转发自治区财政厅扶贫办发展改革委宁夏回族自治区扶贫项目资金绩效管理办法的通知	
2018	固原市政府办	固政办规发〔2018〕1号	固原市人民政府办公室关于印发《固原市农村最低生活保障制度与扶贫开发政策有效衔接工作实施方案》的通知	
2018	固原市政府办	固政办发〔2018〕31号	固原市人民政府办公室关于印发《固原市金融扶贫示范村建设方案》的通知	
2019	自治区政府办公厅	宁政办发〔2019〕40号	自治区人民政府办公厅印发关于深入开展消费扶贫助力打赢脱贫攻坚战实施方案的通知	
2020	自治区政府办公厅	内部情况通报〔2020〕第8期	咸辉同志在全区脱贫攻坚问题整改工作电视电话会议上的讲话	

后 记

西吉是全国著名的革命老区,是长征的结束地,也是新长征的起始地。西吉的每一寸土地都是红色的。

1935年8月15日,红二十五军进入西吉境域,奠定了西吉革命老区的基础。

为了发扬老区人民艰苦奋斗的光荣传统,为了传承好红色基因,为了协助政府促进老区建设,2013年,西吉县成立革命老区建设促进会。

2019年9月,中国老促会副会长邹万增将军,在宁夏老区建设促进会固原会议上提出,每个老区县撰写一部发展史。

2019年11月,自治区人民政府办公厅下发《关于做好革命老区发展史编撰工作的通知》文件。西吉县政府会议研究并下发《关于〈西吉县革命老区发展史编撰出版工作实施方案〉》的通知,要求由西吉扶贫办牵头、西吉县革命老区建设促进会落实编纂《西吉县革命老区发展史》。

2019年底,西吉老区建设促进会,聘请红色文化、地方史志研究人员苏正喜、兰茂景、刘宗剑三人收集史料、走访调查、组织编纂。

1996年,建立"将台堡红军长征胜利会师纪念碑"时的重要

后 记

党史资料、历史事件、人物、图片,得益于邢万莹、谢耀谦、邵予奋、庄电一、海正生、李作斌、火仲舫等一批学者采访、收集、查阅、整理,不辞辛苦,做出贡献。

由于西吉立县较迟,原境域曾归属周边各市县辖制,囿于史料散佚缺失,西吉县老促会编纂人员,又在疫情影响、经费有限的困难条件下,先后赴周边市县调阅档案资料、核实相关史料,认真完成县域历史事件的考证及编纂工作。其间得到了宁夏党史研究专家与学者邢万莹、刘全龙、杨满忠、薛正昌、杨浣,固原市党史研究专家张杰、曹芳、牛治忠、陈伟、李弼荣、马晓琴,西吉县地方史学者薛鼎玺、苏占成、马国荣、马正忠、刘文强、何进州、戴华盛、李劼、王炳忠、马金霞等,文学爱好者唐文奎、李刚、车向峰、谢曦霞等,摄影师杜斌、师庆和、马文海、祁学斌、魏嘉利、蔺永乾等,固原市档案馆高小琴、黄咏梅,西吉县档案局苏彩萍、蔡英霞等,给予编写工作鼎力相助,宁夏鸿图建筑规划设计有限公司杨辉在绘制图表及设计方面给予大力支持。

两年来,整理收编资料举步维艰。2020年11月,《西吉县革命老区发展史》初稿才得以完成。12月4—5日,在西吉扶贫办精心组织下召开了论证会。与会专家郑彦卿、王晓华、张玉梅和西吉县有关部门领导,对文稿给予客观评价,并提出修改建议。编写组认真听取了各方意见,积极组稿。2021年3月,二稿告成。宁夏人民出版社陈浪编辑,心思之缜密、审稿之认真,给编写组人员留下了深刻印象。

在此,对编纂《西吉县革命老区发展史》倾心相助的专家、学者、摄影者及相关人员,一并表示感谢!

《西吉县革命老区发展史》包括西吉县情一概览、将台堡前旌旗展、中南海情系老区、沧桑巨变七十年和聚沙成塔谱新篇五部分。

后 记

西吉是"西海固文学"创作源泉的滋养地,是闽宁协作重点帮扶县,更是全国最后一批脱贫县之一。西吉"志"多"史"少,老区发展史属宁夏第一部,难免有不尽如人意之处,诚望社会各界人士提出宝贵意见,以便再版时修正。

西吉县革命老区建设促进会

2022年8月